抗战时期的西南联合大学校门

抗战时期的西南联合大学校舍

抗战时期的西南联合大学图书馆

西南联大博物馆／供图

西南联合大学校务委员会常委、
清华大学校长梅贻琦

西南联合大学校务委员会常委、
北京大学校长蒋梦麟

西南联合大学校务委员会常委、
南开大学校长张伯苓

冯友兰

胡适

傅斯年

钱穆

西南联大名师课 中国哲学

西南联大博物馆 编

冯友兰 等 著

人民东方出版传媒
东方出版社

图书在版编目（CIP）数据

中国哲学 / 西南联大博物馆编；冯友兰等著 . —北京：东方出版社，2025.8
（西南联大名师课）
ISBN 978-7-5207-3705-0

Ⅰ.①中…　Ⅱ.①西…②冯…　Ⅲ.①哲学史—中国
Ⅳ.①B2

中国国家版本馆 CIP 数据核字（2023）第 200932 号

中国哲学
ZHONGGUO ZHEXUE

作　　者：	西南联大博物馆编　冯友兰等著
责任编辑：	张永生
责任校对：	张凌云
出　　版：	东方出版社
发　　行：	人民东方出版传媒有限公司
地　　址：	北京市东城区朝阳门内大街 166 号
邮　　编：	100010
印　　刷：	三河市龙大印装有限公司
版　　次：	2025 年 8 月第 1 版
印　　次：	2025 年 8 月北京第 1 次印刷
开　　本：	880 毫米 ×1230 毫米　1/32
印　　张：	10.25
字　　数：	210 千字
书　　号：	ISBN 978-7-5207-3705-0
定　　价：	59.80 元
发行电话：	（010）85924663　85924644　85924641

版权所有，违者必究

如有印装质量问题，我社负责调换，请拨打电话：（010）85924602　85924603

丛书编委会

主　编：李红英
副主编：朱　俊　铁发宪

编　委（按姓氏笔画为序排列）：
　　马艺萌　王　欢　朱　俊　李红英　李　娅
　　张　沁　祝　牧　姚　波　铁发宪

序

致敬，怀抱薪火者

走进西南联大旧址，很多人，包括我自己，浸润其中经常是情到深处泪自流。这所在抗战烽火中诞生的高等学校，在短短的8年多时间里，创造了中国乃至世界教育史上一个苦难而又光辉的奇迹：

8年中，在战火纷飞、衣食难继的条件下，联大师生中走出了2位诺贝尔奖获得者、8位"两弹一星"功勋奖章获得者、5位国家最高科技奖获得者、175位院士、9位党和国家领导人以及大批蜚声中外的杰出人才。联大的师生经历了革命、建设、改革的各个历史时期，走过苦难却为历史留下丰碑，为今人留下启迪。

一

西南联大，为国立西南联合大学的简称，是抗战烽火中由国立北京大学、国立清华大学和私立南开大学在云南昆明合组而成的一所综合性大学。

1937年卢沟桥事变发生后，平津沦陷。为保存中国教育的火种，沦陷区高校纷纷内迁。1937年8月，上述三所高校迁至长沙，组成国立长沙临时大学。然而，日军铁蹄步步进逼，长沙很快又岌岌可危。于是，长沙临大师生又分三路奔赴昆明。其中一路由近300名师生组成的"湘黔滇旅行团"，横跨湘、黔、滇三省，历时68天，行程3500里。在这支队伍中，有黄钰生、闻一多、曾昭抡等11名教师。联大师生"刚毅坚卓"的品格，于此可见一斑！

1938年4月，师生陆续抵昆，长沙临时大学改称"国立西南联合大学"，5月4日正式开课。1946年5月4日，西南联大宣告结束，三校胜利复员北返，留师范学院在昆明独立设置，定名国立昆明师范学院，1950年改名昆明师范学院，1984年更名为云南师范大学。

这是一所在一无所有基础上结茅立舍的大学！"昆明有多大，联大就有多大"。联大教授任之恭在《一位华裔物理学家的回忆录》中写道："这个大学在昆明最初创立时，除了人，什么也没有。……过了一些时间，都有了临时的住地，或靠借、或靠租。……一旦有了土地，便修建许多茅草顶房屋，用作教室、宿舍和办公室。"

这是一所在躲空袭、"跑警报"中完成教学的战时高校！昆明虽是大后方，但1938年9月后屡遭日本飞机的空袭，"跑警报"成了联大师生的家常便饭。华罗庚在敌机轰炸中差点丧命，金岳霖在"跑警报"中丢失了几十万字的手稿。为了安全，教授们不得不疏散到昆明周边的城郊居住。

即便在如此极度简陋和艰难的环境中，西南联大师生精诚团结，和衷共济，坚持教书救国、读书报国，坚持为国育才，鼎力治学研究，服务抗战救国，引领风气之先，为赓续中华民族的文化血脉创造了中国乃至世界教育史上的奇迹。

梅贻琦、闻一多、朱自清、郑天挺、陈寅恪、钱穆、罗庸、冯友兰、潘光旦、汤用彤、沈从文、唐兰、陈梦家、叶企孙、吴有训、华罗庚、陈省身、吴大猷、王竹溪、赵忠尧、曾昭抡、施嘉炀……大师云集、名家荟萃，真可谓山河破碎时，群星正闪耀。

回望这一个个载入中国教育史、文化史、科学史的名字，他们既是有杰出学术造诣、启迪学生智慧的学问之师，更是操守高洁、能以伟岸人格力量砥砺学生心灵的品行之师。他们以杰出的学识、伟岸的人格力量，以及爱国、科学、民主的精神，影响着那些胸怀读书报国之志的年轻人：杨振宁、李政道、邓稼先、朱光亚、黄昆、郑哲敏、汪曾祺、穆旦、许渊冲、马识途……

大学之"大"，在大师之"大"。西南联大的实际主持者梅贻琦先生有句名言："所谓大学者，非谓有大楼之谓也，有大师之谓也。"西南联大秉持的正是这样的办学理念，凝聚当时的一众教育精英。大师，是大学的灵魂所在。师之所存，道之所在；道之所在，人之所向；英才聚焉，故成其大。

"多难殷忧新国运，动心忍性希前哲。"是爱国主义精神，支撑着联大师生在危难之中能够弦歌不辍，在战火之下依然桃李芬芳。

"千秋耻，终当雪。中兴业，须人杰。"是教育救国的信念，激励他们为国育才，为民族复兴治学，为后人留下了一座座不朽的科学、人文成果的丰碑。

2020年1月20日，习近平总书记考察调研西南联大旧址时指出："国难危机的时候，我们的教育精华辗转周折聚集在这里，形成精英荟萃的局面，最后在这里开花结果，又把种子播撒出去，所培养的人才在革命建设改革的各个历史时期都发挥了重要作用。"

是的，只有教育"精英荟萃"，才有科学与文化"播撒种子、开枝散叶"的可能。有了西南联大的一众名师，才有了国难当头之际，科学与文化的薪火在中华大地上传承不绝的壮观一幕！

致敬，怀抱薪火者！

二

国之大事，在祀与戎。

西南联大旧址及博物馆是西南联大在昆明办学8年的重要物质载体，蕴含着丰厚的历史文化资源，她记载着联大师生的艰难与困苦、成就与辉煌，体现着西南联大在特定的抗战历史条件下为赓续中华民族的文化血脉坚韧不屈的担当与责任。

祀，既是纪念，更要传承。

我们传承和弘扬联大精神，不仅要对西南联大历史文化遗产进行保护，更要通过展陈、宣传、教育、课堂教学等多元、立体方式还原、呈现西南联大的历史，作时代阐释。现在，呈现在读者面前的这套"西南联大名师课"丛书，就是我们整理、编纂和研究西南联大知识分子群体的作品，用各种形式传播他们在极端困难下取得的、至今仍不过时的各种成果。丛书共10册，分为《中国历史》、《中国文学》、《中国哲学》、《诸子百家》、《诗词曲赋》、《文化常识》、《人文精神》、《科学精神》、《世界文学》、《世界哲学》10个主题。编纂这套反映西南联大名师学术思想和精湛教学水平的课程讲义，是为了向大师们致敬，也是为传承和弘扬好西南联大精神，讲好西南联大教育救国故事的一个新成果。

丛书在文章编选上，遵循以下原则：

择师重"名"。丛书精选的名师有52位，他们多为影响力较大、在一个或多个学术领域中富有专长的名师，基本上代表了一个时代的学术文化高峰。

选文重"精"。为尽可能展现名师的学术风貌，丛书文章的收录范围，并不限于联大8年时间。丛书所选文章共300余篇，编辑团队用过的备选底本数量则在此10倍以上，以确保能从这些名师的著述中，筛选出具有通识性、思辨性和时代价值的经典文章。

阅读重"易"。丛书立足于让读者读得精、读得懂，尽量精选联大名师著述中通俗易懂、具有可读性和易读性的文章，让读者能获得更好的阅读体验，更加方便地受到优秀文化的滋养。

按照以上编选原则，我们在尊重并保持原作风格与面貌的基础上，进行了仔细编校，纠正了个别讹误。

历史，是最鲜活的，因为它总能给当下的人带来智慧和启迪。因此，我们认为，本丛书的编选，既是对历史的留存，也是为时代讲述。相信，本丛书的出版，能对大家感知西南联大名师课堂的魅力，感受他们的学术风范、家国情怀和人格魅力，有所助益。

是为序。

西南联大博物馆馆长 李红英

编纂说明

"西南联大名师课"丛书,是为了彰显西南联大学术成果、传承和弘扬西南联大精神而编写。在编纂宗旨上,我们借鉴西南联大"通识为本,专识为末"的教育理念,精选多位西南联大名师留下的经典名篇,编为10册,分别是《中国历史》《中国文学》《中国哲学》《诸子百家》《诗词曲赋》《文化常识》《人文精神》《科学精神》《世界文学》《世界哲学》。

何谓"名师"呢?编者认为,所谓名师,就是指在西南联大工作或学习过的"西南联大知识分子群"中比较有代表性的人物。这些人,既有在西南联大任教时,就已经是其所属学术领域的知名学者,如梅贻琦、陈寅恪、朱自清、闻一多、冯友兰等,又有在西南联大任教时间不长,但名字也保存在"国立西南联合大学教职员录"中,还包括获得西南联大聘任而未到任,但名字印刻在"国立西南联合大学教授名录"上的著名学者,如顾毓琇、胡适等。为了体现西南联大文化薪火的传承不绝,本丛书还收录了在西南联大毕业后留在西南联大任教、后来成为各自领域的名家,如历史学家丁则良、古典文学家李嘉言、哲学家任继愈、翻译家王佐良、诗人和翻译家查良铮(穆旦)等人的作品。

在编纂体例上,丛书采用专题讲述的形式。每一册根据主题分为若干篇，每篇下又分为若干讲，均围绕本篇主题讲授。

丛书所选作品有的来自作者的课堂讲义或演说（如在昆明广播电台的广播演说），有的来自作者较为经典的文章或著作。丛书统一以"课"名之，一是凸显作者的"名师"身份，二是体现本丛书所选内容比较通俗易懂，就像他们课堂授课一般娓娓道来。但不可否认，由于时代原因，文中某些字词的用法，与现今略有差异，同时，每位名师在讲述风格、行文习惯等方面，以及作品的体例、格式等方面，也有所不同。为保证本丛书的可读性、准确性和连续性，以及文字、标点符号用法的规范性，我们按照国家有关编校规程，对入选内容作了仔细编校，纠正了个别讹误，并对原文进行了统一体例的处理。

具体编校方式如下：

1. 坚持尊重原作的原则，确保编校工作只是进行技术性处理，不损害作品的原意。

2. 编者所加注释，均以脚注形式出现，并在结尾处标明"编者注"加以区分；作品的出处及参考文献，以尾注形式出现。

3. 入选的部分作品，编者进行了节选。对节选内容，均在作品标题尾部注明"（节选）"字样，加以说明。

4. 文中表示纪年的数字，皆改为阿拉伯数字。为保持全书体例一致，原作正文中表示公元纪年的名称如"西元"、"纪"、"西"、"西历"等，统一为"公元"。同时，编者对表示公元纪年的方法也进行了统一处理，皆以"公元××××年"表示。文中表示时段的数字，统一为"××××—××××年"形式。

5. 为确保作品原貌，对因语言习惯变迁造成的部分文字差异，除确为硬伤、错别字外，对不影响理解作品原意的文字、半文半白的表述中的中文数字，均未作修改，如"的"、"地"、"得"、"底"的用法，"那末"（今作"那么"）、"长三十公尺"等。

6. 作品中出现的译名，与现今通用译名有不尽一致之处，为忠实原作原貌，皆未作改动。

7. 因各年代版本的不同，有些引文与现今版本文字略有出入。在忠实于作者表述的基础上，依据权威版本进行了核对修改。

8. 为更清晰地表达文章内容，本丛书对部分作品，进行重拟标题和分节的处理。

9. 为保障读者的阅读体验，对原作中的标点符号，在不改变原作内容的前提下，本丛书根据2012年开始实施的《标点符号用法》，对部分作品的标点符号进行了规范。

总之，编者希望本丛书能让广大读者从民族危亡时期这些名师的著述中，窥见那一代学人的奋斗与风貌，传承西南联大师生们铸就的优良传统，汲取增强自身文化基础、提升自我认知水平的有益养分。

编　者

目 录 | contents

第一篇 中国哲学

中国哲学总论四讲

钱　穆：略论中国哲学（一）/ 003

钱　穆：略论中国哲学（二）/ 011

冯友兰：中国哲学的精神 / 022

胡　适：中国哲学的线索 / 030

第二篇 诸子哲学

先秦诸子哲学三讲

冯友兰：先秦诸子之起源 / 039

傅斯年：墨子之非命论 / 045

胡　适：公孙龙的哲学（节选）/ 055

第三篇 儒家哲学（上）

先秦儒家哲学三讲

冯友兰：儒家哲学之精神 / 071

罗　庸：曾子、子思与孟轲 / 079

傅斯年：荀子之性恶论 / 085

第四篇 儒家哲学（中）

中古儒家哲学三讲

钱　穆：白虎观议奏与今古学争议 / 097

陈寅恪：论韩愈 / 104

傅斯年：论李习之在儒家性论发展中之地位 / 119

第五篇 儒家哲学（下）

近古儒家哲学四讲

傅斯年：理学之地位 / 125

钱　穆：略论朱子学之主要精神 / 138

张荫麟：王阳明以前之知行学说 / 146

贺　麟：知行合一新论（节选）/ 149

第六篇 道家哲学

道家哲学四讲

钱　穆：中国道家思想之开山
　　　　　大宗师——庄周 / 165

胡　适：庄子的名学与人生哲学 / 175

任继愈：寿命最短的黄老学派，效应最长的
　　　　黄老思想 / 188

汤用彤：魏晋玄学流别略论 / 193

第七篇 佛家哲学

佛家哲学三讲

汤用彤：竺道生之顿悟义 / 211

钱　穆：《六祖坛经》大义 / 218

冯友兰：禅宗的方法 / 228

第八篇 诸家会通

儒道佛互补思潮四讲

钱　穆：佛学传入对中国思想界之影响 / 245

汤用彤：谢灵运《辨宗论》书后 / 257

任继愈：唐宋以后的三教合一思潮 / 265

胡　适：从历史上看哲学是什么 / 277

第九篇 哲学与人生

人生哲学四讲

罗　庸：论为己之学 / 285

钱　穆：人学与心学 / 289

胡　适：哲学与人生 / 294

贺　麟：观念与行动 / 299

第一篇 中国哲学

中国哲学总论四讲

1937—1946

钱穆：略论中国哲学（一）

"哲学"一名词，自西方传译而来，中国无之。故余尝谓中国无哲学，但不得谓中国人无思想。西方哲学思想重在探讨真理，亦不得谓中国人不重真理。尤其如先秦诸子及宋明理学，近代国人率以哲学称之，亦不当厚非。唯中国哲学与西方哲学究有其大相异处，是亦不可不辨。

中国人好人与人相处，不愿把自己割裂人外，高自标置，轻视他人。此一种谦恭退让之心理积习，乃于中国学术有大影响。即如孔子，近人每称"孔子思想"、"孔子哲学"，此亦有宜。但孔子最喜提出一"仁"字，却谓"若圣与仁，则吾岂敢"。此固见孔子之谦恭退让，但孔子于此仁字虽加解释，而未作详细之阐申。只答他人问，或自偶言，《论语》所载，逐条不同。近人又好为孔子仁的思想、仁的哲学等论文，多就《论语》各条汇集为说，自加发明。但谓孔子思想不逻辑，无组织，无条理系统，则又不然。此显见中国哲学与西方哲学之有不同处。

孔子提出此仁字，后代国人递相传述，亦特为作注。东汉末郑玄曰："仁者，相人偶。"此"相人偶"三字乃仍须后人更为解释。康成意特谓人与人相偶而仁始见，若非人相偶，将不见有此仁。唐代韩愈又曰："博爱之谓仁。"中国人每"仁爱"连言，以爱说仁，宜无不当。但人之爱各有别，又如何乃为博爱，此则仍须有说。南宋朱子注此仁字则曰："仁者，心之德，爱之理。"康成相人偶从外面说，昌黎博爱从内心说，朱子则说内心之爱亦有条理不同，则三人说实一贯相承。唯朱子言"德"字、"理"字，若非详加阐说，仍不易明。余只就近代通俗语说，仁只是一种同情心，人与人有同情，即是仁。但不知此说究有当否？又不知此后人更将如何来说仁。然则只一"仁"字，乃成中国两千五百年来一项共同思想、共同哲学，而似乎仍未达于一定义之完成。此又中国哲学与西方哲学之一不同处。

孔子又每"仁礼"连言。"礼"字似乎不专属思想，而中国此一礼字，却愈推愈广，愈传愈久。直至清代秦蕙田编为《五礼通考》一书，分为吉、凶、军、宾、嘉五礼，尚仅专就上层政治方面，根据历史事实加以纂修，而卷帙之浩繁，内容之复杂，已足惊人。今不得谓孔子哲学思想不重礼，而礼之考究，则又似乎不宜尽纳入哲学范围内。此则又是中国哲学与西方哲学一不同处。

孔子又每"仁智"连言。此"智"字似当属思想范围。何等思想始属智，此似一思想实质与方法问题，但孔子又似未加详言。中国后人常以"仁、义、礼、智、信"五字并言，《论语》固亦言及"义"字、"信"字，但专以"仁礼"、"仁智"并言，似乎已占孔子思想之最主要部分。《中庸》又以"知仁勇"为三达德，"智"与"知"宜当作何分别？今人言哲学，似专归之思想与知识方面，而于孔子之言礼、言智、言勇、言信，有所不顾，则宜不能得孔子真意之所在。此又中国哲学与西方哲学一不同处。

继孔子而起者有墨翟。儒墨成为先秦思想之两大派。墨翟言"兼爱"，与孔子言"仁"有不同。孔子言爱有分别，朱子言"仁者爱之理"是已。兼爱则是一无分别爱，故曰："视人之父若其父。"既不主分别，乃亦不言礼。发明孔子言仁，不得忽略此礼字。墨子非礼又"尚同"，孔子则"尚别"，其言"君君、臣臣、父父、子子"是也。故孔子又曰："必也正名乎。"名即其别也。若谓视人之父若其父，则父之名已不正。于是墨家之后乃又有名家，其论名，则与孔门儒家言又不同。然则讨论孔子思想，必当以与孔子相反之墨家作参考。而衡量墨家思想，又当以后起儒家之与墨家相驳辩者作论点。要之，中国思想属"共同性"，属"一贯性"，即儒墨相反，亦犹然。而后起儒家言礼又有主张"大同"者，则在儒家思想中又渗进了墨家义。孟子曰："能言拒杨墨者，圣人之徒也。"乃后起儒家，又转引墨义来广大儒义，即大同之说是也。此见中国思想特富"和合性"。故治中国思想必当就中国思想之发展与演变中来说。苟以治西方哲学之态度与规则来治中国思想，则实有失却真相处。

儒墨之后又有道家。兹据老子为说，老子曰："道可道，非常道。名可名，非常名。"老子特举"道"与"名"两词，其实即据儒墨之所争而言。不通儒墨，即无以通老子。老子又曰："失道而后德，失德而后仁，失仁而后义，失义而后礼。礼者，忠信之薄，而乱之始也。"此处老子所用道、德、仁、义、礼各词，皆承儒家言，而意义各不同。又老子此处反礼则同墨，是则儒、墨、道三家，在当时实同具有共通性、一贯性，而亦并有其和合性，与西方哲学之各自成为一专家言者，又大不同。

继老子之后有《中庸》，其书当出秦代，为治中国思想哲学者所必究。而其书收入《小戴礼记》中，则治中国思想哲学者，绝不当置礼于不问，此又一证矣。《中庸》言："天命之谓性，率性之谓道，修道之谓教。"此天、命、性、道、教五字，皆前人所熟论，而《中庸》承之。子贡言："夫子之言性与天道，不可得而闻也。"但孟主性善，荀主性恶，皆力言性。天命犹言天道，孔子所不言，墨与道始言之。庄老道家不言性，专言道。荀子言庄子"知有天不知有人"，则庄老所言皆天道，非人道。老子曰："人法地，地法天，天法道，道法自然。"则庄老言道，即言自然。孟子曰："莫之为而为者，天也。"则此"天"字亦犹指自然。《中庸》言："天命之谓性。"斯性亦犹自然，是在儒家言中已融入了道家义。又《中庸》言："率性之谓道。"此道始是人道，而连上句言，则天道人道亦一而二，二而一矣。是则虽同用此"天"字、"道"字、"性"字，而内涵意义则各有别，此即老子"道可道，非常道。名可名，非常名"之旨也。是则儒家之显用道家义，又益明。

又有两书为治中国思想哲学者所必究，一为秦相吕不韦之《吕氏春秋》，一为汉代淮南王安之《淮南王书》。两书皆会集宾客通力为之，又皆会合以前诸家言，而求和通成一定论。此又中国思想有其共通性、一贯性、和合性之一明证。其实孔子以下两千五百年来之中国思想，莫不求会通和合以臻于一定论，一如《吕氏春秋》、《淮南王书》之所为，而岂欲各自独立，以各创一新见，以求异于他人之谓乎。此尤是大值研讨一大问题之所在也。

继此再言宋明理学。朱子力言"理气",近人依据西方哲学术语,谓朱子乃主理气二元论。实则朱子明言:"气中必有理,理即见于气。"则理气亦二而一,一而二。朱子又言:"必分先后,则当理先而气后。"据是言之,可谓朱子乃主"理气一元论"。其实朱子"理气"二字,采自庄老道家。佛家华严宗亦用此"理"字,故有事法界、理法界、理事无碍法界之分别。朱子编《近思录》,第一卷为《道体》,可见北宋周张二程尚用"道"字,不用"理"字。朱子用"理气"二字乃后起,采之道、释两家,但朱子又确是儒家之嫡传正宗。此可见中国思想、中国哲学,不主独自创造,特立一新说,乃主会通和合,成一共同的、一贯的,有传统性的定论。此乃中国思想、中国哲学之与西方大不同处。

同时与朱子树异者有象山。后世称"朱陆异同"。朱子主"性即理",而象山则主"心即理"。孔子七十而从心所欲不逾矩,此可谓之心即理。然自十有五而志于学,经五十五年工夫,而始达到此境界。而孔子之所谓学,显然不专指思想,故曰:"学而不思则罔,思而不学则殆。""学"与"思"分作两项功夫言。此又中西一大不同处。朱子在此上亦言之极谦逊,说象山偏在"尊德性",自己偏在"道问学",戒学者当兼取象山讲学长处。西方哲学则既非尊德性,亦非道问学,又显与中国学问途径有别。

象山之后又有明代之王阳明,理学遂分程朱与陆王。相传阳明晚年有天泉桥四句教,阳明曾告其门人钱绪山:"无善无恶心之体,有善有恶意之动,知善知恶是良知,为善去恶是格物。"其实此四语,只是在解释《大学》。象山教学者"先立乎其大者",则本《孟子》。陆王乃理学大师，又是理学中最富创辟性，最不喜拘守旧说，敢于自立己见，自信己意，与程朱有不同。实则此两人亦仍是为前人作解释而已。或认为陆王近禅，多释氏义，则朱子何尝不近庄老，多道家义。中国学人必前有所承，必主会通和合。而陆王之与程朱同为儒学，则大体无疑。今吾国人喜据西方传统来作批评，则中国古人全无是处，又何必作程朱、陆王之分，又何必作儒、释、道之别乎？

钱绪山以阳明四语告之同门王龙溪，龙溪不以为然，谓"心体既是无善无恶，意亦是无善无恶，知亦是无善无恶，物亦是无善无恶"。两人以此相争，告阳明。阳明则曰，予本有此两意，龙溪之语可以开示具上根性人，绪山语则以开示上根性以下之普通人。实则绪山四语明明闻之其师，龙溪对之持疑，阳明闻之乃谓本有此两意，龙溪语乃以告上根人。此两番话乃启此下大争论。今就另一方面言，岂得谓绪山仅一普通人，不具上根，故阳明只告之如此，龙溪独具上根，故告之如彼。今当谓龙溪语本非阳明所告，阳明乃闻而欣然，加以同意。此其心胸之宽阔，意态之和平，亦见阳明平日为人之真可爱矣。中国人论人，尤重于论学。象山阳明，论其人则亦确然儒者。论其学，论其所言，纵有失当，而不害其为人。此尤中国文化传统一大特点，乌得专据学而不论人，亦如专据思而不论学，皆非其正。

孟子言"知人论世"，今人则谓欲究一家之思想与哲学，必同时讨论其时代背景。此即见用心广狭之不同。西方哲学只重其思想，中国则更重其人。无论为老为释，其人则均可重。无论为汉儒宋儒，其人亦俱可重。无论其为程朱与陆王，其人亦同可重。不仅哲学如此，一切学皆如此。如史学，如文学，如艺术，为一书法家，为一画家，皆如此。今人则不论其人，专论其学，则宜与中国自己传统必有大相违背处。抑且时代背景，人各有别，而中国则又必有一共同传统。学由人来，人由天来。此又其一大相异处矣。

抑且西化东渐，乃最近百年之事。以前中国人只读中国书，只想做一中国人，其有与西方不合处，宜皆可谅可恕。中国人亦非专已自守。佛法东来，中国高僧信其法而传之者多矣。然凡为高僧，皆言佛法，却不来反儒教。佛法传则儒教自息，不待先辟儒始传佛，此亦中国人意态。如韩愈力辟佛，但其遇见大颠亦加喜好。其徒李翱，则多采佛说，但亦于愈未尝稍加以辟斥。亦有力加以辟斥者，则如顾亭林之于王阳明。然知人当论世，晚明以下之王学流弊，则洵有可斥矣。

又余尝谓中国人自居必知谦恭退让，故其待人则必为留余地。发言自抒己见，每不尽言。若对方是上根人，我自不烦多言。若对方系普通人，则我虽多言亦何益。中国人做人，本非由单独一己做，康成之所谓"相人偶"是也。如孝，则必对父母，而父母各异，如何孝其父母，亦何一言可尽，故必求人之反之己性，反之己心，以自尽其孝，则不必亦不能写为"孝的哲学"一书。此犹孔子并不写为"仁的哲学"一书是已。故若谓中国有仁孝哲学，则必人人自为之，又必待此下百世人同为之。中国哲学之必为有共通性、一贯性、传统性，而不成为专家言者在此。则又何必强中国人必为一西方哲学家，乃始谓之是哲学乎。道不同，不相为谋。若他年西方哲学其道大行,则中国古人言自亦无人理会,不必特加以申斥也。此亦是一套自然哲学。不知今日专心慕好西方哲学者,意谓如何?

(原载钱穆:《现代中国学术论衡》,九州出版社 2011 年版)

钱穆：略论中国哲学（二）

西方思想重分别。如黑格尔辩证法，有甲则有非甲，合为乙。又有非乙，合为丙。始此以往，则永无止境。故西方思想有始而无终，有创而无成。有变有进，而无完无极。中国则不然。乾道生男，坤道生女。男不称非女，女不称非男。男女和合为人，既具体又确切。人又与禽兽别，但人与禽兽合称动物，以与植物相对。有生物则与无生物对。万物与天地对，合成一大体。在此一体中，天地万物亦各有止有极，即有成有终。

人有男女，禽兽亦有雌雄牝牡，则正反合一形式，已臻复杂。又如男女结合为夫妇，则夫妇即成为一体。此非于一男一女之外别有增加。又如死生为一体，生可以包括死，死可以融入生，亦非于生之外别有死。即如天地，地可以附于天，非天之外别有地。一阴一阳之谓道，其实阴亦即归纳于阳，非于阳之外别有阴，亦非于乾之外别有坤。曰天，曰乾，曰阳，即可以尽此宇宙矣。

乾道成男，坤道成女，则妇从夫，乃天道。今人则讥此为中国之重男轻女。然英国至今始有一女首相，美国至今尚无一女总统，则西方岂不亦重男而轻女。又如宗教信仰，上帝亦属男性，独阳无阴，岂不亦是重男轻女之一证。而耶稣终有一圣母，则亦如中国虽重乾而终有一坤与为对立矣。

《易·系辞》有言："夫乾，其静也专，其动也直，是以大生焉。夫坤，其静也翕，其动也辟，是以广生焉。"是《易》以"动静"配"乾坤"，而乾之与坤，又各有动静。又言："阖户谓之坤，辟户谓之乾。一阖一辟，谓之变。"是则又谓坤之辟即乾，乾之阖即坤矣。此与西方哲学中之辩证法又大不同。即如男女，亦可分动静。男偏动，女偏静，而男女双方又各有动静。固不得谓男性无静，女性无动。《易》义至显且明，具体可证，无可非难。则黑格尔之辩证法，可见其疏略而不备。

《易》谓"乾之静也专"。专者专一，即专于天，亦即自然。在《中庸》则谓之诚。诚则必专必一，否则不见其为诚，故曰："诚则一。"尽宇宙间，唯其为至专至一，乃至无可名，故道家又称之曰"无"。无之对称则曰"有"，而一切有则可尽包涵于无之中。故有无正反之上，更无一合。合即合于无，犹天地正反之上，即合于天。西方哲学则不能有中国人"天"之一观念。如科学中之天文学，研究太阳系乃及诸星群，自中国人观念言，皆应属地不属天。又如宗教言上帝管理天堂，自中国人观念言，此天堂亦应属地不属天。此上帝乃一超人格之至高之神，但仍有其人格性，仍非中国人之所谓天。上帝管理天堂，宰制灵魂，则上帝与天堂灵魂非专非一，非可谓上帝即天堂灵魂内在所存之一诚。若谓西方有此诚，即西方哲学所谓之真理，此真理之诚，则在外不在内，故不专不一，而非中国之所谓诚矣。

唯此专一之诚，其动乃能直。直之反面为曲。而依中国观念，则曲仍包在直之内。故《易》曰："直方大。"直向前，遇阻而改向，然仍是直向,则直与直之间乃成一曲,中国人称之曰"方"。方者直之改向,而仍不失其直,乃成一曲。《中庸》曰"其次致曲"是也。能直能方,则能大矣。故中国所谓之"一曲"与"大方",仍是一体。依西方几何学言,方则已成一面,而其实只是一线,线则是直。直只是一线,而其实只是一点。依中国观念言,点始是一专。所专则只在一点上,而此一点实亦可谓之无。孟子曰:"莫之为而为者天也。"故天属"无为",即属自然。而无为自然,乃属动静而一之。

至于坤之静则曰"翕",其动则曰"辟"。翕者收敛凝聚义。不专不一,则其势必分散。凝聚此分散,而使归于一,则曰翕。既翕而为一,则其动向前,如门之翕而辟。翕者向内,成一"中"。辟者向外,成一"和"。故庄周言:"得其环中,以应无穷。"

西方人好言"创造",而中国人则言"保守"。其实创造必求一"成"。使其有成,自当保守。故中国政府每一朝代有创始开国之君,亦必有继统守成之君。若如西方人,永求创造,而终不有成,则此创造为无意义无价值,复何可贵。

希腊人能创造一希腊,但不能守。罗马人能创造一罗马,但亦不能守。现代国家虽亦各有创造,但迄今亦各不能守,于是乃转而为今日之美苏对立。但核武竞赛,今日之局面,此下将仍不能守。故西方历史乃一有创无守之历史,有进而无止,有始而无终。此为有直而不专,有辟而无翕,有动而不能静,则无"正反合"可言矣。

中西文化之不同,其实起于农商业之不同。中国以农立国,五口之家，百亩之地，几于到处皆然。父传子，子传孙，亦皆历世不变。日出而作，日入而息，夫耕妇馌，老人看守门户，幼童牧牛放羊，举家分工合作。春耕夏耘秋收冬藏，同此辛劳，亦同此休闲。其为工人，亦与农民同有规律保障之生活。一家然，一族一乡同然。同则和，安则乐。《论语》二十篇之首章曰："学而时习之，不亦说乎？有朋自远方来，不亦乐乎？人不知而不愠，不亦君子乎？"孔子之所以教人，实即当时中国农民之同然心理也。而后人之所想象"一天人合内外"之境界，则从来农人之生活境界也。

西方古希腊亦有农民，摈之在野，沦为农奴。商人则居都市中，越洋跨海，远出经商。然买卖双方，须各同意，乃得成交。购与不购，购价几何，皆决定于购方，乃购方之自由。故售方亦如赌博，在己无确定之把握。同队而出，赢利厚薄有不同，故亦不免有妒争之意。归而家人团聚，则别求一番快乐以自慰。故其为生，杂而无统，分别而不和，向外多变，不安而争，不和不乐，而亦前进无止境。于是乃成其所谓"个人主义"与"唯物史观"。先则争利，继以寻乐。而利非真利，乐亦非真乐。人生乃在寻与争之中，究竟目的何在，则寻不到，亦争不得，乃唯新唯变之是务。

西方人重创造，并不许模仿。商业货品必有商标，一家专利，不许他家冒用。标新立异，花样叠出。此风影响及于学术界，于是哲学家中，乃有"我爱吾师，我尤爱真理"之名言。真理同为哲学家所寻求，但前人所得，后人亦不贵承袭。故开新始可赏，守旧不足珍，否则乃无一部西洋史。而中国人则谓，天不变，道亦不变，师法相承，循规蹈矩，不贵新创，始合理想。此又其大不同处。

又如近代西方生物进化论言："物竞天择，优胜劣败，适者生存。"中国人好言龙，龙乃古生物，今已失其存在，岂为劣者；如蝇如鼠，岂为适而优者，乃得迄今生存。中国人则仅言："天地之大德曰生。"又曰："胜败兵家之常事。"又不以成败论人。如诸葛亮司马懿，五丈原对垒，诸葛病死军中，西蜀亦即灭亡。司马一家，开创西晋。而中国后人极尊诸葛，司马氏岂能相比。又如关羽岳飞，尊为武圣。以其事败，恐人不知敬，故乃特加崇扬。今人则谓乃崇扬失败英雄，不知关岳之所成，乃有更大于其失败者。此亦崇敬其成，非崇敬其败也。中国人主和合观，不主分别观。会通于他时他地而观其大，则关岳有成功。分别于他时他地而单独观之，则唯见关岳之失败矣。

故中国人言思想贵主"通"，西方思想则贵有"别"。西方人须一家有一家之特出思想，而中国人则贵在共同问题中有共同态度共同思想。故西方人贵有一人内心思想之独特异人处，中国人则贵观察于外而有其共同之标准与尺度。孔子曰："述而不作，信而好古。"但孔子生时已非古人之时，故虽信而好古，但亦有变。所谓"述"，乃亦孔子之"新"，而无背于古人之"旧"，此之谓"通"。两汉亦通于三代，唐亦通于汉，五千年历史相承，仍贵有一通，仍不失其为一中国。哲学史学，亦贵通。故孔子作《春秋》，谓之史学，而不谓之哲学。孔子作《春秋》，实述旧史，仍守旧法，故史学又与经学通。又谓经史皆是文章，则文学亦与经学史学通。而出于孔子之手，为孔子一家言，则"经、史、子、集"四部之学，在中国实皆相通，而学者则必称为"通人"。

人类相同，故可信。孔子曰："后生可畏，焉知来者之不如今。"此犹谓焉知来者之不有如丘其人者出也。扬雄亦言："后世复有扬子云，必好之矣。"则中国人既信古人，亦信己，又信后人。守旧即以开新，开新亦即以守旧。孔子守周公之旧，乃即所以开己之新。故孔子乃承周公之传统而现代化。周公乃如一旧孔子，孔子则如一新周公，新旧之间，变中有化，化中有变。变属地，化属天。中国人观念中之"天"，乃为一"大化"。西方人则知变不知化。故就双方历史言，可谓春秋战国化而为秦汉。西方历史，则希腊变而为罗马，乃从头新起，不得谓希腊之化而为罗马。中国人言"人文化成"，西方人实无此观念。即如西方一部哲学史，亦仅可谓由柏拉图变出亚里士多德，由康德变出黑格尔，不得谓亚里士多德与黑格尔乃由柏拉图与康德化成。故一部西洋哲学史，可谓创新立异，有无穷之变。而一部中国思想史，则上下古今，一体化成。此乃其大相异所在。

西方人言"变"，则谓之"进"。然进之反面为"退"，西方人又知进不知退。农业社会，百亩之地，不能再进。而三年耕有一年之蓄，九年耕有三年之蓄。春耕夏耘在进在取，秋收冬藏在守在退。而三年之蓄，则更在进中预求退。此乃中国人进退之合一。而西方商业社会进展至资本主义，富则求愈富，进则求愈进，乃不知所谓退。

孔子志在学周公，乃及其老，则曰："道之不行我知之矣"，又曰："久矣我不复梦见周公"，是孔子志在进而知退一大证。汉唐儒以周孔并尊，宋明儒乃以孔孟并尊，以孟子易周公，此亦求进而知退之一例。大体言之，儒家主进，道家主退。乃中国儒学自《中庸》、《易传》以下，无不兼融道家言，故知进必知退，乃中国人文大道之所在。顾亭林有言："国家兴亡，肉食者谋之。天下兴亡，匹夫有责。"是中国人之退，亦即所以为进矣。此义尤值深求。故曰进曰退，一正一反，其合则在退，但亦可谓之在进，此乃中国之大道，非简单申衍可明矣。

今人言进，则曰"进取"。中国古人言退，则曰"退守"、"退藏"。"取"之与"守"与"藏"，亦正反相对，而其合则当在守与藏。但西方人则知取，不知守，不知藏。大英帝国数百年来，其所进取于全世界者，亦可谓既久且广矣。但其所守所藏今又何在？中国人言"开花结果"，实则开花是在进，而结果则已在退在藏。由旧生命展演出新生命，其主要机栝即在此所结之果。西方人生，则似唯主开花，而不知求有结果。希腊罗马之与英法现代国家，都曾开花，但皆无结果，即由其不知有退藏一面。一切西方哲学，亦如正在开花，故一部西洋哲学史可谓繁花盛开。而一部中国思想史，则唯见其果实累累，不见有花色之绚烂。此亦一大异。

《易·系辞》言："坤之静为翕，动为辟。"翕即退藏于密也。其辟仍是所翕之辟，非向外有进取。"君子暗然而日章"，"暗"与"章"又一对立，乃其暗之日章，非弃其暗而进于章。故西方进取，必见为异体。而中国之退藏，则仍属同体。中西之异即在此。

又如中国人言"魂魄"，亦一对立。魄属体，魂则属心，而体则统于心。体相异而易坏，心则同而常存。体坏则魄不存，心存则魂常存。孔子之体已坏于两千五百年之前，故孔子生前之魄已散。

孔子之心则一成不坏，故孔子之魂则犹存于两千五百年之后。中国人谓此为"不朽"。故死生对立，一正一反，亦可谓之以死合生。唯其死中有生，生能合于死，故得死后有不朽，而中华民族乃历五千年而长存。中国之国土，则即成为中国之天堂。西方亦死生对立，其和合则又另为一事，即其宗教信仰之灵魂与天堂，故此世界乃必有末日之来临。西方近代科学之核武器创造，则不啻为促成此末日来临作准备。

西方哲学如黑格尔，其主"正反合"，乃于合一后仍有其新的对立，则此世界，无止无歇，永成一对立。中国观念则正反本属一体，天人内外本属和合，乃由和合中展演出对立，而终无害于其和合之一体。故在西方学术界，乃有科学哲学之对立，在中国则并无此对立。西方又有宗教与科学之对立，中国则仍无此对立。

西方科学宗教，一主"物"，一主"神"，然皆具体落实。唯主神则在"可信"，主物则在"可证"，其先皆属一种大胆之假设。哲学则架虚乘空，不具体，不落实。如柏拉图之理想国，即乌托邦，绝不从当时希腊实况或雅典实况建议设计，乃仅从其一己意见发言，故与中国古人之政治思想如周公如孔子者大异其趣。故西方哲学重客观，不重主观，于此哲学家本身之时代与地区，乃绝不介意。即如康德，其人生平，记载备详，但与其哲学无关。在中国，则读其书贵能知其人，如《论语》《孟子》是矣。读《庄子》书，虽不能详见庄周之为人，但亦可从其书约略推想。读《老子》书，则书中唯见老子之思想，不见老子之为人，乃始与西方哲学家有其类似处。读中国文学亦然。如读屈原《离骚》，可知屈原其人。读司马相如诸赋，则作者其人不在内，故扬雄讥之为雕虫小技。读李杜诗，则知李杜其人。读韩柳文，则知韩柳其人。读《水浒传》与《三国演义》，并不能知施耐庵与罗贯中，故小说不为中国文学之正宗。即如读《史记》，亦可备见司马迁之为人。读《汉书》，则班固为人较少见。而《史》《汉》两书高下，亦于此判矣。此亦中国学术传统精神之所在。今人乃一切以西方为衡量，乃谓不先读康德哲学，无可明朱子之思想。是朱子在康德前，已预知其后世西方有康德而先与之同，斯亦出神入化，可谓极人类聪明之至矣。否则一切思想必以康德为宗主，同则是，异则非，尽可专读康德书，专治康德哲学，何不惮烦必再及于朱子。

近代人严复，译西方哲学书，有《群己权界论》。"群"与"己"亦相对立。然依中国人观念，中外古今，群中只有己，群为其大共相，己为其小别相，大共中有小别，仍为一体，非对立，则何权界可言。中国人一切学术思想行为只一"道"。尧舜之禅让，禹之治水，稷之教稼，契之司教，夔之司乐，皋陶之司法，盛德大业，其道则同，皆本于天，此亦可谓乃中国之宗教。旁及于农田、水利、音乐、律法、教育诸端，则科学艺术胥融纳其中矣。此亦可谓中国传统哲学思想之主要精神所在，而实亦无独立之哲学。近代国人必崇西化，特据西方哲学，求为中国古人创立一套哲学，而又必据西方哲学作批评，使中国哲学乃一无是处，终亦不成为哲学。斯诚不具体不落实，亦西方哲学架空乘虚之一端矣。

兹再言"抽象"与"具体"，亦相对立。西方则认为先有具体，乃有抽象。中国人观念则先有抽象，始有具体。如乾为象，坤为形。乾属天，坤属地。象必先于形，即天必先于地。故中国观念，具体即在抽象中。虽对立，非对立。如人身属形，必先有人，乃始有此身之形，但非此形之即为人。亦如天之生人，必先生群，始有己，非天之先生各别之己，乃始合之而为群。故西方有个人主义而中国无之。依中国观念，亦可谓先有家，乃有己。先有国，乃有家。先有天下，乃始有国。先有一共通之"大同"，乃始有各别之"小异"。故各别之"小异"，必回归于此共通之大同，乃始得成其为一异。西方人则认为先有异，始有同。先有己，始有群。群纵有同，而己之各别之异则更重。然则使无人类共通之群，何来而有此分别各自独立之小己乎？故西方人乃认为可以无此天下，而仍有一大英帝国之存在。则大英帝国之不可长存，亦不烦言而知矣。

故言学术，中国必先言一共通之大道，而西方人则必先分为各项专门之学，如宗教、科学、哲学，各可分别独立存在。以中国人观念言，则苟无一人群共通之大道，此宗教、科学、哲学之各项，又何由成立而发展。故凡中国之学，必当先求学为一人，即一共通之人。而西方人则认人已先在，乃由人来为学，宜其必重一己之创造矣。但人各不同，如康德与卢骚同为一哲学家，而其人则大不同。亦如同为一夫妇，而其为夫妇者则大不同。同为一国，而其国则亦可大不同。今人则又喜称汉帝国唐帝国，此亦泯此中西双方之立国精神矣。

今人又盛言科技。庄子曰："技而进于道。"孔子曰："志于道，据于德，依于仁，游于艺。"是中国古人无论儒、道两家，莫不以"道"为本，以"技"与"艺"为末。志道、明道、行道，是其本。

技与艺，皆包含在道之中。游于一艺，可相分别，会通和合，则皆一道。此可谓是中国哲学，道与技亦相对立而和合为一。而西方人则知有技有艺而不知有道，亦可谓西方人乃认技与艺即是道。即如近代之核武器，乃为西方之尖端科技，大量杀人，亦即道。故西方哲学必异于宗教，异于科学，异于艺术，乃始得成其为哲学。又必各自相异，不相会合，乃始成为一专家。是哲学亦成一技，而非道。一切学术合成一无道，则多技亦合成为无技。即如当前美苏核武竞赛，又焉有其他一技可加以遏止。纵使复有一新技出，能对近世之核武器加以遏止，则仍必有一新技与之相对立，其为一无止无歇之无道世界则依然耳。

（原载钱穆：《现代中国学术论衡》，九州出版社2011年版）

1895—1990

冯友兰：中国哲学的精神

有各种底人。对于每一种人，都有那一种人所可能有底最高底成就。例如从事于政治工作底人，所可能有底最高底成就是成为大政治家。从事于艺术底人，所可能有底最高底成就是成为大艺术家。人虽有各种，但各种底人都是人。专就一个人是人说，他的最高底成就，是成为圣人。这就是说，他的最高底成就，是得到我们所谓天地境界。（关于境界及人生中所可能有底四种境界，参看《新原人》第三章。）

人如欲得到天地境界，是不是必须离开社会中一般人所公共有底，所普通有底生活，或甚至必须离开"生"？这是一个问题。讲到天地境界底哲学，最容易有底倾向，是说：这是必须底。如佛家说：生就是人生的苦痛的根源。如柏拉图说：肉体是灵魂的监狱。如道家中的有些人，"以生为附赘悬疣，以死为决疣溃痈"。这都是以为，欲得到最高底境界，须脱离尘罗世网，须脱离社会中一般人所公有底，所普通有底生活，甚至脱离"生"，才可以得到最后底解脱。有这种主张底哲学，即普通所谓出世间底哲学。出世间底哲学，所讲到底境界极高，但其境界是与社会中的一般人所公共有底，所普通有底生活，不相容底。社会中一般人所公共有底，所普通有底生活，就是中国哲学传统中所谓人伦日用。照出世间底哲学底说法，最高底境界，与人伦日用是不相容底。这一种哲学，我们说它是"极高明而不道中庸"。

有些哲学，注重人伦日用，讲政治，说道德，而不讲，或讲不到最高底境界。这种哲学，即普通所谓世间底哲学。这种哲学，或不真正值得称为哲学。这种哲学，我们说它是"道中庸而不极高明"。

从世间底哲学的观点看，出世间底哲学是太理想主义底，是无实用底，是消极底，是所谓"沦于空寂"底。从出世间底哲学的观点看，世间底哲学是太现实主义底，是肤浅底。其所自以为是积极者，是如走错了路底人的快跑，越跑得快，越错得很。

有许多人说，中国哲学是世间底哲学。这话我们不能说是错，也不能说是不错。

从表面看中国哲学，我们不能说这话是错。因为从表面上看中国哲学，无论哪一派，哪一家，都讲政治，说道德。在表面上看，中国哲学所注重底，是社会，不是宇宙；是人伦日用，不是地狱天堂；是人的今生，不是人的来世。孟子说："圣人，人伦之至也。"照字面讲，这句话是说，圣人是社会中的道德完全底人。在表面上看，中国哲学中的理想人格，也是世间底。中国哲学中所谓圣人与佛教中所谓佛，以及耶教中所谓圣人，是不在一个范畴中底。

不过这只是在表面上看而已，中国哲学不是可以如此简单地了解底。专就中国哲学中主要传统说，我们若了解它，我们不能说它是世间底，固然也不能说它是出世间底。我们可以另用一个新造底形容词以说中国哲学。我们可以说，中国哲学是超世间底。所谓超世间的意义是即世间而出世间。

中国哲学有一个主要底传统，有一个思想的主流。这个传统就是求一种最高底境界。这种境界是最高底，但又是不离乎人伦日用底。这种境界，就是即世间而出世间底。这种境界以及这种哲学，我们说它是"极高明而道中庸"。

"极高明而道中庸"，是我们借用《中庸》中底一句话。我们说"借用"，因为我们此所谓"极高明而道中庸"，不必与其在《中庸》中底意义相同。中国哲学所求底最高境界，是超越人伦日用而又即在人伦日用之中。它是"不离日用常行内，直到先天未画前"。这两句诗的前一句，是表示它是世间底。后一句是表示它是出世间底。这两句就表示即世间而出世间。即世间而出世间，就是所谓超世间。因其是世间底，所以说是"道中庸"；因其又是出世间底，所以说是"极高明"。即世间而出世间，就是所谓"极高明而道中庸"。有这种境界底人的生活，是最理想主义底，同时又是最现实主义底。它是最实用底，但是并不肤浅。它亦是积极底，但不是如走错了路而快跑底人的积极。

世间与出世间是对立底。理想主义底与现实主义底是对立底。这都是我们所谓高明与中庸的对立。在古代中国哲学中，有所谓内与外的对立，有所谓本与末的对立，有所谓精与粗的对立。汉以后哲学中，有所谓玄远与俗务的对立，有所谓出世与入世的对立，有所谓动与静的对立,有所谓体与用的对立。这些对立或即是我们所谓高明与中庸的对立,或与我们所谓高明与中庸的对立是一类底。在超世间底哲学及生活中,这些对立都已不复是对立。其不复是对立,并不是这些对立,都已简单地被取消,而是在超世间底哲学及生活中,这些对立虽仍是对立,而已被统一起来。"极高明而道中庸",此"而"即表示高明与中庸,虽仍是对立,而已被统一起来。如何统一起来,这是中国哲学所求解决底一个问题。求解决这个问题,是中国哲学的精神。这个问题的解决,是中国哲学的贡献。

中国哲学家以为,哲学所求底最高底境界是即世间而出世间底。有此等境界底人,谓之圣人。圣人的境界是超世间底。就其是超世间底说,中国的圣人的精神底成就,与印度所谓佛的,及西洋所谓圣人的,精神底成就,是同类底成就。但超世间并不是离世间,所以中国的圣人,不是高高在上,不问世务底圣人。他的人格是所谓内圣外王底人格。内圣是就其修养的成就说,外王是就其在社会上底功用说。圣人不一定有机会为实际底政治底领袖。就实际底政治说,他大概一定是没有机会底。所谓内圣外王,只是说,有最高底精神成就底人,可以为王,而且最宜于为王。至于实际上他有机会为王与否,那是另外一回事,亦是无关宏旨底。

圣人的人格,是内圣外王的人格。照中国哲学的传统,哲学是使人有这种人格底学问。所以哲学所讲底就是中国哲学家所谓内圣外王之道。

在中国哲学中,无论哪一派哪一家,都自以为是讲"内圣外王之道",但并不是每一家所讲底都能合乎"极高明而道中庸"的标准。在中国哲学中,有些家的哲学,偏于高明;有些家的哲学,偏于中庸。这就是说,有些家的哲学,近于只是出世间底。有些家的哲学,近于只是世间底。不过在中国哲学史的演变中,始终有势力底各家哲学,都求解决如何统一高明与中庸的问题。对于这个问题底解决,可以说是"后来居上"。我们于此可见中国哲学的进步。

我们的对于中国哲学底这种工作,很像《庄子·天下篇》的作者,对于先秦哲学所做底工作。我们不能断定,谁是《天下篇》的作者,我们不知道他是谁,但他的工作,是极可赞佩底。他是中国古代的一个极好底哲学史家,亦是一个极好底哲学鉴赏家及批评家。在《天下篇》里,他提出"内圣外王之道"这个名词。讲内圣外王之道底学问,他称为"道术"。道术是真理之全。他以为当时各家,都没有得到道术之全,他们所得到底只是道术的一部分或一方面,所谓"道术有在于是者"。他们所得到底,只是道术的一部分,或一方面,所以他们所讲底只是他们的"一家之言",不是道术,而是"方术"。

道术所讲底是内圣外王之道,所以道术亦是"极高明而道中庸"的。这亦是《庄子·天下篇》所主张底。《天下篇》说:"不离于宗,谓之天人;不离于精,谓之神人;不离于真,谓之至人。以天为宗,以德为本,以道为门,兆于变化,谓之圣人。"向秀、郭象注云:"凡此四名,一人耳。所自言之异。"此四种都是在天地境界中底人。天人,神人,至人或是"一人耳。所自言之异"。但圣人是与天人,神人,至人,不同底。他尽有天人等之所有,但亦有天人等之所无。圣人"以天为宗",就是"不离于宗";他"以德为本",就是"不离于精"(《天下篇》下文说:"以本为精,以物为粗。");他"以道为门",就是"不离于真"。(《老子》说:"道之为物","其中有精,其精甚真,其中有信"。《庄子》说,道"有情有信,无为无形"。)这是他尽有天人等之所有。但他又能"兆于变化",应付事物。这是他有天人等之所无。他能"极高明而道中庸"。天人等则能"极高明"而未必能"道中庸"。《天下篇》下文说君子,"以仁为恩,以义为理,以礼为行,以乐为和,熏然慈仁"。这种人是在道德境界中底人。这种人能"道中庸"而不能"极高明"。

《天下篇》亦似以"极高明而道中庸"的标准为标准,批评当时各家的学说。至少我们可以说,照向秀、郭象的注,《天下篇》是如此的。《天下篇》说:"古之人其备乎!配神明,醇天地,育万物,和天下。泽及百姓。明于本数,系于末度,六通四辟,小大精粗,其运无乎不在。"所谓古之人,就是圣人。他能统一本末、小大、精粗等的对立。他能"配神明,醇天地",而又能"育万物,和天下"。前者是其内圣之德,后者是其外王之功。神明大概是说宇宙的精神方面。有内圣外王底人格底人,能"备天地之美,称神明之容"。《天下篇》上文说:"神何由降?明何由出?圣有所生,王有所成,皆原于一。"圣王是与神明并称底。

关于"一"底真理,就是内圣外王之道。儒家本是以阐述"古之人"为业底。但可惜他们所阐述底,都是些数度典籍之类。《天下篇》说:"其明而在数度者,旧法世传之史,尚多有之。其在于《诗》、《书》、《礼》、《乐》者,邹鲁之士,缙绅先生,多能明之。"

向秀、郭象注云："能明其迹耳，岂所以迹哉？"所以照《天下篇》的说法，儒家不合乎高明的标准。

其余各家，也都是"不该不遍，一曲之士"。他们所讲底都不是内圣外王之道的全体，都偏于一方面。不过这一方面也是"道术有在于是"。他们"闻其风而说之"。《天下篇》以下叙墨家的学说，结语谓："墨子真天下之好也，将求之不得也，虽枯槁不舍也，才士也夫。"只称为才士，向秀、郭象注云："非有德也。"言其不合乎高明的标准。《天下篇》又叙述宋钘、尹文的学说，说他们"以禁攻寝兵为外，以情欲寡浅为内，其小大精粗，其行适至是而止"。向秀、郭象注云："未能经虚涉旷。"他们知有内外、小大、精粗的分别，但亦"适至是而止"，亦不合乎高明的标准。

《天下篇》又叙述彭蒙、田骈、慎到的学说，结语谓："彭蒙、田骈、慎到不知道。虽然，概乎皆尝有闻者也。"向秀、郭象注云："但未至也。"他们能从道的观点以看事物，知"万物皆有所可，有所不可。故曰：选则不遍，教则不至，道则无遗者矣"。用我们于《新原人》中所说底话说，他们已知天。但他们以为圣人的修养的成就，"至于若无知之物而已。无用贤圣，夫块不失道"。他们希望去知识所作的分别，以至于我们于《新原人》中所谓同天的境界。但不知在同天境界中底人，是无知而有知底，并不是若土块无知之物，彭蒙等是高明，但不是"极高明"。

《天下篇》又叙述关尹、老聃的学说。他们的学说，"建之以常无有，主之以太一。以濡弱谦下为表，以空虚不毁万物为实"。他们"以本为精，以物为粗"，"淡然独与神明居"。他们是已达到

"极高明"的程度，但他们又"常宽容于物，不削于人"。他们亦可以说是能"道中庸"。

《天下篇》又叙述庄子的学说，说庄子"上与造物者游，而下与外死生无终始者为友。其于本也，弘大而辟，深闳而肆。其于宗也，可谓稠适而上遂矣"。他达到"极高明"的程度。但他虽"独与天地精神往来，而不傲倪于万物，不谴是非，以与世俗处"。他亦可以说是能"道中庸"。

《天下篇》极推崇老庄。但于叙老庄的学说时，亦是说："古之道术有在于是者"，关尹、老聃、庄周"闻其风而悦之"。由此例说，则老庄亦是"不该不遍，一曲之士"。《天下篇》或以为老庄的学说，虽是道术的一重要部分或一重要方面，但亦只是其一部分或一方面。关于此点，我们尚无法断定。不过离开《天下篇》的作者，用我们自己的判断，我们可以说，老庄的学说尚不能全合乎"极高明而道中庸"的标准。所以我们只说老庄亦可以说是合乎"道中庸"的标准。

我们于此分析《天下篇》对于当时各家底批评，对于各派各家所作底批评，以及批评所用底标准，并不是我们的偶然底私见，而是真正接着中国哲学的传统讲底。并以见我们所谓中国哲学的精神，真是中国哲学的精神。

[原载冯友兰:《新原道（一名中国哲学之精神）》，
商务印书馆 1945 年版。标题为编者所加]

1891—1962

胡适：中国哲学的线索

我平日喜欢做历史的研究，所以今天讲演的题目，是《中国哲学的线索》。这个线索可分两层讲。一时代政治社会状态变迁之后，发生了种种弊端，则哲学思想也就自然发生，自然变迁，以求改良社会上、政治上种种弊端。所谓时势生思潮，这是外的线索。外的线索是很不容易找出来的。内的线索，是一种方法——哲学方法，外国名叫逻辑 logic。（吾国原把逻辑翻作论理学或名学。逻辑原意不是名学和论理学所能包含的，故不如直译原字的音为逻辑。）外的线索只管变，而内的线索变来变去，终是逃不出一定的径路的。今天要讲的，就专在这内的方法。

中国哲学到了老子和孔子时候，才可当得"哲学"两个字。老子以前，不是没有思想，没有系统的思想；大概多是对于社会上不安宁的情形，发些牢骚语罢了。如《诗经》上说："苕之华，其叶青青。知我如此，不如无生！"这种语是表示对于时势不满意的意思。到了公元前第六世纪时，思想家才对于社会上和政治上，求根本弊端所在。而他们的学说议论终是带有破坏的、批评的、革命的性质。老子根本上不满意当时的社会、政治、伦理、道德。原来人人多信"天"是仁的，而他偏说："天地不仁，以万物为刍狗。"天是没有意思的，不为人类做好事的。他又主张废弃仁义，入于"无为而无不为"的境界。这种极破坏的思想，自然要引起许多反抗。孔子是老子的门徒或是朋友。他虽不满意于当时风俗制度以及事事物物，可是不取破坏的手段，不主张革命。他对于第一派是调和的、修正的、保守的。老子一派对于社会上无论什么政治、法律、宗教、道德，都不要了，都要推翻他，取消他。孔子一派和平一点，只求修正当时的制度。中国哲学的起点，有了这两个系统出来之后，内的线索——就是方法——继续变迁，却逃不出这两种。

老子的方法是无名的方法。《老子》第一句话就说："道可道，非常道。名可名，非常名。"他知道"名"的重要，亦知道"名"的坏处，所以主张"无名"。名实二字在东西各国哲学史上都很重要。"名"是共相（universal），亦就是普通性。"实"是"自相"，亦就是个性。名实两观念代表两大问题。从思想上研究社会的人，一定研究先从社会下手呢，还从个人下手？换句话讲，是先决个性，还是先决普遍之问题？"名"的重要可举例明之。譬如诸君现在听讲，忽然门房跑来说——张先生，你的哥哥来了。这些代表思想的语言文字就是"名"。——倘使没有这些"名"，他不能传达他的意思，诸君也无从领会他的意思，彼此就很觉困难了。简单的知识，非"名"无从表他，复杂的格外要借"名"来表示他。"名"是知识上的问题，没有"名"便没有"共相"。而老子反对知识，便反对"名"，反对言语文字，都要一个个地毁灭他。毁灭之后，一切人都无知无识，没有思想。没有思想，则没有欲望。没欲望，则不"为非作恶"，返于太古时代浑朴状态了。这第一派的思想，注重个性而毁弃普遍。所以他说："天下皆知美之为美，斯恶矣；皆知善之为善，斯不善矣。"美和不美都是相对的，有了这个，便有那个。这个那个都不要，都取消，便是最好。这叫作"无名"的方法。

孔子出世之后，亦看得"名"很重要。不过他以为与其"无名"，不如"正名"。《论语·子路篇》说：

子路曰：卫君待子而为政，子将奚先？子曰：必也正名乎。子路曰：有是哉！子之迂也！奚其正！子曰：野哉由也！君子于其所不知，盖阙如也。名不正，则言不顺。言不顺，则事不成。事不成，则礼乐不兴。礼乐不兴，则刑罚不中。刑罚不中，则民无所措手足。

孔子以为"名"——语言文字——是不可少的，只要把一切文字、制度，都回复到他本来的理想标准，例如："政者，正也。""仁者，人也。"他的理想的社会，便是"君君、臣臣、父父、子子"。做父亲的要做到父亲的理想标准，做儿子的亦要做到儿子的理想标准。社会上事事物物，都要做到这一步境地。倘使君不君、臣不臣、父不父、子不子，则君、臣、父、子都失掉本来的意义了。怎样说"名不正，则言不顺"呢？"言"是"名"组成的，名字的意义，没有正当的标准，便连话都说不通了。孔子说："觚不觚，觚哉觚哉！"觚是有角的形，故有角的酒器，叫作"觚"。后来把觚字用泛了，没有角的酒器亦叫作"觚"。所以孔子说："现在觚没有角了，这不是觚吗？这还是觚吗？"不是觚的都叫作觚，这就是"言不顺"。现在通用的小洋角子，明明是圆的，偏叫他"角"，也是同样的道理。语言文字（名）是代表思想的符号。语言文字没有正确的意义，便没有公认的是非真假的标准。要建设一种公认的是非真假的标准，所以他主张"正名"。老子主"无名"，孔子主"正名"。此后思想，凡属老子一派的，便要推翻一切制度，便要讲究制度文物，压抑个人。

第三派的墨子，见于前两派太趋于极端了，一个注重"名"，一个不注重"名"，都在"名"上面用功夫。"名"是实用的，不是空虚的，口头的。他说：

今瞽曰："钜者，白也。黔者，黑也。"虽明目者无以易之。兼白黑，使瞽取焉，不能知也。故我曰："瞽不知白黑者，非以其名也，以其取也。"

（取），就是实际上的去取，辨别。瞎子虽不曾见过白黑，亦会说白黑的界限。要到了实际上应用的时候，才知道口头的界说，是没有用的。许多高谈仁义道德的人也是如此。分别义利，辨入毫末，及事到临头，则便手足无措。所以墨子不主张空虚的"名"，而注重实际的应用。墨子这一派，不久就灭了。而他的思想和主义则影响及于各家。遗存下来的，却算孔子一派是正宗。老子一派亦是继续不断。如杨朱有"实无名,名无实。名者伪而已"等话,亦很重要。到了三国魏晋时代,便有嵇康那一班人,提倡个人,推翻礼法,宋明陆象山和王阳明那班人,无形中都要取消"名"。就是清朝的谭嗣同等思想,亦是这样,亦都有无名的趋向。正统派的孔子重"名",重礼制,所以后来的孟子、荀子和董仲舒这一班人,亦是要讲礼法、制度。内部的线索有这两大系统。

还有一派近代的思想。九百多年前,宋朝的儒家,想把历代的儒家相传的学说,加上了佛家、禅宗和道家的思想,另成一种哲学。他们表面上要挂孔子的招牌,不得不在儒家的书里头找些方法出来。他们就找出来一本《大学》。《大学》是本简单的书,但讲的是方法。他上面说:"致知在格物。"格物二字就变为中国近世思想的大问题。程朱一派解"格物"是到物上去研究物理。物必有理,要明物理,须得亲自到物的本身上去研究。今天格一物,明天格一物,今天格一事,明天格一事,天下的事物,都要一个个的去格他。等到后来,知识多了,物的理积得多了,便一旦豁然贯通。陆象山一派反对这种办法,以为这种办法很笨。只要把自己弄好了,就是"格物"。所以他主张:吾心即是万物,万物即是吾心。物的理都在吾的心中,能明吾心,就是明万物。吾心是万物的权衡,不必要像朱子那么样支支离离的格物。这种重视个性自我发展的思想,到了王阳明格外的明了。阳明说:他自己本来信格物是到物上去格的。他有一位朋友去格一枝竹,格了五天,病起来了。他就对这位朋友讲:你不能格,我自己去格。格了七天,也病了。因此,他不信格物是到物上去格。物的理在心中，所以他特别地揭出"良知"二字来教人。把良知弄好了，弄明白了，善的就是善，恶的就是恶，是的还他是，非的还他非，天下事物都自然明白了。程朱和陆王这两派支配九百余年的思想，中间"格物"的解说有七八十种；而实际上还是"名"和"实"的嫡派，不过改变他们的方向罢了——格物还是从内起呢，还是从外起？

思想必依环境而发生，环境变迁了，思想一定亦要变迁。无论什么方法，倘不能适应新的要求，便有一种新方法发生，或是调和以前的种种方法，来适应新的要求。找出方法的变迁，则可得思想的线索。思想是承前启后，有一定线索，不是东奔西走，全无纪律的。

（原载《教育杂志》第 13 卷第 11 号，1921 年 11 月 20 日）

学大合□

第二篇 诸子哲学

先秦诸子哲学三讲

1937—1946

冯友兰：先秦诸子之起源

1895—1990

诸位同学，今天承张先生约我到这边来讲一些东西，我向来对于文学无甚研究，无所述告，现在我找一些关于中国哲学的东西来说一下，就是"先秦诸子之起源"，虽与文学无关，然于中国学术方面却是接近。

关于"先秦诸子之起源"，《汉书·艺文志》中载刘歆说："诸子出于王官。"依他所说，就是原来的诸子学问，都在"王官"，非在"民间"；到后来，"王纲解纽"，就是官失其守，于是学问散于民间，遂分为各家之学，如儒家出于司徒之官，墨家出于清庙之守等。这样的说法，胡适之先生很不以为然，在他的哲学史中，遂有诸子不出于王官之论；其根据理由，暂不谈及，可察看本文即知。今天所说的，就是关于刘歆的"诸子出于王官"之说，我们不敢说刘歆对，也不敢如胡适之先生所说的，以为刘歆完全错，我们以为刘歆所说的，大致还不错，唯其说法也有不对的地方；这是我和适之先生不同之点。现在姑且把刘歆之说放下，而来看另一方面的新说法。

在春秋以前的社会制度——周朝原来的社会制度，就是贵族政治社会，一切的政治权、经济权、教育权，都在贵族手中。与贵族相对的，就是庶人，他们全居于奴隶之位，只替贵族服务而已；不但政治权经济权无有，就是受教育的机会也无有。贵族都是世袭的，父为天子，子亦为天子；卿大夫也是世袭的。即所谓"世官世禄"。然而贵族却不一定是学者，他们都养着专家代他办事，同时专家也是世袭。所谓专家都是具有专门知识的人才，如专司祭祀的，专讲礼乐的，专司婚丧礼的，此外另有武士专司战争，等等。当时大概的情形即是如此。

到了春秋的时候，原来的社会制度，就起了一种变动。至于为什么起了这样的变动呢？现在不能谈及，恐牵连太多。总之，此时有了根本的大变动，结果，贵族的权利，遂因之丧失。天子不能统一诸侯，诸侯的权利，便不能稳定，因此贵族便多流为平民，如孔子即是此例。贵族政治既然破坏，贵族原来所养的专家们此时亦多失业，他们遂散入民间。这便是我们现在研究上古史所看到的，正与刘歆之"官失其守"相合，所以不能说他的学说完全不对。专家既失业，各人抱着各人专门的学识到民间去混饭吃，这种人就叫作"士"。如礼乐专家失业后，散入民间，凭着他们礼乐的知识，在民间奔走喜事丧事的，就叫作"相"。所有的诸子便是出身于"士"，因为专门的不同，所以诸子的各家也不同。

儒家——是礼乐专家，就是以后的儒士，他们时常为人家相礼。近人且有说孔子之"摄行相事"便是齐鲁二君聚会时行相礼者。孔子便是儒士的代表，儒士的职业只有为"相"及"教学"二者。直到今日也是如此。其后儒家便出于儒士，儒家或简称为

"儒"。

墨家——墨家出于武士（侠），在先秦可以找到许多证据。

（一）《淮南子》：墨子服役者百八十人皆可赴汤蹈火，死不旋踵。可见与孔子所领导的七十二弟子不同。

（二）《墨子》：公输般，有一次为楚造云梯攻宋，墨子至楚说：我的弟子禽滑釐等三百人，已持守御器具在宋国城上待楚寇了；再如鲁人有随墨子求学者，力战而死，其父责问墨子，墨子说：你正是如卖粮一样，粮真卖出又生气了！

可见墨子所领导的人是不畏死的，而且还从事于非攻主义。孔学与墨学则全然不同了，卫灵公问阵于孔子，孔子对曰："俎豆之事，则常闻之矣。军旅之事，未之学也。"由此可知儒家出于文，墨家出于武；文武虽然不同，然而他们都是同一卖技艺的专家。孟子说："孔子三月无君则皇皇如也。"又说："古之人三月无君则吊。"墨家的卖技，是偏于武的方面，在《吕氏春秋》上说：墨子的弟子孟胜受了楚阳城君的委托替他守国，以玉石作符，见符后，始可放其进城，阳城君逃亡，荆收其国，孟胜因未见符，不许，而力已不支，欲死节，其弟子劝之，孟胜曰我不忠于阳城君，则他人求士将不我求，我之死是墨者之兴也，遂死。随死者有弟子八十余人，即所谓"受人之托，必忠人之事"，"士为知己者死，女为悦己者容"。墨子的情形大概如是。墨家既出于武士，然与侠士不同，其不同之点有三：

（一）侠士是帮人作战的专家，即保镖之流；墨家是有主义的帮人作战者，其主义便是非攻。专门为弱小民族防守，所造兵器是守的不是攻的。

（二）墨家也讲治国之道；侠士则否，说句普通话，侠士便是"老粗"。

（三）侠士有侠士自己的道德，墨子则以其道德推而广之而为全人类谋幸福。侠士的道德具有兼爱之风，具有"有福同享，有马同骑"的精神。例如：墨子的弟子荆柱子在楚为官，同学们都去访他，他只以三升米食之，诸人回去，多有不满，而墨子却不以为然；不久，这位弟子果然给墨子送来十两银子，这便是有饭大家吃的表现。子路原为侠士，后从孔子学，然侠士之风不减。一日，孔子招集弟子各言其志，子路之志，则愿带兵。可见一斑。子路又说："愿车马衣轻裘与朋友共，敝之而无憾。"十足的表现出侠士们"有福同享"的精神。

墨子便是以侠士的精神，扩而充之。墨子又讲"尚同"，即上行下效铁的纪律的表现，何以知道他们有铁的纪律呢？如孟胜之死，手下亦随之死即是。再如墨子之巨子名腹䵍者，其子在秦杀人，秦惠王以腹䵍故而赦之，腹䵍曰：杀人者死，当行墨子法。可见其团体纪律非常严格，这便是墨家的"尚同"。

儒墨两家之旨，竟完全相反，至现在看起来是必然的，因为他们出身不同之故。然而他们所处的地位却相同，各代表当时一派的首领。后人以孔子为文圣，武圣却是关岳，孔子与关岳，似不能平列，依我看来，武圣人当以墨子为最适。

阴阳家——从前有所谓巫祝者，专通达人意于神，其后流入民间，就变成方士了，阴阳家出于方士，这是大家所承认的。

名家——名家之论，如公孙龙之白马非马及离坚白等。据我所说，名家是出于讼师的，当时在春秋以前，并无讼师，贵族社会只有贵族来任意判断，并无"法"的成立。后有邓析、子产作刑书，公布法律。民从其学者甚众。邓析即是讼师，也是名家的第一人。其后公孙龙之"白马非马"，惠施之"白狗黑"皆出于此。

法家——法家出于法术之士，所谓法术之士，就是当时为君主作参谋的人。原来的社会制度很简单，到战国时社会制度渐入复杂，再用老法子就难以应付了。但是儒家依然还用老法子，所以当时的人多以儒家为迂阔，遂有法术之士产生，他们想怎样去控制人，如管仲、商鞅、韩非等人皆以新方法来治理国家。凡法术之士能把他们的法术有系统的讲出来，便是法家了。

道家——道家与上面所说的各家完全不同了。以上各家专重于用世，专重于"学成致用，卖与帝王家"。但是还有一般人抱有技艺才能，然而不愿意卖与他人，这便是隐士。道家即出于隐士。孟子攻击杨朱说："杨朱为我，是无君也。""为我"就是个人主义，对于一切事件皆抱有消极的态度，杨朱的"为我"也就是隐士的态度，那是更进一层了。

以上所说，只有六家，这全是以司马谈《论六家之要旨》来作根据的。除六家以外，照《汉书·艺文志》说本有十家，还有农家、纵横家、杂家和小说家。小说家无从考据，所以后来改为九家。杂家便是把一切的学说杂在一起，纵横家只有人才而无学说，农家则无书籍。

由此可知刘歆之"王官失守"，大概的意思是不错的，不过他对于各家的出处稍有不合，因为诸子不一定出于王官，也许出于大夫之家。刘歆又以为王官易为诸子是退步的表现，这点我们跟他的见解正相反，我们要知道王官变为诸子，不一定是退步的表现。总之，刘歆之说大体是不错的，我们不能整个的承认，也无须如胡适之先生那样的完全否认！

1936 年 4 月在女师学院讲演

（原载《女师学院期刊》第 4 卷第 1、2 期合刊，1936 年 4 月）

傅斯年：墨子之非命论

《墨子》一书不可尽据，今本自《亲士》至《三辩》七篇宋人题作经者，虽《所染》与吕子合，《三辩》为《非乐》余义，《法仪》为《天志》余义，《七患》、《辞过》为《节用》余义（皆孙仲容说），大体实甚驳杂。《修身》一篇全是儒家语，《亲士》下半为《老子》作注解，盖汉人之书也。《经》上下、《经说》上下，自为一种学问，不关上说下教之义。《大取》至《公输》七篇，可称墨家杂篇，其多精义。壹如《庄子杂篇》之于《庄子》全书。若其教义大纲之所在，皆含于《尚贤》至《非儒》二十四篇中，据此可识墨义之宗宰矣。

读《墨子》书者，总觉其宗教彩色甚浓，此自是极确定之事实，然其辩证之口气，有时转比儒家更近于功利主义。墨子辩证之方式有所谓三表者，其词曰：

子墨子言曰："有本之者，有原之者，有用之者。于何本之？上本之于古者圣王之事。于何原之？下原察百姓耳目之实。于何用之？废以为刑政，观其中国家百姓人民之利。此所谓言有三表也。"（《非命》上）

"本之"即荀子所谓"持之有故","原之"即荀子所谓"言之成理",前者举传训以为证,后者举事理以为说。至于"用之",则纯是功利论之口气,谓如此如此乃是国家百姓万人之大利也。孔子以为自古皆有死,孟子以为舍生而取义,皆有宗教家行其所是之风度,墨子乃沾沾言利,言之不已,虽其所谓利非私利,而为万民之公利,然固不似孟子之譬头痛绝此一名词也。其尤甚者,墨子以为鬼纵无有,亦必须假定其有,然后万民得利焉。

虽使鬼神请(诚)无,此犹可以合欢聚众,取亲于乡里。(《明鬼》下)

此则俨然服而德氏之说,虽使上帝诚无,亦须假设一个上帝。此虽设辩之词,然严肃之宗教家不许如此也。甚矣中国人思想中功利主义之深固,虽墨家亦如此也。然此中亦有故,当时墨家务反孔子,而儒家自始标榜"君子喻于义,小人喻于利","喻犹晓也"。故墨子乃立小人之喻以为第三表,且于三表中辞说最多焉,墨子固以儒家此等言辞为伪善者也。孟子又务反墨说,乃并此一名词亦排斥之。此节虽小,足征晚周诸子务求相胜,甲曰日自东出,乙必曰日自西出,而为东西者作一新界说,或为方位作一新解,以成其论。识此则晚周诸说如何相反相生,有时可得其隐微,而墨子之非命论与儒如何关系,亦可知焉。

又有一事,墨子极与孔子相反者,孔子"博学而无所成名",

"无可无不可",墨子则为晚周子籍中最有明白系统者。盖孔子依违调和于春秋之时代性中,墨子非儒,乃为断然的主张,积极的系统制作,其亦孔子后学激之使然耶?

墨子教义以宗教为主宰,其论人事虽以祸福利害为言,仍悉溯之于天,此与半取宗教之孔子固不同,与全舍宗教之荀子尤极端相反也。今试将墨子教义图以明之:

```
                                    ┌ 人伦 ┌ 兼爱(正面说)
                                    │      └ 非攻(背面说)
教义                  ┌ 天志(正面说) ┤
 ↑                    │              │      ┌ 尚同(言体)
证据:明鬼 ┤          ├──→ 引申 ┤ 政治 ┤ 尚贤(言用)
                      └ 非命(背面说) │      └ 节用(言戒)非乐
                                              节葬并为节用之例
```

《墨子·鲁问篇》云:

国家昏乱,则语之尚贤,尚同。国家贫,则语之节用,节葬。国家熹音湛湎,则语之非乐,非命。国家淫僻无礼,则语之尊天,事鬼。国家务夺侵凌,则语之兼爱,非攻。(《鲁问》)

此虽若对症下药,各自成方,而寻绎其义理,实一完固之系统,如上图所形容也。墨孟荀三氏之思想皆成系统,在此点上,三家与孔子不同,而墨子之系统为最严整矣。墨义之发达全在务反儒学之道路上。当时儒家对鬼之观念,立于信不信之半途,而作不信如信之姿势,且儒家本是相对的信命定论者,墨家对此乃根本修正之。今引其说：

儒以天为不明，以鬼为不神，天鬼不说。（问禘，答曰不知，性与天道不可得闻，皆孔子不说或罕说天鬼之证也。说读如字。）此足以丧天下。……又以命为有，贫富，寿夭，治乱，安危，有极矣，不可损益也。为上者行之，必不听治矣，为下者行之，必不从事矣，此足以丧天下。（《公孟》）

公孟子曰："无鬼神。"又曰："君子必学祭祀。"（毕沅曰，祀当为礼。）子墨子曰："执无鬼而学祭礼，是犹无客而学客礼也，是犹无鱼而为鱼罟也。"（《公孟》）

立命而怠事，不可使守职。（《非儒》）

此皆难儒斥儒之词，既足以见墨义之宗旨，更足以证墨学之立场。儒家已渐将人伦与宗教离开，其天人说已渐入自然论，墨者乃一反其说，复以宗教为大本，而以其人事说为其宗教论之引申。墨家在甚多事上最富于革命性，与儒家不同，独其最本原之教义转似走上复古之道路，比之儒家，表面上为后于时代也。

然墨子之宗教的上天，虽抛弃儒家渐就自然论渐成全神论之趋势，而返于有意志有喜怒之人格化的上天，究非无所修正之复古与徒信帝力之大者所可比也。墨子之天实是善恶论之天神化，其上天乃一超于人力之圣人，非世俗之怪力乱神也。如许我以以色列教统相比拟，《旧约》中尚少此等完全道德化之帝天，四福音中始见此义耳。是则墨子虽以宗教意识之重，较儒家为复古，亦以其上天之充分人格化道德化，转比儒家之天道说富于创造性。盖墨子彻底检讨人伦与宗教之一切义，为之树立上下贯彻之新解，虽彼之环境使以宗教为大本，而彼之时代亦使彼为一革新的宗教家，将道德理智纳之于宗教范畴之下，其宗教之本身遂与传统者有别。墨子立论至明切，非含糊接受古昔者也。《天志》三篇为彼教义之中心，其所反复陈言者：一则以为天有志，天志为义，义自天出。二则以为天兼有天下之人，故兼爱天下之人。三则以为从天之意者必得赏，背天之意者必得罚，人为天之所欲，则天为人之所欲，人为天之所恶，则天为人之所恶。四则以为天为贵，天为智，自庶人至于天子，皆不得次已而为政，有天政之。据此，可知墨子之天，乃人格化道德化之极致，是圣人之有广大权能在苍苍上者，故与怪、力、乱、神不可同日语也。

兹将墨义系统如前图所示者再解说之，以明其条贯。墨子以为天非不言而运行四时者，乃有明明赫赫之意志者，人非义不生，而义"自天出"。天意者，"上尊天，中事鬼神，下爱人"。行如此则天降之福，行不如此则天降之祸。墨子又就此义之背面以立论，设为非命之辨，以为三代之兴亡，个人之祸福，皆由自身之行事，天无固定之爱憎，即无前定之命焉，果存命定之说，万人皆怠其所务，"是覆天下之义"，而"灭天下之人矣"。今知天志非命为墨义系统中之主宰者，可取下引为证：

子墨子言曰："我有天志，譬如轮人之有规，匠人之有矩，轮匠执其规矩，以度天下之方圆，曰，中（读去声，下同）者是也，不中者非也。"（《天志上》）

故子墨子之有天之意也，上将以度天下之王公大人为刑政也，下将以量天下之万民为文学出言谈也。……故置此以为法，立此以为仪，将以量度天下之王公大人卿大夫之仁与不仁，譬之犹分黑白也。（《天志中》）

今又知墨子论人事诸义为天志非命之引申者，可取下引为证：

子墨子曰："天之意不欲大国之攻小国也，大家之乱小家也，强之暴寡，诈之谋愚，贵之傲贱，此天之所不欲也。不止此而已，欲人之有力相营，有道相教，有财相分也。又欲上之强听治也，下之强从事也。"（《天志中》）

顺天之意者兼也，反天之意者别也。兼之为道也义正，别之为道也力正。曰："义正者何若？"曰："大不攻小也，强不侮弱也，众不贼寡也，诈不欺愚也，贵不傲贱也，富不骄贫也，壮不夺老也。是以天下之庶国莫以水火毒药兵刃以相害也。……"曰："力正者何若？"曰："大则攻小也，强则侮弱也，众则贼寡也，诈则欺愚也，贵则傲贱也，富则骄贫也，壮则夺老也。是以天下之庶国方以水火毒药兵刃以相贼害也。"（《天志下》）

据此，则兼爱非攻皆天之意向，墨子奉天以申其说。尚同则壹天下人之行事以从天志，虽尚贤亦称为天之意焉。其言曰：

> 故古圣王以审以尚贤使能为政，而取法于天。虽天亦不辩贫富、贵贱、远迩、亲疏、贤者举而尚之，不肖者抑而废之。(《尚贤中》)

故天志非命为墨义系统之主宰，无可疑也。

墨子之天道观对儒家为反动者，已如上文所论，其对《周诰》中之天道论，则大体相同，虽口气有轻重，旨命则无殊也。此语骤看似不可通，盖《周诰》中历言天不可信，而墨子以天之昭昭为言，《周诰》以为修短由人，墨子以为志之在天。然疏解古籍者，应识其大义，不可墨守其名词。墨子所非之命，指命定之论而言，以祸福有前定而不可损益者也，此说亦《周诰》中所力排者也。墨子所主张之天志，乃作善天降祥，作不善天降殃之说，谓天明明昭昭，赏罚可必，皆因人之行事而定，而非于人之行事以外别有所爱憎，此说正《周诰》所力持者也。《非命篇》全是《周诰》中殷纣丧命汤武受命说之注脚，而《天志篇》虽口气有轻重，注意点有不同，其谓天赏劳动善行，罚荒佚暴政，则无异矣。《周诰》为政治论，墨义为宗教论，其作用原非一事，故词气不同，若其谓天命之祸福皆决之于人事，乃无异矣。

墨子之天道论固为周初以来（或不止于周初）正统天道论一脉

中在东周时造成之极峰，其辞彩焕发，引喻明切，又为东周诸子所不及。（希腊罗马之散文体以演说为正宗，中国之古演说体仅存于《墨子》。其陈义明切，辩证严明，大而不遗细，守而能攻击，固非循循讷讷之孔子，强词夺理之孟子所能比，即整严之荀子，深刻之韩子，亦非其匹，盖立义既高，而文辞又胜也。）然亦有其缺陷，易为人攻陷者，即彼之福善祸淫论在证据上有时不能自圆其说，其说乃"无征不信，不信民弗从"也。请证吾说。

有游于子墨子之门者，谓子墨子曰："先生以鬼神为明知（智），能为祸福（据王孙二氏校），为善者富之，为暴者祸之。今吾事先生久矣，而福不至，意者先生之言有不善乎？鬼神不明乎？我何故不得福也？"子墨子曰："虽子不得福，吾言何遽不善？而鬼神何遽不明？子亦闻乎匿徒有刑乎？"（从俞校）对曰："未之得闻也。"子墨子曰："今有人于此，什子，子能什誉之而一自誉乎？"对曰："不能。""有人于此，百子，子能终身誉其善而子无一乎？"对曰："不能。"子墨子曰："匿一人者犹有罪，今子所匿者若此其多，将有厚罪者也，何福之求？"

子墨子有疾，跌鼻进而问曰："先生以鬼神为明，能为祸福，为善者赏之，为不善者罚之。今先生圣人也，何故有疾？意者先生之言有不善乎？鬼神不明知（智）乎？"子墨子曰："虽使我有病，（鬼神）何遽不明？人之所得于病者多方，有得之寒暑，有得之劳苦。百门而闭一门焉，则盗何遽无从入？"（《公孟》）

此真墨说之大缺陷矣。弟子不得福，则曰汝尚未善也，若墨子有其早死之颜回，则又何说？且勉人以善更求善，一般人之行善固有限度者，累善而终得祸，其说必为人疑矣。《旧约》记约百力行善，天降之祸，更善，更降之祸，虽以约百之善人，终不免于怨天焉。墨子自身有疾，则曰，病由寒暑劳苦也，此非得自天焉，且以一对百比天意与他故之分际，此真自降其说矣。不以天为全智全能，则天志之说决不易于动听也。夫耶稣教之颇似墨义，自清末以来多人言之，耶稣教有天堂地狱之说，谓祸福不可但论于此世，将以齐之于死后也。故善人得福在于天堂，恶人得祸在于地狱，恶人纵得间于生前，必正地火之刑于死后，至于世界末日，万类皆得平直焉。此固无可证其必有，亦无可证其必无之说。然立说如此乃成一完全之圆周，无所缺漏。如墨子之说，虽宗教意识极端发达，而不设身后荣辱说以调剂世间之不平，得意者固可风从，失意者固不肯信矣。墨家书传至现在者甚少，当年有无类于天堂地狱之说，今固不可确知，然按之《墨子》书，其反复陈说甚详，未尝及此也。其言明鬼，亦注重在鬼之干预世间事，未言鬼之生活也。墨子出身盖亦宋之公族（颉刚语我云，墨氏即墨夷氏，公子目夷之后。其说盖可信），后世迁居于鲁，与孔子全同，亦孔融所谓"圣人之后不得其位而亡于宋"者也。其说虽反儒家之尚学，其人实博极群书者，言必称三代，行乃载典籍，亦士大夫阶级之人也。其立教平等，舍亲亲尊尊之义，而唯才是尚，其教也无类，未有儒家"礼不下庶人"之恶习，故其教徒中所吸收者，甚多工匠及下层社会中人，而不限于士流，于是显然若与儒学有阶级之差异者。其人之立身自高于孔子甚远，然而其自身究是学问之士，兼为教训政治之人，非一纯粹之宗教家也。此其为人所奉信反不如张角者欤？

（原载傅斯年：《性命古训辨证》，商务印书馆1940年版）

1891—1962

胡适：公孙龙的哲学（节选）

一、传略

《吕氏春秋》说公孙龙劝燕昭王偃兵（《审应览》七），又与赵惠王论偃兵（《审应览》一），说燕昭王在破齐之前，燕破齐在公元前284至前279年。《战国策》又说信陵君救赵破秦时（公元前257年），公孙龙曾劝平原君勿受封。公孙龙在平原君门下，是诸书共记的。《战国策》所说，似乎可信。依此看来，公孙龙大概生于公元前320年左右，死于前250年左右。惠施的时代大约在公元前380与前300年之间。惠施死时，公孙龙大约不过二十岁左右。

有人说我所考定公孙龙的年岁似乎太晚了，因为惠施和公孙龙同时，又据《庄子·天下篇》公孙龙曾和惠子辩论，两人的年岁，怎会相差这许多呢？我以为这两人并不同时。《庄子·天下篇》本不是庄周做的，篇中也并不曾明说公孙龙和惠施辩论。原文但说，

> 惠施以此为大观于天下而晓辩者，天下之辩者相与乐之。……辩者以此与惠施相应，终身无穷。桓团、公孙龙辩者之徒，饰人之心，易人之意，能胜人之口，不能服人之心。……

此段明说与惠施相应的乃是一班"辩者"，又明说桓团、公孙

龙乃是"辩者之徒"。公孙龙最出名的学说，如"白马非马"、"臧三耳"两条，都不在《天下篇》所举二十一事之内。可见和惠施相应的"辩者"不是公孙龙自己，或者是他的前辈。后来他便从这些学说上生出他自己的学说来。后来这"辩者"一派，独有他最享盛名，后人便把这一派的学说笼统都算是他的学说了。（如《列子·仲尼篇》所说六事，便是如此。）我们既不知那些"辩者"姓甚名谁，只好把《天下篇》的二十一事，和《列子·仲尼篇》的七事，一齐都归作"公孙龙及其他辩者"的学说了。

二、公孙龙子

今所传《公孙龙子》有六篇。其中第一篇乃是后人所加的"传略"。第四篇是已遭后人篡改了的，须与墨子《经下》、《经说下》合看。第三篇也有许多脱误。第二篇最易读。第五第六两篇亦须与《经下》、《经说下》合看。

三、《天下篇》的二十一事

（1）卵有毛。

（2）鸡三足（《孔丛子》言公孙龙有"臧三耳"之论，与此同意）。

（3）郢有天下。

（4）犬可以为羊。

（5）马有卵。

（6）丁子有尾。

（7）火不热。

（8）山出口。

（9）轮不蹍地。

（10）目不见。

（11）指不至，至不绝。（《列子》所举公孙龙六事，也"有指不至"一条。）

（12）龟长于蛇。

（13）矩不方，规不可以为圆。

（14）凿不围枘。

（15）飞鸟之影未尝动也。（《列子》作"影不移"。）

（16）镞矢之疾，而有不行不止之时。

（17）狗非犬。（《列子》及他书作"白马非马"，与此同意。）

（18）黄马、骊牛、三。

（19）白狗黑。

（20）孤驹未尝有母。（《列子》"驹"字作"犊"。）

（21）一尺之棰，日取其半，万世不竭。（《列子》作"物不尽"。）

四、总论

这二十一条，依我看来，可分作四组，每组论一个大问题，如下。

第一，论"久"与"宇"。（9）、（15）、（16）、（21）。

第二，论"可能性"与"已形性"。（1）、（3）、（4）、（5）、（6）、

(12)、(19)。

第三，论自性。(13)、(14)、(17)、(18)、(20)。

第四，论知识。(10)、(11)、(2)、(7)。[唯(8)条"山出口"不易解，暂缺。]

五、第一论"久"与"宇"

惠施已说过时间与空间的无穷尽了。公孙龙一班人的主张与他相同，而措辞更为奥妙。(21)条说"一尺之棰，日取其半，万世不竭"。《经下》说，

非半弗斱，则不动，说在端。《经说》曰，斱半，进前取也。前则中无为半，犹端也。前后取，则端中也。斱必半，毋与非半，不可斱也。

斱，《玉篇》云，破也。破，剖也。《庄子·释文》引司马彪云，"若其可析，则常有两。若其不可析，其一常在。故曰万世不竭"。此即《经说下》"前则中无为半，犹端也。前后取，则端中也"之意。端即是点。前后可取，则点在中间。若"中无为半"，则还有"点"。所以终分析不完。近世算学家说有两种零数。一种为"绝对零"，如二减二得零，是也。一种为"几及零"，如上所说一尺之棰日取其半，是也。"几及零"虽近于零，终不得为"绝对零"。故《列子·仲尼篇》直说是"物不尽"，魏牟解说道，"尽物者常有"。这正和《经下》及《天下篇》所说相同。

（16）条说"镞矢之疾，而有不行不止之时"。司马彪说："形分止，势分行。形分明者行迟，势分明者行疾。"这话极是。我们看见一支箭飞过，并不曾见箭形，但见箭的势，所以说它"不止"。若论箭的形，便可说箭每过一点，便停在那一点。所以可说它并不曾行。何以见得它每过一点便停在那一点呢？因为箭每过一点，需时若干。《经上》说："止，以久也。"《经下》说："行修以久。"《经说下》说："行者必先近而后远，远近，修也。先后，久也。"箭过某点所需之时，便是他在那一点停止的"久"。

（15）条说"飞鸟之影未尝动也"。《列子》作"影不移"。魏牟解说道："影不移，说在改也。"《经下》说，

> 景不徙，说在改为。《经说》曰，景，光至景亡。若在，尽古息。

影虽已改为，但后影已不是前影。前影虽看不见，其实只在原处。所以说"若在，尽古息"。息字俞樾解作"亡"字，便错了。息便是息止。这个道理，在古代很不容易懂得，在今日便极容易懂了。请看活动写真，看来都是活动的人物，其实都是一片片不动的影片。

上一条可与（9）条合看。（9）条说，"轮不蹍地"。从"势"的一方面看来，飞鸟行时，影也飞动；车轮动时，并不蹍地。从"形"的一方面看来，鸟飞时，鸟也处处停止，影也处处停止；车轮动时，车轮处处蹍地，处处不动。这几条所说，只要证明时间与

空间都是无穷无际,不可分析,不可割断。一切时间与空间的分析,和一切"动"与"止"的区别,都是主观的区别,并不是真正的区别。

六、第二论可能性与已形性

那时代很有人研究生物学(参观拙著《先秦诸子之进化论》,原文见《科学》第3卷1号;又改定本见《留美学生季报》1917年第3期),古代生物学有一个大问题,就是"可能性"与"已形性"的先后。譬如我们问"还是先有鸡呢?还是先有鸡卵呢?"鸡是已形性,卵内的鸡是可能而未形的性。(可能性是potentiality。已形性是actuality。)那时有一派的生物进化论主张物种都起于一种极微细的"种子",后来才渐渐进化。变成种种物类。(说详拙著《先秦诸子之进化论》。)这学说的大旨是,

种有几……万物皆出于几,皆入于几。(见《庄子》,亦见《列子》。下两几字旧讹作机。)

万物皆种也,以不同形相禅。(见《庄子》)

几字从 $\&\&$,微也。本意当是一种极微细的种子,至今吾徽人尚叫蚕子作蚕蚁,虱子作虱蚁。万物皆起于这种极微细的"几",渐渐的变成各种"不同形"的物类。这许多物类,本来同出一源,后来渐渐"以不同形相禅"。

依这种学说看来,万物既从一种极微细的种子进化出来,那

种子里面，定已含有那些万物的可能性。所以我们可以说"卵有毛"。这是说鸡卵先于鸡了。万物既是渐渐的"以不同形相禅"，我们竟可以说"犬可以为羊"，也可以说"丁子有尾"。成玄英说楚人谓虾蟆为"丁子"。虾蟆是没有尾的。依现在生物学家的说话，虾蟆本有尾的，后来渐渐进化，便把尾巴去了。其余那几条，如"马有卵"，"白狗黑"，"龟长于蛇"，都含有这个道理。总而言之，这几条都是说这一种里面未必不含有别一种的可能性。这几条都要先知道那时代的生物进化论，方才可懂得章太炎极毁诋"白狗黑"诸条，都因为不懂那时的生物进化论的缘故。

七、第三论物体的自性

墨家的名学，以为"一法者之相与也，尽类，若方之相合也"。依此看来，只消注重一类的"共性"，不必注重个体的自性了。其实却不然。《墨子·小取篇》说，

盗人，人也。多盗，非多人也。无盗，非无人也……爱盗，非爱人也。……杀盗，非杀人也。

《经下》说："狗，犬也。而杀狗非杀犬也可。"《尔雅》说，"犬未成豪曰狗"。狗是犬的一种。这几条都含有一部分和全部的区别。但是若用"盗人，人也"作前提，决不能得"杀盗非杀人也"的断语。若用"狗，犬也"作前提，决不能得"杀狗非杀犬也"的断语。所以公孙龙一班人便创出"狗非犬"的议论。因为"狗非犬"，

所以"杀狗非杀犬也"。

先懂得这一条,才可懂得公孙龙的"白马非马"论。白马非马,本极容易解说。公孙龙自己对孔穿说,

> 夫是仲尼异"楚人"于所谓"人",而非龙异"白马"于所谓"马",悖。(《公孙龙子·迹府篇》)

可见"白马"与"马",只是一个全部与一部分的区别。可以下图明之。

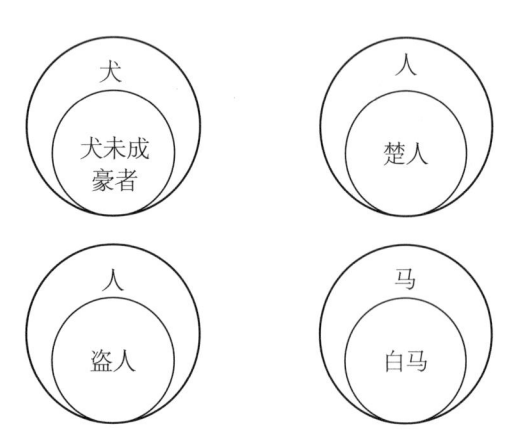

（犬／犬未成豪者）　（人／楚人）

（人／盗人）　（马／白马）

公孙龙子说,

"马"者,所以命"形"也。"白"者,所以命"色"也。命色者非命形也。故曰白马非马……求"马",黄黑马皆可致。求"白马",黄黑马不可致。……黄黑马一也,而可以应;"有马",而不

可以应"有白马",是白马之非马,审矣。……"马"者,无去取于色,故黄黑皆所以应;"白马"者,有去取于色,黄黑马皆所以色去,故唯"白马"独可以应耳……(《公孙龙子·白马论》)

这一段的大意是说个体的物事,有种种自相,有种种表德的区别,便和泛指那物的"类名"不同。这种观念很重要。例如,法官断狱,同是杀人,却有几等几样的罪名。"杀"是类名,"人"也是类名。类名但可泛指事物的"共相",却不能表出个体事物的特别"自相"。墨家的兼爱主义,若没有这种观念,便要陷于"爱盗即爱人"、"杀盗即杀人"的妇人之仁了。

"黄马,骊牛,三",也是这个道理。我疑心"牛"字是"马"字之误。骊从马,故马称骊马,而牛称犁牛。如果是如此,则"黄马,骊马,三",和"坚白石,二"同意。《公孙龙子》说,

无坚得白,其举也二。无白得坚,其举也二。(《公孙龙子·坚白篇》)

据此则黄色,骊色,与马形为三。

"矩不方,规不可以为圆"和"凿不围枘",都是这个道理。《墨子·经上》说,"一法者之相与也,尽类,若方之相合也。"《经说上》说,"意、规、员,三也,俱可以为法。"这是从一类事物的"共相"上着想。若从个体的"自相"上着想,则一副规画不出两个完全同样的圆,一个矩画不出两个完全一样的方,一副模子铸不

出两个完全同样的钱。所以说"矩不方,规不可以为圆"。

八、第四论知识

章太炎批评惠施说:"唯识之论不出,而曰万物无有哉。人且以为无归宿。"其实惠施公孙龙诸人,都带有唯识的意味。上文(2)条说"鸡三足"。司马彪说鸡的两足,需"神"为用,所以说"三足"。《孔丛子》也说公孙龙有"臧三耳"之说。依司马彪之说,臧的第三只耳朵,也就是他的"神"了。《墨子·经上》说,"闻,耳之聪也。循所闻而意得见,心之察也"。可与此条参看。(7)条的"火不热",(10)条的"目不见",也是这个道理。若没有那运用的心神,便有眼也不能见物,有火也不觉热了。

《公孙龙子》说,

> 视不得其所坚而得其所白者,无坚也。拊不得其所白而得其所坚者,无白也。……得其白,得其坚,见与不见离。(见)不见离一。二不相盈,故离。离也者,藏也。(《公孙龙子·坚白篇》。旧脱一见字,又"二"字作一,今据《经说下》改。)

从前的人把这一节的"离"字解错了。本文明明说"离也者藏也"。古人的离字本有附丽的意思。《易·象传》说:"离,丽也。日月丽乎天,百谷草木丽乎土。"《礼记》有"离坐离立,毋往参焉"的话。白是所见,坚是所不见。所见与所不见相藏,故成为"一"个坚白石。若是二,便不相盈了。所以两者必相离,相离即是相盈,即是相藏。但是吾人何以能知所见与所不见两者相盈呢?《公孙龙子·坚白论》的末节说这都是"神"的作用。若没有这心神的作用,决不能有"坚白石"的知识,但能视而知白,拊而知坚罢了。

最难讲的是(11)条,"指不至,至不绝"。《列子·仲尼篇》也说"指不至"。魏牟解说道,"无指则皆至。"这个解说也不明白。要知这条的意义,须知"指"字的意思。《公孙龙子》有《指物》一篇,篇中用了许多"指"字。且先看什么叫作"指"。《指物篇》说,

> 物莫非指,而指非指。天下无指,物无可以谓物。非指者,天下无物(无物旧作而物,今依俞樾校改),可谓指乎?

这个"指"是物体的种种表德,例如形色等等。我们见物,其实并不见物的自身,也只是见这种种表德。例如,见了某形某色,便说是"白马"。所以说"物莫非指"。又说:"天下无指,物无可以谓物。"这几乎成了完全的唯心论了。所以又转一句说,"而指非指",又说"非指者,天下无物,可谓指乎?"这是说,若无这种种表德,固不可谓物;但是这些"指"终竟是物的"指";若没有物,又如何有"指"呢?所以下文说:"天下无物,谁径谓指?"有了这一转,方才免了极端的唯心论。

把"指"字作物的表德解,便知"指不至,至不绝",是说我们的知识其实只到物的"指",并不到物的本体。即使能更进一层,

也是枉然，终不能直知物的本体。例如：我们从水到水的轻（氢）养（氧）二气，可谓进了一层了。其实我们所知还只是轻（氢）气养（氧）气的物德，即使我们又能从轻（氢）养（氧）二气进到这二气的元子或电子，我们那时所知，还只不过是元子或电子的物德。这就是"指不至，至不绝"。正如算学上的无穷级数，再也不会完了的。魏牟所说，"无指则皆至"，似乎是嫌这些物指做了一层障碍，以致我们不能直接见物。若没有这些物指，或者可以直知物的自身。魏牟这话，其实不过是一种痴想。我们若能真知物的表德，也很可够用了。所以科学的目的，但求知可靠的物指，不求知物的自身。

《指物篇》又说"指固自为非指"。这是说一物有一物的物指，"人"决不同于"非人"，"梅兰芳"决不同于"非梅兰芳"。但使名称其指，便是名称其实。所以公孙龙也有正名论。他说：

天地与其所产焉，物也。物以物其所物而不过焉，实也。实以实其所实而不旷焉，位也。出其所位，非位。位其所位焉，正也。以其所正，正其所不正。［不以其所不正］（旧脱此六字。马骕《绎史》本有"以其所不正"五字。今按《经说下》云"夫名以所知正所不知，不以所不知疑所明"。据此，似当作"不以其所不正"。）疑其所正。其正者，正其所实也。正其所实者，正其名也。其名正，则唯乎其彼此焉。谓彼而彼不唯乎彼，则彼谓不行。谓此而此不唯乎此，则此谓不行。其以当不当也。不当而（当），乱也。故彼彼当乎彼，则唯乎彼，其谓行彼。此此当乎此，则唯乎此，其谓行此。其以当而当也。以当而当，正也。故彼彼止于彼，此此止于此，可。彼此而彼且此，此彼而此且彼，不可。

夫名，实谓也，知此之非此也，知此之不在此也，则不谓也。（《公孙龙子·名实论》）

这一篇的要旨，只在"天地与其所产焉，物也。物以物其所物而不过焉，实也"。"夫名，实谓也"。"其正者，正其所实。正其所实者，正其名也。其名正，则唯乎其彼此焉。……故彼彼止于彼，此此止于此，可。彼此而彼且此，此彼而此且彼，不可。"这便是《公孙龙子》的正名论。儒家的正名主义，要"寓褒贬，别善恶"；要使一字之褒荣于华衮，一字之贬严于斧钺。这种手续，在实际上很难做到。所以"别墨"一派的正名论只要使"彼彼止于彼，此此止于此"，只要彼此分明，便够了。

"孤驹未尝有母"，便是正名的一例。《列子》说："孤犊未尝有母，有母非孤犊也。"这是说"孤犊"一名，专指无母之犊，那犊有母之时，决不可称"孤犊"。可称"孤犊"之时，决不会"有母"了。这便是"知此之非此也，知此之不在此也，则不谓也"。这种议论，初看去似极怪僻，其实是极平常的道理。惠施、公孙龙的议论都该如此读法。

（原载《东方杂志》第 15 卷第 5 号、第 6 号，1918 年 5 月、6 月。标题为编者所加）

合大學

第三篇 儒家哲学（上）
先秦儒家哲学三讲

1937—1946

1895—1990

冯友兰：儒家哲学之精神

中国的儒家，并不注重为知识而求知识，主要的在求理想的生活。求理想生活，是中国哲学的主流，也是儒家哲学精神所在。

理想生活是怎样？《中庸》说"极高明而道中庸"，正可借为理想生活之说明。儒家哲学所求之理想生活，是超越一般人的日常生活，而又即在一般人的日常生活之中。超越一般人的日常生活，是极高明之意；而即在一般人的日常生活之中，乃是中庸之道。所以这种理想生活，对于一般人的日常生活，可以说是"不即不离"，用现代的话说，最理想的生活，亦是最现实的生活。

理想和现实本来是相对立的。超越日常生活，和即在一般人日常生活之中，也是对立的。在中国旧时哲学中，有动静的对立，内外的对立，本末的对立，出世入世的对立，体用的对立。这些对立，简言之，就是高明与中庸的对立。儒家所要求的理想生活，即在统一这种对立。极高明而道中庸，中间的"而"字，正是统一的表示。但如何使极高明和中庸统一起来，是中国哲学自古至今所要解决的问题。此问题得到解决，便是中国哲学的贡献。

极高明而道中庸，所谓极高明是就人的境界说，道中庸是就人的行为说。境界是什么？这里首先要提出一个问题：人和禽兽不同的地方何在？孟子说："人之所以异于禽兽者几希！"不同者只一点点。照生物学讲，人也是动物之一。人要饮食，禽兽也要饮食；人要睡觉，禽兽也要睡觉，并无不同之处。有人以为人是有社会组织的，禽兽没有，这是人兽分别所在。可是仔细一想，并不尽然。人固有社会组织，而蜜蜂蚂蚁也是有组织的，也许比人的组织还要严密。所以有无组织，也不是人兽不同之点。然而人与禽兽所异之几希何在？照我的意思，是在有觉解与否。禽兽和人是同样有活动，而禽兽并不了解其活动的作用，毫无自觉。人不然，人能了解其活动的作用，并有自觉。再明显一点说：狗要吃饭，人也要吃饭，但是狗吃饭未必了解其作用，不知道这是什么一回事，无非看见有东西去吃。人不同，能了解吃饭的作用，也能自觉其需要。又如蚂蚁也能出兵打仗，可是蚂蚁不明白打仗之所以然，它之所以出兵打仗者，不过出于本能罢了。而人不然，出兵打仗，能知道其作用，有了解也有自觉。这是人与禽兽不同之点。

　　自觉和了解，简言可称之为觉解。人有了觉解，就显出与禽兽之不同。事物对于人才有了意义。觉解有高低之分，故意义亦有多少之别。意义生于觉解。举例以明之：比如现在这里演讲，禽兽听了，便不知所以，演讲于它毫无意义。未受教育的人听了，虽然他了解比禽兽为多，知道有人在演讲，但也不知道所讲的是什么，演讲于他是没有什么意义的。假使受过教育的人听了，知道是演讲哲学，就由了解生出了意义。又以各人所受教育有不同，其觉解也有分别，如两人游山，学地质者，必鉴别此山是火成岩抑或水成岩；

学历史者，必注意其有无古迹名胜，两人同玩一山，因觉解不同，其所生意义也就两样了。

宇宙和人生，有不同的觉解者，其所觉解之宇宙则一也；因人的觉解不同，意义则各有异。这种不同的意义，构成了各人的境界。所以每人境界也是不相同的。这种说法，是介乎常识与佛法之间。佛家说：各人都有自己的世界，"如众灯明，各遍似一"。一室之中有很多的灯，各有其所发的光，不过因其各遍于室中，所以似乎只有一个光。但以常识言：此世界似无什么分别，各个人都在一个世界内。各人的境界虽然不同，但也可以分为四类：

一、自然境界

在此境界中的人，其行为是顺才或顺习的，所谓："行乎其所不得不行，止乎其所不得不止。"并不了解其意义与目的，无非凭他的天资，认为要这样做，就这样做了。如入经济系的学生，他是因为对经济有兴趣，但并不知道读了经济有什么好处，这是由于顺才。再如入经济系的学生，亦有因为入经济系人多即加入的，原无兴趣关系，更不明白益处所在，看见大家去也就去了，这是由于顺习。《诗经》的诗是当时民间歌谣，作者未必知其价值如何，只凭其天才而为之，也是由于顺才。日出而作、日入而息的人，不知作息之所以，也是由于顺习。他如天真烂漫的小孩，一无所知，亦属自然境界。高度工业化的人，只知道到时上工退工，拿薪水，也可以说是自然境界的。自然境界的人，所做的事，价值也有高低。而他对于价值,并不了解,顺其天资与习惯,浑浑噩噩为之而已。

二、功利境界

在功利境界中的人,其行为是为利的。图谋功利的人,对于行为和目的,非常清楚,他的行为、他的目的都是为利,利之所在,尽力为之,和自然境界的人绝然不同,其行为如为增加自己的财产,或是提高个人的地位,皆是为利。为利的人都属功利境界。

三、道德境界

在道德境界中的人,其行为是为义的。义利之辨,为中国哲学家重要之论。孔子说:"君子喻于义,小人喻于利。"孟子说:"鸡鸣而起,孳孳为善者,舜之徒也。鸡鸣而起,孳孳为利者,跖之徒也。欲知舜与跖之分,无他,利与善之间也。"这个分际,也就是功利境界与道德境界的区别。有人对于义利的分别,每有误解,以为行义者不能讲利,讲利的不能行义。如修铁路、办工厂都是为利,儒家必以为这种事都是不义的。有人以为孔孟之道,亦有矛盾之处,孔子既说"君子喻于义,小人喻于利",则孔子就不应该讲利。但是"子适卫,冉有仆。子曰:庶矣哉。冉有曰:既庶矣,又何加焉?曰:富之"。这不是讲利么?孟子见了梁惠王,"王曰:叟不远千里而来,亦将有以利吾国乎?孟子对曰:王何必曰利?亦有仁义而已矣"。足见孟子是重仁义的,但是他贡献梁惠王的经济计划却说:"不违农时,谷不可胜食也;数罟不入洿池,鱼鳖不可胜食也；斧斤以时入山林，材木不可胜用也。谷与鱼鳖不可胜食，材木不可胜用，是使民养生丧死无憾也。养生丧死无憾，王道之始也。"这都是讲利的，和仁义是否有矛盾呢？不过要知道，利有公私之别，如果为的是私利，自然于仁义有背，要是为的是公利，此利也就是义了。不但与义不相背，并且是相成的。程伊川亦说：义与利的分别，也就是公与私的不同。然则梁惠王所问何以利吾国，这似乎是公利，为什么孟子对曰，何必曰利？殊不知梁惠王之视国，如一般人之视家然，利国即利他自己。这就不是公利了。总之，为己求利的行为，是功利境界。为人求利的行为，是道德境界。

一个人为什么要行义，照儒家说，并没有为什么，如有目的，那就是功利境界了。据儒家说，这种境界里的人，了解人之所以为人，认识人之上还有"全"——社会之全。人不过"全"之一部分，去实行对于"全"之义务，所以要行义。这事要附带说明全体和部分的先后，二者究竟孰先孰后，论者不一。以常识言：自然部分在先，有部分，才有全体。像房子，当然要先有梁柱，架起来才能成为房子。梁柱是部分的，房子是全体的，部分在先，似乎很明显。然而细细研究，并不尽然，假使没有房子，梁也不成其为梁，柱也不成其为柱，只是一个大木材而已。梁之所以为梁，柱之所以为柱，是由于有了房子而显出来的。这样讲来，可以说有全体才有部分，则全体在先，亦不为无理。孔孟亦说人不能离开人伦，意亦全体在先。亚里士多德说："人是政治动物。"其意是：人必须在政治社会组织中,始能实现人之所以为人,否则不能成为人,无异一堆肉,俗谚所谓行尸走肉而已。正像桌子的腿,离了桌子,不能成为桌腿,不过一个棍子而已。所以个人应该对社会有所贡献,替社会服务。但也有人说:个人和社会是对立的,社会是压迫个人自由的。可是在道德的观点来看,便是错误。如果认为社会压迫个人,主张要把人从社会中解放出来的话,无异说梁为房子所压迫,应予解放;但是解放之后,梁即失了作用,不成其为梁了。

四、天地境界

在天地境界中的人,其行为是事天的。天即宇宙,要知道,哲学所说的宇宙和科学所说的宇宙不同。科学的宇宙,是物质结构;哲学的宇宙,是"全"的意思。一切东西都包括在内,亦可称之为大全。在这种"全"之外,再没有别的东西了。所以我们不能说我要离开宇宙,也不能问宇宙以外有什么东西,因为这个宇宙是无所不包的。天地境界的人,了解有大全,其一切行为,都是为天地服务;照中国旧时说:在天地境界的人是圣人,在道德境界的人是贤人,在功利自然境界的人,那就是我们这一群了。

境界的高低,即以觉解的多寡为标准。自然境界的人,其觉解比功利境界的人为少。道德境界的人的觉解,又比天地境界的人为少。功利境界的人,知道有个人,道德境界的人,知道有社会,天地境界的人,除知道有个人、社会外,还知道有大全。不过他的境界虽高,所做的事,还是和一般人一样。在天地境界的人,都是为天地服务，像《中庸》所说："赞天地之化育，可以与天地参矣。"并非有呼风唤雨移山倒海之奇能。要知我们的一举一动，都是天地之化育。如了解其是天地化育之化育，我们的行动就是赞天地之化育，否则，即为天地所化育了。像禽兽与草木，因为它不了解，所以为天地所化育了。人如没有了解，也是要为天地所化育。圣人固可有特别才能，但也可以做普通人所做的事，因为他有了解，了解很高深，所以所作的事，意义不同，境界也不同。禅宗说："担水砍柴，无非妙道"，如今公务员如果去担水砍柴，意义也就不同。因为他的担水砍柴是为了抗战，并不是为生活，妙道即在日常生活。如欲在日常生活之外另找妙道，那无异骑驴觅驴了。

总而言之，圣贤之所以境界高，并非有奇才异能，即有，亦系另一回事，于境界的高低无干。无非对于一般人的生活有充分的了解。圣人的生活，原也是一般人的日常生活，不过他比一般人对于日常生活的了解为充分。了解有不同，意义也有了分别，因而他的生活超越了一般人的日常生活。

所谓一般人的日常生活，就是在他的社会地位里所应该过的生活。照旧时说法：就是为臣要尽忠，为子要尽孝。照现代的说法：就是每个人要站在自己的岗位上做他应该做的事。圣人也不过做到了这一点。有人这样说：人人每天都做些平常的事，世界上就没有创作发明了。也有人说：中国之所以创作发明少，进步比西洋差，是由于儒家提倡平常生活。其实这个批评是错误的。圣人做的事，就是一般人所做的事，但并没有不准他有创作发明。每个人站在岗位上做其应做之事，此岗位如果应该有创作发明，他就应该去创作发明，我们并没有说一个人在岗位上做事不应该创作发明。

以上所说的四种境界，不是于行为外，独立存在的。在不同境界的人，可以有相同的行为，不过行为虽然相同，而行为对于他们的意义，那就大不相同了。境界不能离开行为的，这并不是逃避现实，因为现实里边应该做的，圣人一定去力行，圣人所以为圣人，不是离了行为光讲境界。不然，不但是错误，而且是笑话。比如父母病了，我以为我有道德境界，不去找医生，这不是笑话么？要知道德境界是跟行为来的。没有行为，也就没有境界了。人的境界即在行为之中，这个本来如此，极高明而道中庸者，就是对于本来如此有了充分了解，不是索隐行怪，离开了本来，做些奇怪的事。

（原载"《中央周刊》"第5卷第41期，1943年5月）

1900—1950

罗庸：曾子、子思与孟轲

中国近八百年以来，民间思想受"四书"的影响很大。"四书"里的《大学》《中庸》，本是《礼记》里的两篇，宋儒认为《大学》是曾子作的，《中庸》是子思作的，现在我就根据《大学》《中庸》来讲曾子与子思。可以这样说：曾子是孔门最笃实的学生；颜子是孔门最聪明而又最笃实的学生。假如孔子有两个学生，一个聪明而不笃实，一个笃实而不聪明，孔子宁取笃实而不聪明的学生。在孔门弟子中，曾子的天资最愚鲁。孔子说："参也鲁。"而曾子成就最大，得夫子一贯之道。有一天孔子对曾子说："参乎，吾道一以贯之。"曾子曰："唯。"子出，门人问曰："何谓也？"曾子曰："夫子之道，忠恕而已矣。"曾子的学问是身体力行出来的，同时也是亲身体验出来的。曾子的天资并不高明，而传夫子之道的就是他。《汉书·艺文志》著录《曾子》十八篇，在《大戴礼记》有《曾子本孝》等十篇，疑即《汉书·艺文志》所录。还有一部《孝经》也是曾子作的，或者是曾子的弟子记的。可见大、小戴《礼记》当中，包括曾子的书很多。《大学》这篇是在《小戴礼记》里，其价值在其他各篇之上。朱子以为经一章是孔子之言，传十章是曾子所述，以经合传，大体相符，只少了"格物致知"一段，于是加上格物补传，就是现在"四书"分的本子。宋以后很多人,认为《大学》没有脱文错简,就有《大学》古本之说,阳明就是主张《大学》古本的。因为本子之不同,就影响到程朱、陆王学派之不同。朱子和阳明的学问是绝对相反的,我们念《大学》首先应该注意这一点。《大学》是教人如何用功,因解说不同,效果也就不同。《大学》有三纲八目:三纲即明德、新民、止于至善。八目即格物、致知、诚意、正心、修身、齐家、治国、平天下。简称为格、致、诚、正、修、齐、治、平。这一套功夫,由修身到齐家、治国、平天下的道理是容易懂的。由修身以上必须说明,《大学》说:"欲修其身者,先正其心。"原来"正"字和"止"字同义,正字下面的止是像人的足,上面一横,表所止之处。古人学射,必须在地上画表,人的足便停止在那里,这是正字的本义。在古音上来说,正与"定"同音,正心就是定心,也就是安住其心。要一切行为都对,必须在定心上才能分别出来。怎样才能正心呢?我们要把心意弄得绝对诚实,自己不欺骗自己,一切念头都放在诚上,如饥之于食,渴之于饮,如此才不会妄想。但如何能诚实呢?那就必先格物致知才行。

格物致知,按照朱子的讲法,就是即物穷理,遇一物即穷一物之理,用力之久,一旦豁然贯通,便物理大明,那就是致知。用现在的话来说,物就是事物,格就是研究,就是透彻的研究,把每件事物的道理都要格到家,今天格一物,明天格一物,久之物物都能格,便是致知。朱子用功的方法,很接近于现代科学家治学的精神。象山则认为今天格一物,明天格一物,天下之物那样多,永远也没有办法格完。阳明也做过朱子格物的功夫,今天格一物,明天格一物。他格竹子之理,格了七天,格不出所以然,人也弄病了。他对朱子的格物说法,也就不相信了。照阳明讲格物,格者拒也,这物是不对之物,格物就是格其不正,以归于正,总的说来,就是把一切不正的都把它格出去。良知不为物蔽,这就是致知了。这种讲法很近于颜渊的寡过、孟子的集义,但《大学》的本意是否如此,很成问题。朱子说格物穷理,不要以为物是格不完的。人之用功,只要一路通了,则路路都通,照推理的方法知道了甲,就可以知道乙,所以颜渊闻一知十,就是这个道理。如果天下之物,样样都用功夫去研究,以有限之生命,追求无穷的学问,真是用功到死,也弄不清楚多少。我们对朱子的格物,千万不要产生这样的误解。

现在提出《大学》三纲:"大学之道,在明明德,在亲民(程子曰:'亲'当作'新'),在止于至善。"明德是什么?人类和其他动物之不同,就是人类有明白道理的性格,其他动物没有。人类就应该把其生命特别明白道理的那一部分,尽量让他发挥出来。假如他不明白这种明道的道理,可以用教育使他明白,这种叫明明德。人类与其他动物不相同的地方,中国人和外国人说法不同。外国人说:人类是高等动物,这话是不对的。在中国很早儒家就有分别:人之所以异于禽兽者几希。人类的文化与猪狗的文化不同,人类有精神文化,能创造物质文化,猪狗就没有这些,只求生存而已。人类生活的目的不仅为求生存,还有超出生存的意义。在国家危急存亡之秋,可以杀身成仁、舍生取义,人之可贵就在这里。人可以自己教育自己，同时可以教育别人，一切文化都是帮助人在做人，每一个中国人，读了古先圣贤遗言，就应该懂得这一点。这是教育第一义，这就是在明明德。明德以后，就可以新民，就要"苟日新，日日新，又日新"，天天过他的新生活，一切懒惰、苟且都可以一扫而空，努力改造，大家能过恰到好处的生活。就如孔子答鲁定公所说，"君君臣臣，父父子子"，各人都尽各人的责任，就把国家弄好了，这就是止于至善。《大学》的大意是这样，比《论语》更进一步，把孔子的学问体系化了。

《中庸》是子思作的，在《荀子·非十二子篇》和两戴《礼记》里都提到子思，宋儒很重视子思之学。《中庸》照朱子分为三十三章，可分为几个纲领条目来讲，率性修道，自明诚，自诚明，最后条目是致中和。庸之本义是"用"，《中庸》即"中用"。怎样才使人中用，必须懂得率性、修道这一套功夫。孔子不肯定地讲性善或性恶，孔子只讲"性相近，习相远"，一个四五岁以下的小孩子，将来是好是坏，我们不可得知，人类是靠教育来改造人生，不必肯定说人性是善是恶。孟、荀分别主张性善、性恶，是他们立言如此。《中庸》第一章讲："天命之谓性，率性之谓道，修道之谓教。"天命是自然所赋予人或物的性。譬如茶杯不能写字，而粉笔能写字，因为粉笔有写字的性。人不用耳朵讲话，只能用口讲话，因为口有讲话的性。一个人生下来，能尽量发挥他的本性，不要中途停顿，或偏畸，这样便是完人。这在孟子叫作尽性，在《中庸》叫作率性。孟子常说"人皆可以为尧舜"，就是任何一个人，都可以把自己做成一个完满的人。我们本来都可成圣人、贤人。不能成为这样的人，儒家认为是自己毁灭自己。所以要把率性的道理常常修明，这就是教育了。这率性的起手功夫，就是做每一件事情都不要自欺，把每一件事情都弄得确实明白，这就是明诚。不论做任何事情，都要恰到好处，这就是致中和。这些话很不容易理解。在《论语》里，孔子的弟子常问孝问仁，孔子的答复各人不同，这便是时中之用。《中庸》最高的目的，就是中用，把坏环境弄好，才是中用。"致中和，天地位焉，万物育焉。"小人就相反，小人只是自私，自私就毁灭了自己，同时也毁灭了宇宙人生。孟子的道理是根据曾子、子思的学问而来的。孟子说："人之所以异于禽兽者几希！"人类与禽兽的不同，在上面略略讲过。在战国时代，在那非人的社会里，孟子就拼命地讲人性是善的，言必称尧舜。《孟子》全书的纲领，即"仁心"、"仁政"。仁心是孟子自己的修养，所谓知言养气。孟子讲不动心，即《大学》里所讲的"正心"。孟子曰："我知言，我善养吾浩然之气。"孟子的养气，就是颜渊的改过功夫，也就是"不迁怒，不贰过"的功夫。今天做一件善事，明天又做一件善事，由此心安理得，理直气壮，这就是孟子的集义功夫。孟子的学问，就是要做到心安理得理直气壮的境地，这是孟子的气象，知言养气的功夫不是外来的。有一句名言说："三折肱为良医。"这话很有深意。由孔子到颜子、曾子、子思、孟子，儒家这一套学问，都是由克己入手，以恢复人类的本性，人性一复，天下自然太平，世界立刻成为一个理想的乐园。反之，人心愈乱，天下就愈乱。在这里，顺便谈到学国文的问题，学国文也要知道孟子知言养气的功夫，韩退之《答李翊书》就是受孟子知言养气功夫的影响，每一个国文教师都应该知道这套功夫：大家能够在知言养气上下功夫，不仅是对修养上有帮助，就是对作文章也有很大的帮助。

（原载《云南教育》第2卷第2期，1947年）

1896—1950

傅斯年：荀子之性恶论

以荀卿、韩非之言为证，孟子之言，彼时盖盈天下矣。荀子起于诸儒间，争儒氏正统，在战国风尚中，非有新义不足以上说下教，自易于务反孟子之论，以立其说。若返之于孔子之旧谊，尽弃孟氏之新说，在理为直截之路，然荀子去孔子数百年，时代之变已大，有不可以尽返者。且荀卿赵人，诸儒名家，自子游而外，大略为邹鲁之士，其为齐卫人者不多见，若三晋，则自昔有其独立之学风（魏在三晋中，较能接受东方学风），乃法家之宗邦，而非儒术之灵土。荀卿生长于是邦，曾西游秦，南仕楚，皆非儒术炽盛之地，其游学于齐，年已五十，虽其响慕儒学必有直接或间接之邹鲁师承，而其早岁环境之影响终不能无所显露。今观荀子陈义，其最引人注意者为援法入儒。荀氏以隆礼为立身施政之第一要义，彼所谓礼实包括法家所谓法。（《修身篇》，"礼者，法之大分，类之纪纲也"。如此界说礼字，在儒家全为新说。）彼所取术亦综核名实，其道肃然，欲一天下于一政权一思想也。其弟子有韩非、李斯之伦者，是应然，非偶然。今知荀子之学，一面直返于孔子之旧，一面援法而入以成儒家之新，则于荀子之天人论，可观其窍妙矣。荀子以性恶论著闻，昔人以不解荀子所谓"人性恶，其为善者伪也"之字义，遂多所误会。关于"伪"字者，清代汉学家已矫正杨注之失，郝懿行以为即是为字，其说无以易矣，而《性恶》、《天论》两篇中之性字应是生字，前人尚无言之者，故荀子所以对言性伪之故犹不显，其语意犹未彻也。今将两篇中之性字一齐作生字读，则义理顺而显矣。

荀子以为人之生也本恶，其能为善者，人为之功也，从人生来所禀赋，则为恶，法圣王之制作以矫揉生质，则为善。其言曰：（文中一切性字皆应读如生字，一切伪字皆应读如为字，荀子原本必如此。）

人之性（生）恶，其善者伪（为）也。今人之性（生），生而有好利焉，顺是，故争夺生而辞让亡焉。生而有疾恶焉，顺是，故残贼生而忠信亡焉。生而有耳目之欲，有好声色焉（好上原衍"生"字，据王先谦说删），顺是，故淫乱生而礼义文理亡焉。然则从人之性（生），顺人之情，必出于争夺，合于犯分乱理而归于暴。是故必将有师法之化，礼义之道，然后出于辞让，合于文理而归于治。用此观之，然则人之性（生）恶明矣，其善者伪（为）也。故枸木必将待隐栝烝矫然后直，钝金必将待砻厉然后利。今人之性（生）恶，必将待师法然后正，得礼义然后治。

孟子曰："人之学者其性（生）善。"曰："是不然，是不及知人之性（生），而不察乎人之性（生）伪（为）之分者也。凡性（生）者，天之就也，不可学，不可事。礼义者，圣人之所生也，人之所学而能，所事而成者也。不可学，不可事，而在人者，谓之性（生）；可学而能，可事而成之在人者，谓之伪（为）；是性（生）伪（为）之分也。……问者曰，人之性（生）恶，则礼义恶生？应之曰，凡礼义者，是生于圣人之伪（为），非故生于人之性（生）也。故陶人埏埴而为器，然则器生于工人之伪（为），非故生于陶（据王念孙说补"陶"字）人之性（生）也。故工人斫木而成器，然则器生于工人之伪（为），非故生于工（据王念孙说补"工"字）人之性（生）也。圣人积思虑，习伪（为）故，以生礼义，而起法度，然则礼义法度者，是生于圣人之伪（为），非故生于人之性（生）也。若夫目好色，耳好声，口好味，心好利，骨体理肤好愉佚，是皆生于人之情性（生）者也，感而自然，不待事而后生之者也。夫感而不能然，必且待事而后然者，谓之（之下"生于"二字据王说删）伪（为）。是性（生）伪（为）之所生，其不同之征也。故圣人化性（生）而起伪（为）。伪（为）起而生礼义，礼义生而制法度。然则礼义法度者，是圣人之所生也。故圣人之所以同于众，其不异于众者，性（生）也，所以异而过众者，伪（为）也。……凡人之欲为善者为性（生）恶也。……"故性（生）善则去圣王，息礼义矣，性（生）恶，则与圣王，贵礼义矣。故隐栝之生，为枸木也，绳墨之起，为不直也，立君上，明礼义，为性（生）恶也。……"（《性恶篇》。篇中若干性字尽读为生字，固似勉强，然若一律作名词看，则无不可矣。）

既知《荀子》书中之性字本写作生字，其伪字本写作为字，则其性恶论所发挥者，义显而理充。如荀子之说，人之生也其本质为恶，故必待人工始可就于礼义，如以为人之生也善，则可不待人工而自善，犹之乎木不待矫揉而自直，不需乎圣王之制礼义，不取乎学问以修身也，固无是理也。无是理，则生来本恶明矣。彼以"生"、"为"为对待，以恶归之天生，以善归之人为。若以后代语言达其意，则荀子盖以为人之所以为善者，人工之力，历代圣人之积累，以学问得之，以力行致之，若从其本生之自然，则但可趋于恶而不能趋于善也。此义有其实理，在西方若干宗教若干哲学有与此近似之大假定。近代论人之学，或分自然与文化为二个范畴（此为德国之习用名词），其以文化为扩充自然者，近于放性主义，其以文化为克服自然者，近于制性主义也。

孟子曰："乃若其情，则可以为善矣，乃所谓善也。若夫为不善，非才之罪也。"如反其词以质孟子曰："乃若其情，则可以为恶矣，若夫不为恶，非才之功也。"孟子将何以答之乎？夫曰"可以"，则等于说"非定"，谓"定"则事实无证，谓"非定"，则性善之论自摇矣。此等语气，皆孟子之逻辑功夫远不如荀子处。孟子之词，放而无律，今若为卢前王后之班，则孟子之词，宜在淳于髡之上，荀卿之下也。

其实荀子之说，今日观之亦有其过度处。设若诘荀子云，人之生质中若无为善之可能，则虽有充分之人工又焉能为善？木固待矫揉然后可以为直，金固待冶者然后可以为兵，然而木固有其可以矫揉以成直之性，金固有其可以冶锻以成利器之性，木虽矫揉不能成利器，金虽有良冶不能成珠玉也。夫以为性善，是忘其可以为恶；以为性恶，是忘其可以为善矣。吾不知荀子如何答此难也。荀子之致此缺陷，亦有其故，荀子掊击之对象，孟子之性善说，非性无善无不善之说也。设如荀子与道家辩论，或变其战争之焦点，而稍修改其词，亦未可知也。此亦论生于反之例也。(《礼论篇》云，"性者本始材朴也，伪者文理隆盛也。无性则伪之无所加，无伪则性不能自美。……性伪合而天下治。"已与性恶论微不同。)自今日论之，生质者，自然界之事实，善恶者，人伦中之取舍也。自然在先，人伦在后，今以人之伦义倒名自然事实，是以后事定前事矣。人为人之需要而别善恶，天不为人之需要而生人，故善恶非所以名生质者也。且善恶因时因地因等因人而变，人性之变则非如此之速而无定也。虽然，自自然人变为文化人，需要累世之积业，无限之努力，多方之影响，故放心之事少，克己之端多，以大体言，荀说自近于实在，今人固不当泥执当时之词名而忽其大义也。

有荀子之性恶论，自必有荀子之劝学说。性善则"求其放心"，斯为学问之全道，性恶则非有外功克服一身之自然趋势不可也。孟荀二氏之性论为极端相反者，其修身论遂亦极端相反，其学问之对象遂亦极端相反。此皆系统哲学家所必然，不然，则为自身矛盾矣。

寻荀子之教育说，皆在用外功克服生质，其书即以《劝学》为首。(此虽后人编定，亦缘后人知荀学之首重在此。)

此《劝学》之一篇在荀子书中最有严整组织，首尾历陈四义。其一义曰，善假于物而慎其所立：

干越夷貉之子，生而同声，长而异俗，教使之然也，……吾尝终日而思矣，不如须臾之所学也（此述孔子语）。吾尝跂而望矣，不如登高之博见也。登高而招，臂非加长也，而见者远；顺风而呼，声非加疾也，而闻者彰。假舆马者，非利足也，而致千里；假舟楫者，非能水也，而绝江河。君子生非异也，善假于物也。（《性恶篇》云："尧舜之与桀跖，其性一也，君子之与小人，其性一也。"）……西方有木焉，名曰射干，茎长四寸，生于高山之上，而临百仞之渊，木茎非能长也，所立者然也。……故君子居必择乡（《论语》，"里仁为美"），游必就士（此亦孔子损友益友之说），所以防邪僻而近中正也。……平地若一，水就湿也，草木畴生，禽兽群焉，物各从其类也。……君子慎其所立乎？

此言必凭借往事之成绩，方可后来居上，必立身于良好之环境，方可就善远恶。其二义曰，用心必专一，此言治学之方也。

锲而舍之，朽木不折；锲而不舍，金石可镂。蚓无爪牙之利，筋骨之强，上食埃土，下饮黄泉，用心一也；蟹六跪而二螯，非蛇鳝之穴无可寄托者，用心躁也。是故无冥冥之志者，无昭昭之明；无惛惛之事者，无赫赫之功。……目不能两视而明，耳不能两听而聪。……故君子结于一也。

其三义曰隆礼,此言治学之对象也。

学恶乎始?恶乎终?曰:其数则始乎诵经,终乎读礼,其义则始乎为士,终乎为圣人。真积力久则入,学至乎没而后止也。……礼者,法之大分,类之纲纪也,故学至乎礼而止矣。……将原先王,本仁义,则礼正其经纬蹊径也。……不道(王念孙曰,"道者由也")礼宪,以诗书为之,譬之犹以指测河也,以戈舂黍也,以锥餐壶也,不可以得之矣。故隆礼虽未明,法士也,不隆礼虽察辩,散儒也。

其四义曰贵全,贵全者,谓不为一曲之儒,且必一贯以求其无矛盾,此言所以示大儒之标准也。

君子知夫不全不粹之不足以为美也,故诵数以贯之,思索以通之,为其人以处之,除其害者以持养之。使目非是无欲见也,使耳非是无欲闻也,使口非是无欲言也,使心非是无欲虑也。……是故权利不能倾也,群众不能移也,天下不能荡也。生由乎是,死由乎是,夫是之谓德操。德操然后能定,能定然后能应,能定能应,夫是之谓成人。天见其明,地见其光,君子贵其全也。

此虽仅示大儒之标准，其词义乃为约律主义所充满，足征荀子之教育论，乃全为外物主义，绝不取内心论者任何一端以为说。

荀子既言学不可以已，非外功不足以成善人，此与尽心率性之说已极相反，至于所学之对象，孟子以为求其放心，荀子则以为隆礼，亦极端相反。荀子所谓礼者兼括当时人所谓法（《修身篇》曰，"故学也者，礼法也"，又曰，"故非礼是无法也"），凡先圣之遗训，后王之明教，人事之条理，事节之平正，皆荀子所谓礼也。（参见《修身》、《正名》、《礼论》各篇）故荀子之学礼，外学而非内也，节目之学而非笼统之义也。孟子"反身而观，乐莫大焉"，荀子乃逐物而一一求其情理平直，成为一贯，以为学问之资。（在此义上，程、朱之格物说与荀子为近。）至其论学问之用于身也，无处不见约律主义，无处不是"克己复礼"之气象，与孟子诚如冰炭矣。

荀子之论学，虽与孟子相违，然并非超脱于儒家之外，而实为孔子之正传，盖孟子别走新路，荀子又返其本源也。自孔子"克己复礼"之说引申之到极端，必有以性伪分善恶之论。自"非生而知之，好古敏以求之"之说发挥之，其义将如《劝学》之篇。颜渊曰："夫子博我以文，约我以礼。"此固荀子言学之方也。（参见《劝学》、《修身》等篇）若夫"非礼勿视，非礼勿听，非礼勿言，非礼勿动"，以及好仁不好学其蔽也愚，好知不好学其蔽也荡……等语，皆是荀学之根本。孟子尊孔子为集大成，然引其说者盖鲜，其义尤多不相干，若荀子，则为《论语》注脚者多篇矣。虽荀子严肃庄厉之气象非如孔子之和易，其立说之本质则一系相承者颇多耳。

言学言教，孔荀所同，言性则孔荀表面上颇似不类。若考其实在，二者有不相干，无相违也。孔子以为性相近，而习相远，此亦荀子所具言也。孔子别上智下愚，中人而上，中人而下，此非谓生质有善恶也，言其材有差别也。盖孔子时尚无性善性不善之问题，孔子之学论固重人事功夫，其设教之本仍立天道之范畴，以义归之于天，斯无须乎以善归之于性，故孔子时当无此一争端也。迨宗教之义既衰，学者乃舍天道而争人性，不得不为义之为物言其本源，不能不为善之为体标其所出，于是乃有性善性恶之争。言性善则孟子以义以善归于人之生质，言性恶则荀子以义以善归之先王后圣之明表。孔子时既无此题，其立说亦无设此题之需要。故孔荀在此一事上是不相干而不可谓相违也。若其克己复礼之说，极度引申可到性恶论，则亦甚有联系矣。

（原载傅斯年：《性命古训辨证》，商务印书馆1940年版。标题为编者所加）

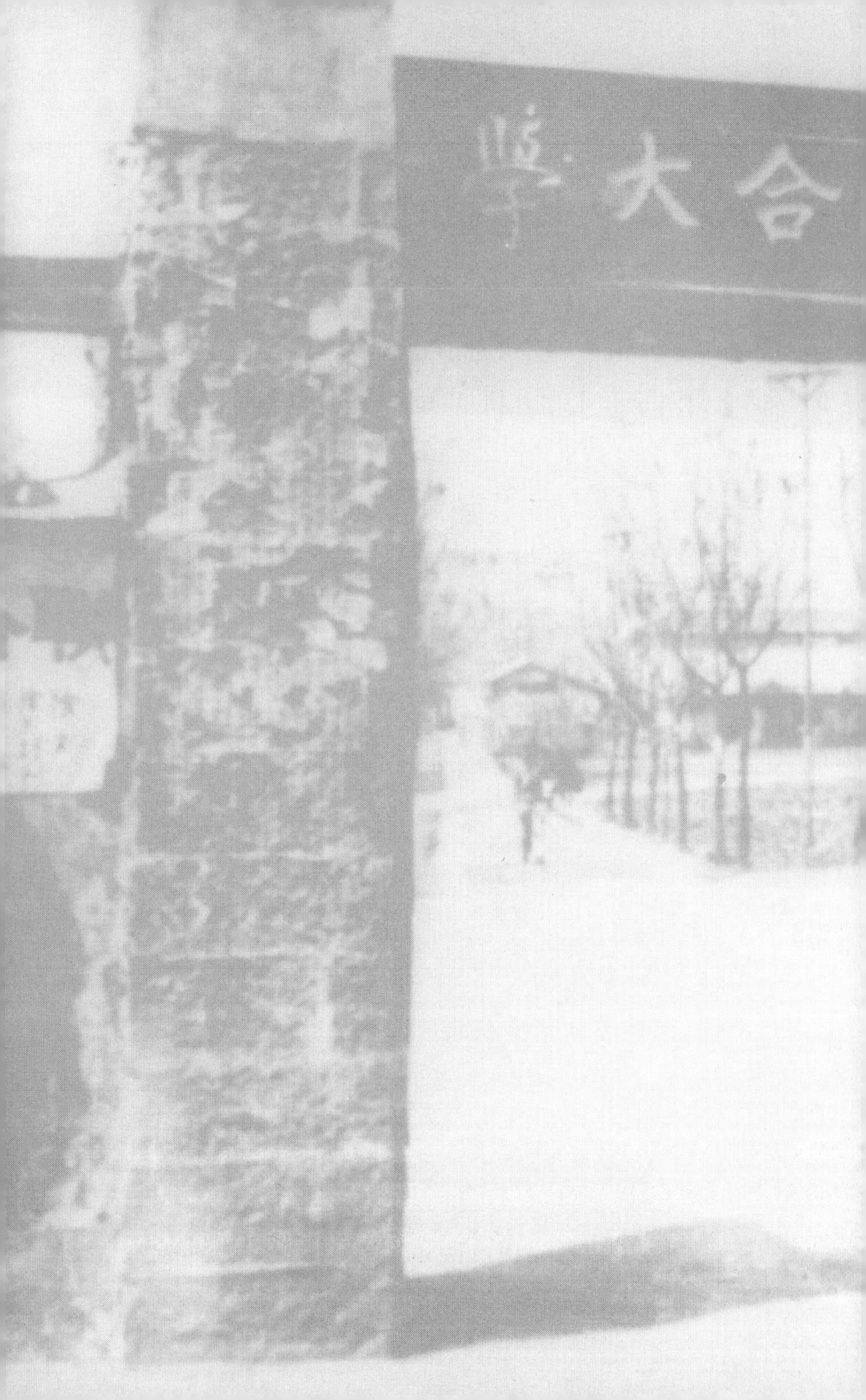
合大学

第四篇 儒家哲学（中）

中古儒家哲学三讲

1937—1946

钱穆：白虎观议奏与今古学争议

1895—1990

东汉经师为学，分野既别，风趣相异，而争议亦时起，其最著者为白虎观之议奏。东汉之有白虎议奏，犹西汉之有石渠议奏也。其议起于杨终。终言：

宣帝博征群儒，论定《五经》于石渠阁。方今天下少事，学者得成其业，而章句之徒破坏大体，宜如石渠故事，永为后世则。

于是诏诸儒会白虎观，议《五经》异同，帝亲称旨临决焉。是杨终之议，为章句今学破坏大体而发也。帝诏曰：

汉承暴秦，褒显儒术，建立《五经》，为置博士。其后学者精进，虽曰承师，亦别名家。孝宣皇帝以为去圣久远，学不厌博，故遂立大、小夏侯《尚书》，后又立《京氏易》。至建武中，复置颜氏、严氏《春秋》，大、小戴《礼》博士。此皆所以扶进微学，尊广道艺也。中元元年诏书，《五经》章句繁多，议欲减省，至永平元年，长水校尉樊鯈奏言，先帝大业，当以时施行，欲使诸儒共正经义。……于戏，其勉之哉！

是朝意亦同杨终，有厌于当时章句之繁多，而思有以匡正矣。诏言"虽曰承师，亦别名家"，尤为指出当时师说与家法之真相。苟治经必遵师说，则何致各自名家？凡各自名家者，即征其不尽遵师说矣。是则师法之与家学，岂不为相矛盾之两事乎？汉宣石渠之议，正为当时经说之分歧，今白虎之议，正亦复尔。白虎议在章帝建初四年，一时名儒如丁鸿、楼望、成封、桓郁、班固、贾逵皆预焉。丁、桓皆治《欧阳尚书》，楼望治《严氏春秋》（成封无考），殆皆今学名儒；班、贾则古学巨魁也。在朝廷之意，颇袒古学，而流风难于骤易，故章帝建初八年又有诏曰：

《五经》剖判，去圣弥远，章句遗辞，乖疑难正，恐先师微言将遂废绝，非所以重稽古，求道真也。其令群儒选高才生，受学左氏、穀梁《春秋》、《古文尚书》、《毛诗》，以扶微学，广异义焉。（按：袁宏《后汉纪》引此诏文微不同，曰："《五经》剖判，去圣弥远，章句传说，难以正义，恐先师道丧，微言遂绝，非所以稽古求道也。其令诸儒学《古文尚书》、《毛诗》、《穀梁》、《左氏传》，以扶明学教，网罗圣旨。"）

此所谓"先师"者，盖指宣、元以前，家法未兴，章句未盛，即刘歆所谓"至孝武皇帝，然后邹、鲁、梁、赵颇有《诗》、《礼》、《春秋》先师，皆起于建元之间"者是也。博士章句成于"末师"，故治古学者必追本于"先师"焉。石渠之议为先师、末师藩界之所由判。而章帝之意祖古学，则由其感染于贾逵。《后汉书·贾逵传》"肃宗立，降意儒术，特好《古文尚书》、《左氏传》。建初元年，诏逵入讲北宫白虎观、南宫云台。帝善逵说"云云，是章帝自善其师说，正犹如武帝之师王臧而向意儒术也。

昔宣帝议石渠，本欲抑经说之多歧，然石渠议后，而经说之多歧滋益甚。今章帝议白虎，为嫌章句之烦黩，而白虎议后，章句俗学，积习如故，亦未见有以摧陷而廓清之。然要之其势向衰，有不能自久之态，此则可征之于和帝时徐防之疏。防请试博士弟子，一依师说家法，已有"不依章句，妄生穿凿，以遵师为非义，意说为得理"之叹，此证家法章句之将坠矣。稍后又有樊准上疏极论，谓："今学者益少，远方尤甚，博士倚席不讲，儒者竞论浮丽。"知其时博士官学日衰，盖章句之业积重难返，在理在势，皆不可久，而特一时无有以易之，遂至于颓疲而不可救也。

今学日衰于上，斯古学日盛于下，于是治今学者亦必涉猎古学焉。否则不足以难敌而自张也。其著者如李育，少习《公羊春秋》，博览书传，深为同郡班固所重，称其：

博贯载籍，九流百家之言无不穷究，所学无常师，不为章句，举大义而已。

班固、贾逵同预白虎议奏，同为古学魁杰。（时原提议人杨终坐事系狱，逵、固特为表请。）而于李育深加激赏，则知育亦非仅守一家章句者。史称：

育颇涉猎古学，尝读《左氏传》，后拜博士。与诸儒论《五经》于白虎观，以《公羊》义难贾逵，往返皆有理证，最为通儒。

是知即治《公羊》为官学博士，亦不能以不诵谢敌，亦不能姝姝守一师家法，专以章句自封，故其时《公羊》博士中乃有如李育其人者，此即学术将变之证也。

李育之后有何休，亦治《公羊》而不为章句。史称其"精研《六经》，世儒无及。作《春秋公羊解诂》，覃思不窥门十有七年，又注训《孝经》、《论语》，皆经纬典谟，不与守文同说"。又称"休与其师博士羊弼追述李育意以难二传，作《公羊墨守》、《左氏膏肓》、《穀梁废疾》"。是何休虽治《公羊》，然论其学派，实亦古学家也。故其书亦曰"解诂"，不曰"章句"。史称其"不与守文同说"，此明其不拘拘一师家法，如今学之所为尔。今观何休《公羊序》谓：

传《春秋》者非一，本据乱而作，其中多非常异义可怪之论。说者疑惑，至有倍经任意，反传违戾者。是以讲诵师言至于百万，犹有不解，时加酿嘲辞。援引他经，失其句读。以无为有，甚可闵笑者，不可胜记也。是以治古学贵文章者，谓之俗儒，至使贾逵缘隙奋笔，以为《公羊》可夺，《左氏》可兴。此岂非守文持论败绩失据之过哉！余窃悲之久矣。往者略依胡毋生条例，多得其正，故遂隐栝，使就绳墨焉。

此序可征何休学术源流。其谓"守文持论败绩失据"者，即指严、颜博士家学而言也。贾逵受诏列《公羊》、《穀梁》不如《左氏》四十事奏之，名曰《左氏长义》。（此出经典叙录，范《传》云"三十事"。）章帝至使自选《公羊》严、颜高才生习《左氏》，故何休痛心而云其"败绩失据"矣。当时章句家学，如何休之所讥笑，盖非改弦易辙，实无以应敌而自存，何休即激于此而起者。其书自名"解诂"，又自述依于胡毋生条例。其先如郑、贾父子治《左氏》，乃著条例与解诂，休即师其意耳。休尝讥郑康成"入室而操戈"，实则休已先自为之矣。故何休之所治者为《公羊》，《公羊》之在当时，固属今学，然休之所以治《公羊》者，则确然为古学也。实则当时之所谓古学者，亦仅以别于当时博士之今学，亦仅足以示异于宣、元以下之师法与章句，而与景、武之际之所谓《五经》先师者，则途辙颇近。即师法章句之学，亦承景、武之际诸先师而来，唯流衍既远，失真日甚，乃有古学起而矫之。故严、颜二家亦皆远承董仲舒，而李育、何休乃改辙而遵胡毋子都，其同为景、武间先师，则仍无大相越也。

与何休对垒者为郑玄。玄之为学，先始通《京氏易》、《公羊春秋》、《三统历》、《九章算术》，又学《周官》、《礼记》、《左氏春秋》、《韩诗》、《古文尚书》。以山东无足问者，乃西入关师事扶风马融。此其为学，尚博通，不守一家章句，洵可谓古学之模楷矣。史称"卢植与郑玄俱事马融，能通古今学，好研精而不守章句"，此亦古学规模也。故所谓古学者，非谓其不治博士诸经。若博士专守一经，则如《京氏易》《公羊春秋》《韩诗》，皆今学也；苟能兼通此诸经，不专守一家之师法章句，则即今学而为古学矣。后世乃谓《公羊》为今学，《左氏》为古学；又谓经学至郑玄而今古家法始混，则皆无据之谈也。玄以何休著《墨守》《膏肓》《废疾》，玄乃发《墨守》，针《膏肓》，起《废疾》，休见而叹曰："康成入吾室，操吾矛以伐我乎？"史称："中兴之后，范升、陈元、李育、贾逵之徒争论古今学，后马融答北地太守刘瑰，及玄答何休，义据通深，由是古学遂明。"然其所论要点，偏在《春秋》，非泛及群经也。今观康成注经，亦几似于今学之章句矣。《郑玄传》谓："玄注经凡百余万言，质于辞训，通人颇讥其繁"，此之"通人"，即犹如夏侯胜之讥夏侯建，所谓"章句小儒，破碎大道"也。范氏论郑学，颇得其宗要，谓：

东京学者亦各名家，守文之徒，滞固所禀，异端纷纭，互相诡激，遂令经有数家，家有数说，章句多者或乃百余万言，学徒劳而少功，后生疑而莫正。郑玄括囊大典，网罗众家，删裁繁诬，刊改漏失，自是学者略知所归。

此论可谓得郑学之真趣。然郑氏之学实已近似章句。仅不守家法，又能删裁省减，使不烦黩尔。章句之胜于训诂，以训诂阔略而章句完密也。家法之不如古学，则以家法偏守而古学兼通也。郑氏学会古今之长，乌得而不为一时学者所归向乎？

今再考之《后汉书·儒林传》，如孙期习《京氏易》、《古文尚书》；张驯能诵《春秋左氏传》，以《大夏侯尚书》教授；尹敏初习《欧阳尚书》，后受《古文》，兼善《毛诗》、《穀梁》、《左氏春秋》。此皆以一人而兼治后世所谓今古文之证。知在当时，实并不以某经为今文学，某经为古文学也。特以专守一家章句，则为今学，博通数经大义，则为古学耳。故如贾逵从刘歆受《左氏》、《国语》、《周官》，又受《古文尚书》于涂恽，学《毛诗》于谢曼卿，而以《大夏侯尚书》教授。张楷通《严氏春秋》、《古文尚书》。刘陶明《尚书》、《春秋》，推三家《尚书》及古文，是正文字七百余事，名曰《中文尚书》。此皆兼通后世所谓今古文诸经也。若洵如后世之见，今古家法如水火，何得一人而兼守之乎？故知在郑玄以前，本无如后世所谓今古文之鸿沟，则又乌得谓至玄而今古家法始混耶？

（原载钱穆：《两汉经学今古文平议》，九州出版社2011年版）

陈寅恪：论韩愈

1890—1969

古今论韩愈者众矣，誉之者固多，而讥之者亦不少。讥之者之言则昌黎所谓"蚍蜉撼大树，可笑不自量"者（《昌黎集》五《调张籍诗》），不待赘辩，即誉之者亦未中肯綮。今出新意，仿僧徒诠释佛经之体，分为六门，以证明昌黎在唐代文化史上之特殊地位。至昌黎之诗文为世所习诵，故略举一二，借以见例，无取详备也。

一曰：建立道统，证明传授之渊源。

华夏学术最重传授渊源，盖非此不足以征信于人，观两汉经学传授之记载，即可知也。南北朝之旧禅学已采用《阿育王经传》等书，伪作付法藏因缘传，已证明其学说之传授。至唐代之新禅宗，特标教外别传之旨，以自矜异，故尤不得不建立一新道统，证明其渊源之所从来，以压倒同时之旧学派，此点关系吾国之佛教史，人所共知，又其事不在本文范围，是以亦可不必涉及，唯就退之有关者略言之。

《昌黎集》一一《原道》略云：

曰：斯道也，何道也？曰：斯吾所谓道也，非向所谓老与佛之道也。尧以是传之舜，舜以是传之禹，禹以是传之汤，汤以是传之文武周公，文武周公传之孔子，孔子传之孟轲，轲之死，不得其传焉。

退之自述其道统传授渊源固由孟子卒章所启发，亦从新禅宗所自称者摹袭得来也。

《新唐书》一七六《韩愈传》略云：

愈生三岁而孤，随伯兄会贬官岭表。

《昌黎集》一《复志赋》略云：

当岁行之未复兮，从伯氏以南迁。凌大江之惊波兮，过洞庭之漫漫。至曲江而乃息兮，逾南纪之连山。嗟日月其几何兮，携孤嫠而北旋。值中原之有事兮，将就食于江之南。

同书二三《祭十二郎文》略云：

呜呼！吾少孤，及长，不省所怙，唯兄嫂是依。中年，兄殁南方，吾与汝俱幼，从嫂归葬河阳。既又与汝就食江南。零丁孤苦，未尝一日相离也。

李汉《昌黎先生集序》略云：

先生生于大历戊申，幼孤，随兄播迁韶岭。

寅恪案，退之从其兄会谪居韶州，虽年颇幼小，又历时不甚久，然其所居之处为新禅宗之发祥地，复值此新学说宣传极盛之时，以退之之幼年颖悟，断不能于此新禅宗学说浓厚之环境气氛中无所接受感发，然则退之道统之说表面上虽由孟子卒章之言所启发，实际上乃因禅宗教外别传之说所造成，禅学于退之之影响亦大矣哉！宋儒仅执退之后来与大颠之关系，以为破获赃据，欲夺取其道统者，似于退之一生经历与其学说之原委犹未达一间也。

二曰：直指人伦，扫除章句之烦琐。

唐太宗崇尚儒学，以统治华夏，然其所谓儒学，亦不过承继南北朝以来正义义疏烦琐之章句学耳。又高宗、武则天以后，偏重进士词科之选，明经一目仅为中材以下进取之途径，盖其所谓明经者，止限于记诵章句，绝无意义之发明，故明经之科在退之时代，已全失去政治社会上之地位矣（详见拙著《唐代政治史述论稿》上篇）。南北朝后期及隋唐之僧徒亦渐染儒生之习，诠释内典，袭用儒家正义义疏之体裁，与天竺诂解佛经之方法殊异（见拙著杨树达《论语疏证》序），如禅学及禅宗最有关之三论宗大师吉藏天台宗大师智顗等之著述与贾公彦、孔颖达诸儒之书其体制适相冥会，新禅宗特提出直指人心见性成佛之旨，一扫僧徒烦琐章句之学，摧陷廓清，发聋振聩，固吾国佛教史上一大事也。退之生值其时，又居其地，睹儒家之积弊，效禅侣之先河，直指华夏之特性，扫除贾、孔之繁文，《原道》一篇中心旨意实在于此，故其言曰：

传曰：古之欲明明德于天下者，先治其国；欲治其国者，先齐其家；欲齐其家者，先修其身；欲修其身者，先正其心；欲正其心者，先诚其意。然则古之所谓正心而诚意者，将以有为也。今也欲治其心，而外天下国家，灭其天常，子焉而不父其父，臣焉而不君其君，民焉而不事其事。

同书五《寄卢仝》诗云：

春秋三传束高阁，独抱遗经究终始。

寅恪案，《原道》此节为吾国文化史中最有关系之文字，盖天竺佛教传入中国时，而吾国文化史已达甚高之程度，故必须改造，以蕲适合吾民族、政治、社会传统之特性，六朝僧徒"格义"之学（详见拙著《支愍度学说考》），即是此种努力之表现，儒家书中具有系统易被利用者，则为《小戴记》之《中庸》，梁武帝已作尝试矣。（《隋书》三二《经籍志》经部有梁武帝撰《中庸讲疏》一卷，又《私记制旨中庸义》五卷。）然《中庸》一篇虽可利用，以沟通儒释心性抽象之差异，而于政治社会具体上华夏、天竺两种学说之冲突，尚不能求得一调和贯彻，自成体系之论点。退之首先发现《小戴记》中《大学》一篇，阐明其说，抽象之心性与具体之政治社会组织可以融会无碍,即尽量谈心说性,兼能济世安民,虽相反而实相成,天竺为体,华夏为用,退之于此以奠定后来宋代新儒学之基础,退之固是不世出之人杰,若不受新禅宗之影响,恐亦不克臻此。又观退之寄卢仝诗,则知此种研究经学之方法亦由退之所称奖之同辈中人发其端,与前此经诗著述大意,而开启宋代新儒学家治经之途径者也。

三曰:排斥佛老,匡救政俗之弊害。

《昌黎集》——《原道》略云:

古之为民者四,今之为民者六。古之教者处其一,今之教者处其三。农之家一,而食粟之家六。工之家一,而用器之家六。贾之家一,而资焉之家六。奈之何民不穷且盗也。……是故君者,出令者也。臣者,行君之令而致之民者也。民者,出粟米麻丝,作器皿,通货财,以事其上者也。君不出令,则失其所以为君。臣不行君之令而致之民,则失其所以为臣。民不出粟米麻丝,作器皿,通货财,以事其上,则诛。

人其人,火其书,庐其居,明先王之道以道之,鳏寡孤独废疾者有养也,其亦庶乎其可也。

同书二《送灵师》诗略云:

佛法入中国,尔来六百年。齐民逃赋役,高士着幽禅。官吏不之制，纷纷听其然。耕桑日失隶，朝署时遗贤。

同书一《谢自然诗》略云：

人生有常理，男女各有伦。寒衣及饥食，在纺绩耕耘。下以保子孙，上以奉君亲。苟异于此道，皆为弃其身。噫乎彼寒女，永托异物群。感伤遂成诗，昧者宜书绅。

寅恪案，上引退之诗文，其所持排斥佛教之论点，此前已有之，实不足认为退之之创见，特退之所言更较精辟，胜于前人耳。《原道》之文微有语病，不必以词害意可也。《谢自然诗》乃斥道教者，以其所持论点与斥佛教者同，故亦附录于此。今所宜注意者，乃为退之所论实具有特别时代性，即当退之时佛教徒众多，于国家财政及社会经济皆有甚大影响，观下引彭偃之言可知也。

《唐会要》四七《议释教》上（参《旧唐书》一二七《彭偃传》）略云：

大历十三年四月，剑南东川观察使李叔明奏请澄汰佛道二教，下尚书省集议。都官员外郎彭偃献议曰：王者之政，变人心为上，因人心次之，不变不因，循常守故者为下，故非有独见之明，不能行非常之事。今陛下以维新之政，为万代法，若不革旧风，令归正道者，非也。当今道士，有名无实，时俗鲜重，乱政犹轻，唯有僧尼，颇为秽杂。自西方之教，被于中国，去圣日远，空门不行五浊，比邱但行粗法。爰自后汉，至于陈隋，僧之教灭，其亦数四，或至坑杀，殆无遗余，前代帝王，岂恶僧道之善，如此之深耶？盖其乱人亦已甚矣。且佛之立教，清净无为，若以色见，即是邪法，开示悟入，唯有一门，所以三乘之人，比之外道。况今出家者，皆是无识下劣之流，纵其戒行高洁，在于王者，已无用矣。

今叔明之心甚善，然臣恐其奸吏诳欺，而去者未必非，留者不必是，无益于国，不能息奸，既不变人心，亦不因人心，强制力持，难致远耳。臣闻天生蒸民，必将有职，游行浮食，王制所禁。故有才者受爵禄，不肖者出租税，此古之常道也。今天下僧道不耕而食，不织而衣，广作危言险语，以惑愚者。一僧衣食，岁计约三万有余，五丁所出，不能致此。举一僧以计天下，其费可知。陛下日旰忧勤，将去人害，此而不救，奚其为政？臣伏请僧道未满五十者，每年输绢四匹，尼及女道士未满五十者，输绢二匹。其杂色役，与百姓同。有才智者，令入仕。请还俗为平人者听，但令就役输课，为僧何伤？臣窃料其所出，不下今之租赋三分之一，然则陛下之国富矣，苍生之害除矣。其年过五十者，请皆免之。夫子曰：五十而知天命。列子曰：不斑白，不知道。人年五十岁，嗜欲已衰，纵不出家，心已近道，况戒律检其性情哉？臣以为此令既行，僧尼规避还俗者，固已大半，其年老精修者，必尽为人师，则道释二教益重明矣。上深嘉之。

寅恪案：彭偃为退之同时人，其所言如此，则退之之论自非剿袭前人空言，为无病之呻吟，实匡世正俗之良策。盖唐代人民担负国家直接税及劳役者为"课丁"，其得享有免除此种赋役之特权者为"不课丁"。"不课丁"为当日统治阶级及僧尼道士女冠等宗教徒，而宗教徒之中佛教徒最占多数，其有害国家财政、社会经济之处在诸宗教中尤为特著，退之排斥之亦最力，要非无因也。

至道教则唐皇室以姓李之故，道教徒因缘傅会。自唐初以降，即逐渐取得政治社会上之地位，至玄宗时而极盛，如以道士女冠隶属宗正寺（见《唐会要》六五《宗正寺》崇玄署条），尊崇老子以帝号，为之立庙，祀以祖宗之礼。除老子为《道德经》外，更名庄、文、列、庚桑诸子为《南华》、《通玄》、《冲虚》、《洞灵》等经，设崇玄学，以课生徒，同于国子监。道士女冠有犯，准道格处分诸端（以上均见《唐会要》五十《尊崇道教》），皆是其例。尤可笑者，乃至提《汉书·古今人表》中之老子，自三等而升为一等（见《唐会要》五十《尊崇道教》），号老子妻为先天太后。作孔子像，侍老子之侧。（以上二事见《唐会要》五十《尊崇道教》杂记门。）荒谬幼稚之举措，类此尚多，无取详述。退之排斥道教之论点除与其排斥佛教相同者外，尚有二端，所应注意：一为老子乃唐皇室所攀认之祖宗，退之以臣民之资格，痛斥力诋，不稍讳避，其胆识已自超其侪辈矣。二为道教乃退之稍前或同时之君主宰相所特提倡者，蠹政伤俗，实是当时切要问题。据《新唐书》一九〇《王屿传》（参《旧唐书》一三〇《王屿传》）略云：

玄宗在位久，推崇老子道，好神仙事，广修祠祭，靡神不祈。屿上言，请筑坛东郊，祀青帝，天子入其言，擢太常博士、侍御史，为祠祭使。屿专以祠解中帝意，有所禳祓，大抵类巫觋。汉以来葬丧皆有瘗钱，后世里俗稍以纸寓钱，为鬼事，至是屿乃用之。肃宗立，累迁太常卿，又以祠祷见宠。乾元三年，拜蒲、同、绛等州节度使，俄以中书侍郎同中书门下平章事。时大兵后，天下愿治，屿望轻，无它才，不为士议谐可，既骤得政，中外怅骇。乃奏置太一坛，劝帝身见九宫祠。帝由是专意，它议不能夺。帝尝不豫，太卜建言，祟在山川。屿遣女巫乘传，分祷天下名山大川，巫皆盛服，中人护领，所至干托州县，赂遗狼藉。时有一巫美而盅，以恶少年数十自随，尤恌狡不法，驰入黄州。刺史左震晨至馆请事，门镝不启。震怒，破镝入，取巫斩廷下，悉诛所从少年，籍其赃，得十余万，因遣还中人。既以闻，屿不能诘，帝亦不加罪。明年，罢屿为刑部尚书，又出为淮南节度使，犹兼祠祭使。始，屿托鬼神致位将相，当时以左道进者纷纷出焉。

《旧唐书》一三〇《李泌传》略云：

泌颇有谠直之风，而谈神仙诡道，或云尝与赤松子、王乔、安期、羡门游处，故为代所轻，虽诡道求容，不为时君所重。德宗初即位，尤恶巫祝怪诞之士。初，肃宗重阴阳祠祝之说，用妖人王屿为宰相，或命巫媪乘驿行郡县以为厌胜。凡有所兴造功役，动牵禁忌。而黎干用左道，位至尹京，尝内集众工，编刺珠绣为御衣，既成而焚之，以为襫袶，且无虚月。德宗在东宫颇知其事，即位之后，罢集僧于内道场，除巫祝之祀。有司言，宣政内廊坏，请修缮，而太卜云，孟冬为魁冈，不利穿筑，请卜他月。帝曰：《春秋》之义，启塞从时，何魁冈之有？卒命修之。又代宗山陵灵驾发引，上号送于承天门，见辒辌不当道，稍指午未间。问其故，有司对曰：陛下本命在午，故不敢当道。上号泣曰：安有枉灵驾而谋身利？卒命直午而行。及建中末，寇戎内梗，桑道茂有城奉天之说，上稍以时日禁忌为意，而雅闻泌长于鬼道，故自外征还，以至大用，时论不以为惬。

及《国史补》上李泌任虚诞条（参《太平广记》二八九妖妄类李泌条）云：

李相泌以虚诞自任。尝对客曰：令家人速洒扫，今夜洪崖先生来宿。有人遗美酒一榼，会有客至，乃曰：麻姑送酒来，与君同倾。倾之未毕，阍者云：某侍郎取榼子。泌命倒还之，略无怍色。

则知退之当时君相沉迷于妖妄之宗教，民间受害，不言可知。退之之力诋道教，其隐痛或有更甚于诋佛教者，特未昌言之耳。后人昧于时代性，故不知退之言有物意有指，遂不加深察，等闲以崇正辟邪之空文视之，故特为标出如此。

四曰：呵诋释迦，申明夷夏之大防。

《昌黎集》三九《论佛骨表》略云：

臣某言，伏以佛者，夷狄之一法耳。自后汉时流入中国，上古未尝有也。……假如其身至今尚在，奉其国命，来朝京师，陛下容而接之，不过宣政一见，礼宾一设，赐衣一袭，卫而出之于境，不令惑众也。

《全唐诗》一二函《韩愈拾赠译经僧》诗云：

万里休言道路赊，有谁教汝度流沙。只今中国方多事，不用无端更乱华。

寅恪案：退之以谏迎佛骨得罪，当时后世莫不重其品节，此不待论者也。今所欲论者，即唐代古文运动一事，实由安史之乱及藩镇割据之局所引起。安史为西胡杂种，藩镇又是胡族或胡化之汉人（详见拙著《唐代政治史述论稿》上篇），故当时特出之文士自觉或不自觉，其意识中无不具有远则周之四夷交侵，近则晋之五胡乱华之印象，"尊王攘夷"所以为古文运动中心之思想也。在退之稍先之古文家如萧颖士、李华、独孤及、梁肃等，与退之同辈之古文家如柳宗元、刘禹锡、元稹、白居易等，虽同有此种潜意识，然均不免认识未清晰，主张不彻底，是以不敢亦不能因释迦为夷狄之人，佛教为夷狄之法，抉其本根，力排痛斥，若退之之所言所行也。退之之所以得为唐代古文运动领袖者，其原因即在于是，此意已见拙著《元白诗笺证稿》新乐府章法曲篇末，兹不备论。

五曰：改进文体，广收宣传之效用。

关于退之之文，寅恪尝详论之矣（见拙著《元白诗笺证稿》长恨歌章）。其大旨以为退之之古文乃用先秦、两汉之文体，改作唐代当时民间流行之小说，欲借之一扫腐化僵化不适用于人生之骈体文，作此尝试而能成功者，故名虽复古，实则通今，在当时为最便宣传，甚合实际之文体也。至于退之之诗，古今论者亦多矣，兹仅举一点，以供治吾国文学史者之参考。

陈师道《后山居士诗话》云：

退之以文为诗，子瞻以诗为词，如教坊雷大使（娘？）之舞，虽极天下之工，要非本色。今代词手唯秦七、黄九尔，唐诸人不迨也。

寅恪案：退之以文为诗，诚是确论，然此为退之文学上之成功，亦吾国文学史上有趣之公案也。

据《高僧传》二译经中《鸠摩罗什传》略云：

初，沙门慧叡才识高明，常随什传写。什每为叡论西方辞体，商略同异，云：天竺国俗甚重文制，其宫商体韵以入弦为善。凡觐国王，必有赞德，见佛之仪以歌叹为贵，经中偈颂皆其式也，但改梵为秦，失其藻蔚，虽得大意，殊隔文体，有似嚼饭与人，非徒失味，乃令呕哕也。什尝作颂赠沙门法和云："心山育明德，流薰万由延。哀鸾孤桐上，清音彻九天。"凡为十偈，辞喻皆尔。

盖佛经大抵兼备"长行"即散文及偈颂即诗歌两种体裁。而两体辞意又往往相符应。考"长行"之由来，多是改诗为文而成者，故"长行"乃以诗为文，而偈颂亦可视为以文为诗也。天竺偈颂音缀之多少，声调之高下，皆有一定规律，唯独不必叶韵。六朝初期四声尚未发明，与罗什共译佛经诸僧徒虽为当时才学绝伦之人，而改竺为华，以文为诗，实未能成功。唯仿偈颂音缀之有定数，勉强译为当时流行之五言诗，其他不遑顾及，故字数虽有一定，而平仄不调，音韵不叶，生吞活剥，似诗非诗，似文非文，读之作呕，此罗什所以叹恨也。如马鸣所撰佛所行赞，为梵文佛教文学中第一作品。寅恪昔年与钢和泰君共读此诗，取中文二译本及藏文译本比较研究，中译似尚逊于藏译，当时亦引为憾事，而无可如何者也。自东汉至退之以前，此种以文为诗之困难问题迄未有能解决者。退之虽不译经偈，但独运其天才，以文为诗，若持较华译佛偈，则退之之诗词皆声韵无不谐当，既有诗之优美，复具文之流畅，韵散同体，诗文合一，不仅空前，恐亦绝后，决非效颦之辈所能企及者矣。后来苏东坡、辛稼轩之词亦是以文为之，此则效法退之而能成功者也。

六曰：奖掖后进，期望学说之流传。

唐代古文家多为才学卓越之士，其作品如《唐文粹》所选者足为例证，退之一人独名高后世，远出余子之上者，必非偶然。据《旧唐书》一六〇《韩愈传》云：

> 大历、贞元之间，文字多尚古学，效杨雄、董仲舒之述作，而独孤及、梁肃最称渊奥，儒林推重。愈从其徒游，锐意钻仰，欲自振于一代。

及《新唐书》一七六《韩愈传》云：

> 愈成就后进士，往往知名。经愈指授，皆称"韩门弟子"。

则知退之在当时古文运动诸健者中，特具承先启后作一大运动领袖之气魄与人格，为其他文士所不能及。退之同辈胜流如元微之、白乐天，其著作传播之广，在当日尚过于退之。退之官又低于元，寿复短于白，而身殁之后，继续其文其学者不绝于世，元白之遗风虽或尚流传，不至断绝，若与退之相较，诚不可同年而语矣。退之所以得致此者，盖亦由其平生奖掖后进，开启来学，为其他诸古文运动家所不为，或偶为之而不甚专意者，故"韩门"遂因此而建立，韩学亦更缘此而流传也。世传隋末王通讲学河汾，卒开唐代贞观之治，此固未必可信，然退之发起光大唐代古文运动，卒开后来赵宋新儒学新古文之文化运动,史证明确,则不容置疑者也。

综括言之,唐代之史可分前后两期,前期结束南北朝相承之旧局面,后期开启赵宋以降之新局面,关于政治社会经济者如此,关于文化学术者亦莫不如此。退之者,唐代文化学术史上承先启后转旧为新关捩点之人物也。其地位价值若是重要,而千年以来论退之者似尚未能窥其蕴奥,故不揣愚昧,特发新意,取证史籍,草成此文,以求当世论文治史者之教正。

(原载《历史研究》第2期,1954年)

傅斯年：论李习之在儒家性论发展中之地位

1896—1950

李习之者，儒学史上一奇杰也。其学出于昌黎，而比昌黎更近于理学，其人乃昌黎之弟子，足为其后世者也〔韩云，"从吾游者李翱、张籍，其尤也"，李则于诔韩文中称之曰兄。盖唐人讳以人为师（见昌黎《进学解》），实则在文章及思想上李习之皆传韩氏者也〕，北宋新儒学发轫之前，儒家唯李氏有巍然独立之性论，上承《乐记》《中庸》，下开北宋诸儒，其地位之重要可知。自晋以降，道释皆有动人之言，儒家独无自固之论。安史之乱，人伦道尽，佛道风行，乱唐庶政，于是新儒学在此刺激下发轫。（新儒学起于中唐，此说吾特别为一文论之。）退之既为圣统说（即后世道统说所自来），又为君权绝对论，又以"有为"之义辟佛老，自此儒家乃能自固其藩篱，向释道反攻。习之继之，试为儒教之性论，彼盖以为吾道之缺，在此精微，不立此真文，则二氏必以彼之所有入于我之所无。李氏亦辟佛者，而为此等性说，则其动机当在此。遍览古籍，儒家书中，谈此虚高者，仅有《孟子》《易·系》及《戴记》之《乐记》《中庸》《大学》三篇，于是将此数书提出，合同其说，以与二氏相角，此《复性书》之所由作也。《戴记》此三篇，在李氏前皆不为人注意，自李氏提出，宋儒遂奉之为宝书。即此一端论之，李氏在儒学史上之重要已可概见。清儒多议其为禅学玄宗者，正缘其历史的地位之重要。夫受影响为一事，受感化为又一事，变其所宗、援甲入乙为又一事，谓《复性书》受时代之影响则可，谓其变换儒家思想而为禅学，则言不可以若是其亟也。

《复性书》三篇中，下篇论人之一生甚促，非朝夕警惕不足以进于道。此仅为自强不息之言，与性论无涉，可不论。至其上中两篇，立义所在，宜申详焉。

《复性书》上篇之要义可以下列诸点括之：

其一为性情二本，性明情昏说。此说乃汉代之习言，许郑所宗述，而宋儒及清代朴学家皆似忘之，若以为来自外国，亦怪事也。此论渊源，《汉代性之二元说》中已详叙之，今知其实本汉儒，则知其非借禅学也。禅学中并无此二元说，若天台宗性恶之论，则释家受儒家影响也。果必谓李习之受外国影响，则与其谓为逃禅，毋宁谓为受祆教景教摩尼教之影响，此皆行于唐代之善恶二元论者，然假设须从其至易者，汉儒既有二元论，则今日不必作此远飏之假设矣。

其二为复性之本义。此义乃以《乐记》"人而生静至灭天理而穷人欲者也"一节为基本，连缀《易·系》、《中庸》、《大学》之词句而成其说也。所谓"寂然不动感而遂通"者，《易·系》之词也。所谓"尽性"者，《孟子》之词、《中庸》之论也。所有张皇之词虚高之论，不出《易·系》则出《中庸》。铺张反复，其大本则归于制人之情以尽天命之性，犹《乐记》之旨也。今既已明辩古儒家有唯心一派之思想，则知李氏说固未离于古儒家。李氏沾沾自喜，以为独得尼父之心传，实则但将《中庸》、《大学》等书自《戴记》中检出而高举之，其贡献在于认出此一古代心学之所在，不在发明也。

《复性书》中篇则颇杂禅学，此可后望而知者。此篇设为问答之词，仍是以《易·系》、《中庸》为口号，然其中央思想则受禅学感化矣。此篇列问答十二，末一事问鬼神，以不答答之，自与性论无干，其前十一问则或杂禅学，或为《复性书》上之引申。其杂禅者，第一问"弗思弗念"，第二问"以情止情"，二皆离于儒说，窃取佛说以入者。第三问"不睹不闻"，第四问"格物"，第五问"天命之谓性"，第六问"事解心解"，皆推阐古心学之词。如认清古之心学一派，知其非借禅学以立义矣。第七问"凡人之性，与圣人之性"，第八问"尧舜岂有不情"，皆《复性书》之引申义，第九问"嗜欲之心所由生"，乃是禅说。第十问"性未灭"，似禅而实是《孟子》义。第十一问"亦近禅"。意者《复性书》三书非一时所作，即此十一问恐亦非一时所作，故不齐一耶？

约言之，《复性书》上下两书皆不杂禅学者，中篇诸问则或杂或不杂。李氏于古儒学中认出心学一派，是其特识，此事影响宋儒甚大。若其杂禅则时代为之，其杂禅之程度亦未如阮元等所说之甚也。戴阮诸氏皆未认明古有心学之宗，更忽略汉儒之性情二元说，故李氏说之与禅无关于儒有本者，号称治汉学者反不相识矣。

（原载《读书通讯》半月刊第57期，1943年1月1日）

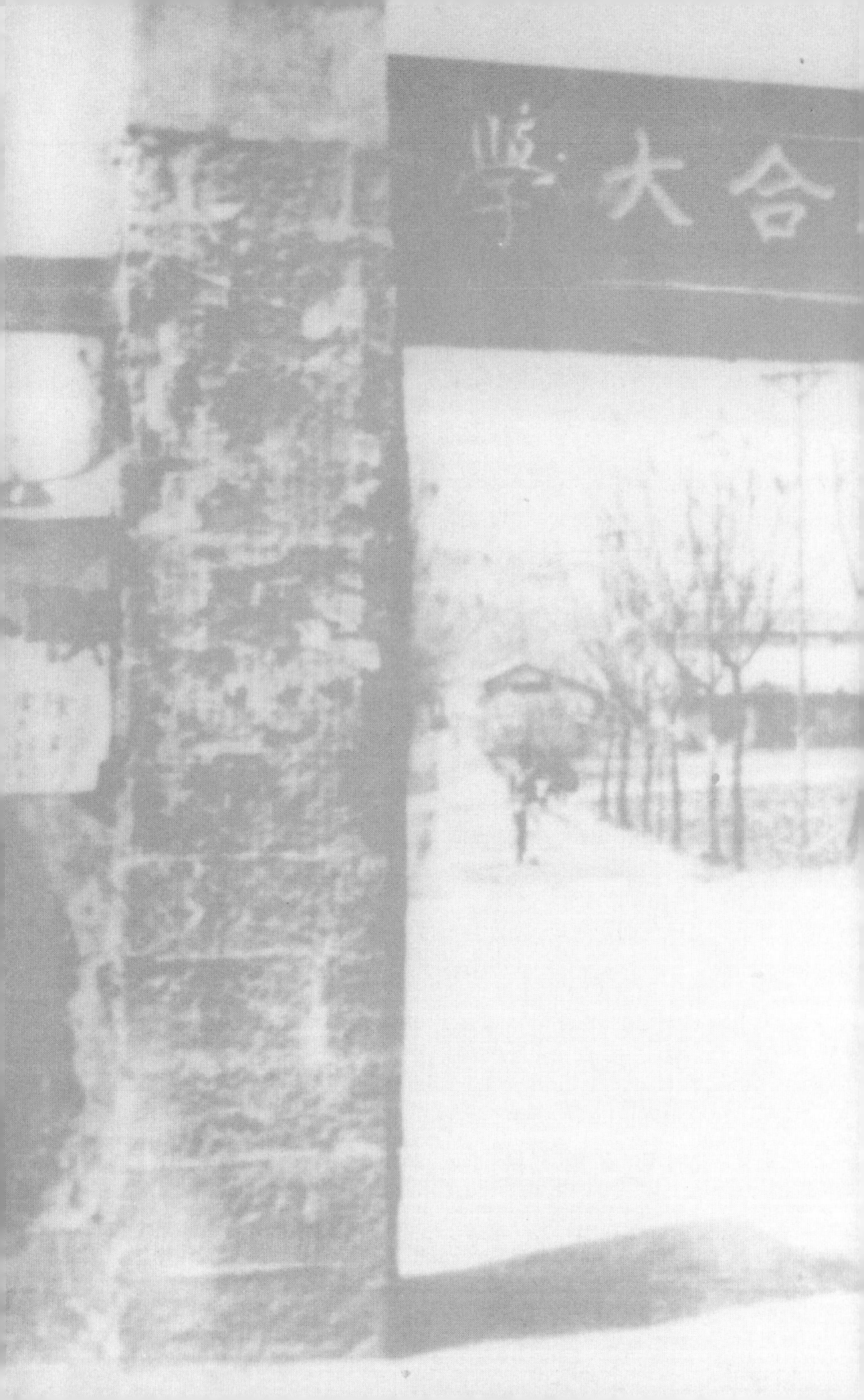
合大学

第五篇 儒家哲学（下）
近古儒家哲学四讲

1937—1946

1896—1950

傅斯年：理学之地位

理学者，世以名宋元明之新儒学，其中程朱一派，后人认为宋学正统者也。正统之右不一家，而永嘉之派最露文华，正统之左不一人，而陆王之派最能名世。陆王之派，世所谓心学也，其前则有上蔡，渊源程门，其后则有泰州龙溪，肆为狂荡，公认为野禅矣。程朱深谈性理，以为"如有物焉，得于天而具于心"（戴震讥词）。然其立说实为内外二本，其教则兼"尊德性"与"道问学"，尤以后者为重，故心学对朱氏备致不满之词，王文成竟以朱子为其学问才气著作所累，复妄造朱子晚年悔悟之说（见《传习录》）。然则清代汉学家自戴震以降攻击理学者，其最大对象应为心学，不应为程朱。然戴氏之舍去陆王力诋程朱则亦有故。王学在明亡后已为世人所共厌弃，程朱之学在新朝仍为官学之正宗，王学虽与清代汉学家义极端相反，然宗派式微，可以存而不论，朱学虽在两端之间，既为一时上下所宗，故辩难之对象在于此也。虽然，理学心学果于周汉儒学中无所本源，如戴氏所说者欤？

凡言德义事理自内发者，皆心学之一式也。今如寻绎自《孟子》迨《易·系》、《乐记》、《中庸》诸书之说，则知心学之原，上溯孟氏，而《乐记》、《中庸》之陈义亦无可疑。夫性理之学，为得为失，非本文所论，然戴氏既斥程朱矣，《孟子》以及《易·系》、《乐记》、《中庸》之作者，又岂能免乎？如必求其"罪人斯得"，则"作俑"者孟子耳。有《孟子》，而后有《乐记》、《中庸》之内本论，有《乐记》、《中庸》之内本论，而后有李翱、有陆王、有二程，虽或青出于蓝，冰寒于水，其为一线上之发展则无疑也。孟子以为"万物皆备于我矣，反身而诚，乐莫大焉"，又以为"人之所不学而能者，其良能也，所不虑而知者，其良知也"，又以为"仁义礼智非由外铄我也，我固有之也"，"操则存，舍则亡，凡相倍蓰而无算者，不能尽其才者也"，又以为"学问之道无他，求其放心而已矣"，又以为"存其心养其性，所以事天也"。（凡此类者不悉引。）凡此皆明言仁义自内而发，天理自心而出，以染外而沦落，不以务外而进德，其纯然为心学，陆王比之差近，虽高谈性理之程朱犹不及此，程叔子以为孟子不可学者此也。戴氏名其书曰《孟子字义疏证》，乃无一语涉及《孟子》字义，复全将孟子之思想史上地位认错，所攻击者，正是孟子之传，犹去孟子之泰甚者也，不亦颠乎？

设为程朱性气之论寻其本根，不可不先探汉儒心学之源。自孟子创心学之宗，汉儒不能不受其影响，今以书缺有间，踪迹难详，然其纲略犹可证也。《乐记》云（按《乐记》为汉儒之作，可以其抄袭《荀子》诸书为证）：

人生而静，天之性也。感于物而动，性之欲也。物至知知，然后好恶形焉。好恶无节于内，知诱于外，不能反躬，天理灭矣。夫物之感人无穷，而人之好恶无节，则是物至而人化物也，人化物也者，灭天理而穷人欲者也。

夫理者，以其本义言之，固所谓"分理，肌理，腠理，文理，条理"也（参看《孟子字义疏证》第一条）。然表德之词皆起于表质，抽象之词皆原于具体，以语学之则律论之，不能因理字有此实义遂不能更为玄义。（玄字之本义亦为细微，然《老子》书中之玄字，则不能但以细微为训。）既曰天理，且对人欲为言，则其必为抽象之训，而超于分理条理之训矣。必为"以为如有物焉"，而非但谓散在万物之别异矣。故程朱之用理字，与《乐记》相较，虽词有繁简，义无殊也。（郑氏注"天理"云，"理犹性也"，康成汉儒戴氏所淑，亦未以理为"分理"也。）夫曰不能反躬则天理灭，明天理之在内也。以为人生而静天之性，人化物者灭天理，明义理之皆具于心，而非可散在外物中求之者也。《乐记》所言，明明以天理属之内，亦以修道之功夫（所谓反躬）属之内也。

《中庸》云（按《中庸》一篇非一时所作，其首尾当为汉儒手笔，说见前）：

喜怒哀乐之未发，谓之中，发而皆中节，谓之和。中也者，天下之大本也，和也者，天下之达道也。致中和，天地位焉，万物育焉。

夫喜怒哀乐之未发，是何物乎？未有物焉，何所谓中乎？设若《中庸》云，"发而皆中节谓之中"，乃无内学之嫌疑。今乃高标其义于喜怒哀乐未发之前，其"探之茫茫索之冥冥"，下视宋儒为何如乎？心学色彩如此浓厚，程叔子不取也，更未尝以为天地位万物育于此也。《遗书》记其答门人云：

苏季明问："喜怒哀乐未发之前求中，可否？"曰："不可，既思于喜怒哀乐未发之前求之，又却是思也，既思即是已发。才发便谓之和，不可谓之中也。"又问："吕学士言，当求于喜怒哀乐未发之前，如何？"曰："若言存养于喜怒哀乐未发之前则可，若言求中于喜怒哀乐未发之前，则不可。"又问，"学者于喜怒哀乐发时，固当勉强裁抑，于未发之前，当如何用功？"曰："于喜怒哀乐未发之前更怎生求？只平日涵养便是。涵养久，则喜怒哀乐发自中节。"曰："当中之时，耳无闻目无见否？"曰："虽耳无闻目无见，然见闻之理在始得，贤且说静时如何？"曰："谓之无物则不可，然自有知觉处。"曰："既有知觉，却是动也，怎生言静？人说'复'其见天地之心，皆以为至静能见天地之心，非也。'复'之卦下面一画，便是动也。安得谓之静？"或曰："莫是于动上求静否？"曰："固是，然最难。释氏多言定，圣人便言止。如为人君止于仁，为人臣止于敬之类是也。《易》之'艮'言止之义曰：艮其止，止其所也。人多不能止。盖人，万物皆备，遇事时各因其心之所重者，更互而出，才见得这事重便有这事出，若能物各付物，便不出来也。"或曰："先生于喜怒哀乐未发之前，下动字，下静字？"曰："谓之静则可，然静中须有物始得，这里便是难处，学者莫若且先理会得敬，能敬则知此矣。"或曰："敬何以用功？"曰："莫若主一。"季明曰："眒尝患思虑不定，或思一事未了，他事如麻又生，如何？"曰："不可，此不诚之本也。须是习，习能专一时便好。不拘思虑与应事，皆要求一。"

此段最足表示程子之立点，程子虽非专主以物为学者，然其以心为学之分际则远不如《中庸》此说为重，盖《中庸》在心学道路上走百步，程子又退回五十步也。程子此言，明明觉得《中庸》之说不安，似解释之，实修正之。彼固以为喜怒哀乐未发之前，无中之可求，其用功处，广言之，则平日涵养，狭言之，则主敬致一，此与今日所谓"心理卫生"者微相近，绝非心本之学，尤绝非侈谈喜怒哀乐未发之前者，所可奉为宗也。

《中庸》章末极言诚。所谓诚，固孟子所谓反身而诚之训，然《中庸》言之侈甚矣。

诚者，天之道也，诚之者，人之道也。诚者，不勉而中，不思而得，从容中道，圣人也。诚之者，择善而固执之者也。……
自诚明，谓之性，自明诚，谓之教，诚则明矣，明则诚矣。
唯天下至诚为能尽其性，能尽其性则能尽人之性，能尽人之性则能尽物之性，能尽物之性则可以赞天地之化育，可以赞天地之化育则可以与天地参矣。

《中庸》成书远在《孟子》之后,其首尾大畅玄风,虽兼采外物内我两派之说,终以内我派之立点为上风,是盖由于孟子之后,反对之说有力,而汉儒好混合两极端以为系统也。其曰"诚者,天之道也",犹云上乘也,曰"诚之者,人之道也",犹云下乘也。曰"诚则明矣,明则诚矣",犹云殊途而同归也,曰"自诚明,谓之性,自明诚,谓之教",亦示上下床之别也。其曰"天下至诚"也,由己性以及人性,由人性以及物性,其自内而外之涂术可知矣。故如以此言论宋儒,则程叔子、朱文公之学皆"自明诚,谓之教"者也。此义可于朱子补《大学·格物章》识之。

朱子之补《大学·格物章》,宋代以来经学中之大问题也。自今日思之,朱子所补似非作《大学》者之本心。然程朱之言远于心学而近于物学,比《孟子》《乐记》《中庸》更可免于戴氏之讥者,转可于错误中见之。《大学》原文云:"……欲诚其意者先致其知,致知在格物,物格而后知至,知至而后意诚……"郑注云:"格,来也。物,犹事也。其知于善深,则来善物,其知于恶深,则来恶物,言事缘人所好来也。"此解虽若上下文义不贯通,然实是格字之正训。《诗》所谓"神之格思",《书》所谓"格于上下",皆此训也。格又以正为训,《论语》所谓"有耻且格",《孟子》所谓"格其君心之非",皆谓能正之也。从前一义,则格物应为致物,从后一义,则格物应为感物。(王文成所用即此说。)若朱子所补者，周汉遗籍中无此一训。上文有"物有本末，事有终始，知所先后，则近道矣"一言，似朱子所补皆敷陈此义者，然此语与格字不相涉，《大学》作者心中所谓格物究竟与此语有涉否，未可知也。汉儒著论好铺陈，一如其作词赋，后人以逻辑之严义格之，自有不易解处。程朱致误之由来在于此。朱子将此语移之下方，复补其说云：

右传之五章，盖释格物致知之义，而今亡矣。间尝窃取程子之意以补之曰：

所谓致知在格物者，言欲致吾之知，在即物而穷其理也。盖人心之灵莫不有知，而天下之物莫不有理，唯于理有未穷，故其知有不尽也。是以《大学》始教，必使学者即凡天下之物莫不因其已知之理而益穷之，以求至乎其极。至于用力之久而一旦豁然贯通焉，则众物之表里精粗无不到，而吾心之全体大用无不明矣。此谓物格，此谓知之至也。

试看格物致知在《大学》之道之系统中居诚意正心之前，即等于谓是修道之发轫。朱子将此根本之地说得如此，则准以王学称心学之例，朱学称"物学"自无不可。[朱子之究心训诂，名物，礼数，一如清代朴学家，"物学"之采色极重。朱子门人及其支裔诚多舍此但讲性命者。然东发深宁竟为清代朴学之远祖。此不磨之事实也。清代朴学家之最大贡献，语学耳（兼训诂音声），至于经学中之大题,每得自宋儒,伪古文《尚书》其一也,其对于《诗经》一书之理解乃远不如宋人。五十年后,人之量衡两大部经解者,或觉其可传者,未必如通志堂之多也。]朱子如此解格物,自非孟子之正传,聪明之王文成岂肯将其放过?(见《传习录》)然而朱子之误释古籍,正由其乐乎"即物而穷其理",而非求涂路于"喜怒哀乐未发之前"也。清代朴学家之立场,岂非去朱子为近,去孟子为远乎?

程朱之学兼受陆王及戴氏之正面攻击者,为其二层性说。是说也,按之《孟子》之义,诚相去远矣,若求其思想史上之地位,则是绝伟大之贡献,上承孔子而详其说,下括诸子而避其矛盾。盖程朱一派之宗教观及道德论皆以此点为之基也。程伯子曰(《遗书》卷一):

"生之谓性",性即气,气即性,生之谓也。人生气禀,理有善恶,然不是性中元有此两物相对而生也。有自幼而善,有自幼而恶,是气禀自然也。善固性也,然恶亦不可不谓之性也。盖"生之谓性","人生而静"以上不容说,才说性时便已不是性也。凡人说性,只是说"继之者善也",孟子言人性善是也。夫所谓继之者善也者,犹水流而就下也。皆水也,有流而至海,终无所污,此何烦人力之为也?有流而未远固已渐浊,有出而甚远,方有所浊,有浊之多者,有浊之少者,清浊虽不同,然不可以浊者不为水也。如此则人不可以不加澄治之功。故用力敏勇则疾清,用力缓怠则迟清,及其清也，则却只是元初水也。亦不是将清来换却浊，亦不是取出浊来置在一隅也。水之清则性善之谓也。故不是善与恶在性中为两物相对，各自出来。此理，天命也。顺而循之，则道也。循此而修之，各得其分，则教也。自天命以至于教，我无加损焉，此舜有天下而不与焉者也。

性出于天，才出于气。气清则才清，气浊则才浊。

才则有善有不善，性则无不善。

朱子于此义复发明之云（《语类》四）：

孟子言性。只说得本然底，论才亦然。荀子只见得不好底，杨子又见得半上半下底。韩子所言却是说得稍近。盖荀杨说既不是，韩子看来，端的见有如此不同，故有三品之说，然惜其言之不尽，少得一个气字耳。程子曰："论性不论气，不备，论气不论性，不明。"盖谓此也。

孟子未尝说气质之性，程子论性，所以有功于名教者，以其发明气质之性也。以气质论，则凡言性不同者，皆冰释矣。退之言性亦好，亦不知气质之性耳。

道夫问："气质之说始于何人？"曰："此起于张程。某以为极有功于圣门，有补于后学，读之使人深有感于张程，前此未曾有人说到此。如韩退之《原性》中说三品，说得也是，但不曾分明说是气质之性耳。性哪里有三品来？孟子说性善，但说得本源处，下面却不曾说得气质之性，所以亦费分疏。诸子说性恶，与善恶混。使张程之说早出，则这许多说话自不用纷争。故张程之说立，则诸子之说泯矣。因举横渠：'形而后有气质之性，善反之，则天地之性存焉。故气质之性，君子有弗性者焉。'又举明道云，'论性不论气不备，论气不论性不明'，二之则不是。且如只说个仁义礼智是性，世间却有生出来便无状底是如何？只是气禀如此。若不论那气，这道理便不周匝，所以不备。若只论气禀，这个善，这个恶，却不论那一原处只是这个道理，又却不明。此自孔子、曾子、子思、孟子理会得后，都无人说这道理。"

程朱是说也，合孟轲韩愈以为论，旁参汉晋之性情二元说，以求适于孔子所谓"性相近习相远"，唯"上智与下愚不移"者也。孟子者，宗教的意气甚强大，宗教的形迹至微弱之思想家也。唯其宗教的意气甚强大，故抹杀一切功利论，凡事尽以其所信为是非善恶者为断。唯其宗教的形迹至微弱，故不明明以善归之天，而明明以善归之人，义内之辨，所以异于墨子之"义自天出"者也。故孟子之性善说，谓人之生质本善也，孟子之所谓才（例如"非才之罪也"之才字），与所谓情（例如"乃若其情则可以为善矣"之情字），皆性之别称也。当时生性二词未全然分立，孟子偶用比性（生）字更具体之各词以喻其说，故或曰才，或曰情，其实皆性（生）之一而之称也。（关于此点，戴氏辩程朱与孟氏异者，不易之说也。）故程朱之将气禀自性中分出，或名曰"气质之性"（参看《论语集注》），或竟名之曰"才"（程伯子语），以为兼具善恶，与"性之本"、"皆善"者不同，诚不可以为即是孟子之正传，朱子于此点亦未尝讳言之。然则程朱之"性之本"果何物乎？

程朱之"性之本"，盖所谓"天命之谓性"也。程朱学之宗教的色彩虽与古儒家大致相同，即属于全神论的宗教观，而非活灵活现之鬼神论，然比之孟子，宗教之气息为重矣。（程朱之主敬即为其宗教的功夫。）故程朱之天亦有颇异于孟子之天者也。孟子之天，孟子未尝质言其为全仁也。且明言其"未欲平治天下"，而使其不遇鲁侯也，程朱之天则全仁也，全理也，故天命之性，必为全善者也（详见《语类》卷四）。然则程朱复为善之一物立其大本于天，而名之曰"本性"，又曰："性即理也。"在此点上，程朱之立场恰当墨孟之中途，不过墨子言之极具体，程朱言之极抽象耳。且墨子未尝以义字连贯天人，程朱则以理字连贯天人物。（墨子虽言义自天出，人应以天志为志，然其口气是命令的，所指示为应然的，未尝言天人一贯之理，如程朱之说理字也。）故程朱之言"理"，性与天道皆在其中，而为"天命之谓性"一语作一抽象名词以代表之也。既连贯天人于一义之中矣，则道德之本基当立于是，故程朱以为本性善。此一本性虽与孟子所言性不尽为一物，其为道德立本则一，其自别于释道者亦在此也（参看程朱辟佛诸说）。

然而性善之说，如孟子之兼括才质而言者，究竟不易说通。孟子之性善说恰似卢梭之生民自由论，事实上绝不如此，唯一经有大才气者说之，遂为思想史上绝大之动荡力，教育之基础观点受其影响，后人虽以为不安者，有时亦不能不迁就之也。韩文公即不安于性善说者最有力之一人，其三品说实等于说性不同耳。此所谓性，绝无天道论在其中，而是专以才质为讨论对象者也。扬雄之"善恶混"说，亦自有其道理，盖善恶多不易断言，而人之一生发展恒不定也。程朱综合诸说，作为气质之性，于是孟子性善说之不易说圆处，扬韩诸子说之错综处，皆得其条理。朱子以为张程此说出则"诸子之说泯"，此之谓也。

戴震以为气质之性说与孟子不合，是固然矣，然孟子固已与孔子大相违异，而张程此说，转与孔子为近。孔子之词短，张程之论详，故张程之论果皆合于孔子相近不移之用心否，今无从考知，然张程之立此说，固欲综合诸子，求其全通，调和孔孟，求无少违，移孟子之性说，于天道上，而努力为孔子之"性相近习相远"说、"上智下愚不移"说寻其详解，斯固集儒家诸子之大成，而为儒家天人论造其最高峰矣。过此以往，逃禅篡道则有之矣，再有所发明则未有也。故戴氏以程朱与孟子不合，诚为事实，设若此为罪过，则戴氏与程朱唯均，若其以此说归之儒家思想直接发展之系统外，则全抹杀汉代儒家之著作，且不知程朱之说乃努力就孔子说作引申者也。（按，程朱与孟子之关系甚微妙。所有孟子道统之论，利义之辨，及其"儒者气象"，皆程朱不能不奉为正宗者。然孟子宗教气少，程朱宗教气较多，故其性论因而不同。此处朱说根本与孟子不同，然程朱犹力作迁就之姿势，故朱子注《孟子》，遇性善论时，便多所发挥，似推阐而实修正，内违异而外迁就，或问亦然。

两者治学之方亦大不同，若程朱之格物说，决非孟子所能许，或为荀子所乐闻，此非本文所能详论，姑志大意于此。）

兹列图以明程朱性说在儒家系统中之地位。

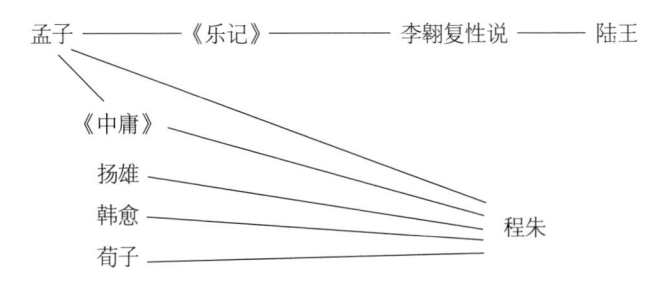

```
孟子 ──────《乐记》────── 李翱复性说 ────── 陆王
    ╲
  《中庸》
    扬雄
    韩愈                           程朱
    荀子
```

（原载傅斯年：《性命古训辨证》，商务印书馆1940年版）

1895—1990

钱穆：略论朱子学之主要精神

中国学术有一特征，亦可谓是中国文化之特征，即贵求与人同，不贵与人异。请从孔子说起。孔子自言其为学曰："述而不作，信而好古。"人之为学，能于所学有信有好，称述我之所得于前人以为学，不以自我创作求异前人为学。故孔子曰："甚矣吾衰也！久矣吾不复梦见周公。"则孔子之学，所日夜追求梦寐以之者，为周公。孟子亦曰："乃吾所愿，则学孔子。"周公、孔、孟一线相承，遂成中国之儒学。

孟子又言，舜"与人为善"，"善与人同"，"乐取于人以为善"。中国人认为，能与人同即是善，大同即是至善。为学即是学为人，而为人大道则在人与人之相同处，不在人与人之相异处。

其实不仅儒家如此，即墨家亦然。墨主兼爱，视人之父若其父。称天志，尚同。又曰："非大禹之道不足以为墨。"墨子在古人中举出一禹，正如孔子在古人中举出一周公。墨子正亦如孔子之"述而不作，信而好古"。

继儒、墨而起者，有道家。其持论则更求同不求异。老子曰："同谓之玄。玄之又玄，众妙之门。"故在古人中特举一黄帝。其人愈古，则愈不见其与人之相异处。则道家亦同是"述而不作，信而好古"。此下儒、道两家,即成为中国传统文化中学术思想之两大主流。所以说中国之学术特征,即其文化特征。

汉儒表彰"五经",罢黜百家,独尊周、孔。但到魏、晋,道家复起,乃有孔子、老子"将毋同"之说,成为一时名言。佛教东来,与儒道鼎足成三,孔子、老子、释迦遂同为中国人所崇奉。

宋代理学家起,辨异端,一尊儒,然仍是"述而不作,信而好古",与前无异。唯其述而不作,信而好古,故不贵自创论,自立说,而著书非所重。孔子作《春秋》,乃是一部史书,则仍是述而不作,信而好古。《论语》则孔子平日之言论行事,由其门人弟子写录流行,直到其三传、四传以下之后学手中,乃汇编成书。当距孔子之卒百年以上矣。墨子亦未自著书,亦由其门人后学传述其说而成书。

《孟子》七篇,固由孟子亲身与其弟子如万章、公孙丑之徒,编撰成书,其体裁亦大致与《论语》相似,亦只记孟子平日言行;与特地著书,有系统、有组织,自辟一番创论、自表一番特见者仍不同。只有庄、老,因其隐退,不似儒、墨广集门人弟子,相聚讲学,乃由其私人闲居自撰成书。如《庄子》之《内篇》七篇,《老子》上下篇,乃特创了由学者自己编撰成书之一例。唯庄子多寓言,避世立说。《老子》书名则托之庄周书中之老子,亦寓言,并不详著者之姓名。此下复有会通儒、道,写成专篇,如《中庸》、《易大传》,则更不知出于何时谁何人之手。又如《小戴礼记》,所收《大学》、《乐记》、《礼运》诸篇,作者姓名皆不详,时代亦无考。要之，皆尽在《庄》、《老》成书之后。则中国学人实皆为述而不作，信而好古，并无私人自创作、自表现、自成名之心理存在。即此下之道家，亦不重私人一己之著书立说，观其此下之发展而可知。

中国学人极少由其私人一己来著书立说之事。有之，则除史书外，如屈原之作《离骚》，乃为后世文学集部之祖。其他因事成篇，如西汉初年贾谊之《陈政事疏》、董仲舒之《天人三策》等，皆与私人一己著书立说有不同。唯董仲舒于实际政治上无发展，乃写有《春秋繁露》。扬子云在新莽受禅时，下帘寂寂，著有《法言》、《太玄》等书。然《春秋繁露》乃阐发《春秋》义，《太玄》、《法言》乃模仿《易》与《论语》，皆明表师承，与自创作、自立说仍不同。下至隋代，王通写有《文中子》一书。然其书乃由后人编纂，书名亦后人所定。其书主要内容，仍在勒定一传统，依然是述而不作，信而好古，非自创作、自立说，则较董、扬为更显。此三人皆儒家中之杰出人，其著书立说犹如是，其他则更可类推不详论。

除史学、文学外，更要者则为注释古经典，为汉儒最崇高之事业。郑玄网罗百家，括囊大典，集两汉经注之大成。此下如王弼注《周易》，注《老子》，何晏注《论语》，郭象注《庄子》，甚至如曹操一世豪雄，亦注《孙子兵法》。佛教东来，中国高僧翻译印度经典外，更重注释。唐代《五经正义》注外有疏，即承释氏来。如天台，如华严，中国人在佛教中自创宗派，亦遵守一部经发挥，不尚自著书、自立说。禅宗则唯有语录。其实《论语》非即孔子之语录乎？

宋代理学家起，唯周濂溪、张横渠有著书。实则濂溪《易通书》即为说《易》。横渠《正蒙》，其书名亦本于《易》，仅以正童蒙，非前无古人，自创新说也。二程则不著书，伊川毕生最大著作为《易注》，亦非自著书。朱子继周、张、二程，集宋代理学之大成。其最大著作，为《论孟集注》、《学庸章句》之《四书》。其次为《近思录》，仅分类纂集周、张、二程四家语。又于濂溪《太极图说》及横渠《西铭》特有注。除注《诗》注《易》外，于史学，亦只本司马光《资治通鉴》作《纲目》。于文学，则注《离骚》，又为《韩文考异》。甚至又注《参同契》。古今学人著作，论其浩富，朱子当首屈一指。但无一书自抒其创见。其门人编集《语录》，则有一百四十卷之多。自所为诗文集亦逾百卷，则皆因时、因地、因事、因人而随感随应，自然流露，与精心结撰有系统、有组织刻意著成一书，以表现其自我一己之独得与创见者，大不同。是则即就朱子一人，可证中国学术史一特征，贵能上同古人，不贵能自创新说矣。

然所谓上同古人者，乃以己上同，非除古人外无己。孔子唱"为己之学"，而最恶乡愿。"生斯世，为斯世也善"，乃不知有"己"。就空间、就时间论，天地生人唯己为独一无二。各有一己，而"己"与"己"不相同。孔子之不能上同于周公，孔子已自言之，曰"如有用我者，我其为东周乎"，是也。《论语》所记岂不多是孔子之言？唯孔子则谓，我上承周公，一切意皆传述周公之意而已。孟子学孔子，何尝不自有一己。子贡谓"夫子之言性与天道，不可得而闻"，而孟子唱为"性善论"，显非孔子语。然孟子不自谓此乃我自创语,谓我之所异于孔子者在此。此则孟子之所以为孟子也。孟子又曰:"圣人先得我心之同然。"则我之所学于前古圣人者,乃学此同然之心耳。本此心以立言,则所言自亦与古圣同。其不求异可知。

《易传》《中庸》言"性",亦言"天道",然皆兼采道家言。但《易传》《中庸》之作,则一承孔子。不谓此乃我之新创,不谓乃我会通儒、道两家而自创新说。并其著书人之姓名亦隐而不彰。彼亦自谓此乃古人意非我意,而实有其一己之意之作为会通和合,则固无疑。

周、张、二程四人之为学,亦各有其一己,亦互有其相异。而朱子会通和合之,以成宋、元、明三代理学一大传统,与先秦孔、孟以来之儒学会通和合,以成儒学之新传统。今欲研讨朱子学,其最大难题,乃见朱子仅若网罗旧说,称述前古,而其自己则若不见有新创特见,可以自异于前人,而确认其为朱子一人之学。实则若果有之,自中国人观念言,则亦朱子一人之学而已,又何足贵!

司马迁著为《史记》,乃上承孔子之《春秋》,非自我作古也。然曰:"明天人之际,通古今之变,成一家之言。"明之、通之,岂不在己?中国称门人受业为"弟子",比如一家人。子子孙孙相承为一家。学问亦当有传统,故谓之"一家言"。中国全部二十五史必推司马迁为鼻祖,斯亦诚如一家言矣。岂一己独创,前无承,后无继,一人之学,何得谓之"家"?且如其父司马谈为《六家要旨》,其子迁则尊孔子,列为世家,则迁之意显异于其父,而迁不以为讳，亦不特自表白。后人亦不于此等处持论立说。唯治史学，则大体必求上同司马迁，如是而已。

今人治朱子学，每喜分别其与前人之相异处。实则朱子亦岂不知前人有相异，如二程有四大弟子，杨龟山仅占其一，李延平则得龟山之传。朱子乃亲受业于延平之门，其对延平可谓备致尊仰，然而朱子之发明二程，又岂限于龟山、延平之一脉？又如后人每以程、朱连言，尤多以伊川与朱子连言。朱子之推尊伊川，亦固甚至。伊川《易传》，朱子引其说入《近思录》者何限？然朱子自为《易本义》一书，定《周易》本为古人卜筮书，此则与伊川意见岂不大异？而朱子则并不在此一节上显作分别。即就《语孟集注》言，所注之异于二程者又何限？唯朱子为学精神重在会通和合，寻求古人之共同处，不在独抒己见，表明其个人之特异处。今果专向此方面探索，则不免有失朱子为学精神之主要所在矣。

或问如上所言，理学家又何必主辨异端？盖求同必有辨异，辨异亦以求同。而二者之间，则终以求同为要，辨异为次。先秦如墨，如荀，辨异过于求同，皆不为后世所重。《吕览》、《淮南》，集宾客为书，而主会通和合，其见重乃转有胜于墨、荀。而如《易传》、《中庸》，亦已会通儒、道为言。濂溪、横渠著书，多据《易传》、《中庸》。即二程，亦多会通儒、道。至如释氏禅宗，理学家采及其意者亦不少。朱子亦明白提及华严。今人乃据此等处疑理学家亦多出入释、老，不知此正理学家长处，非理学家短处。会通和合，以求共同之一是，始是理学家所用心也。

象山反朱子，而朱子则曰：象山多用力在"尊德性"，己则多用力在"道问学"。因戒其门人，当采他人长，以补自己短，勿轻相争。然象山之死，朱子终说"死了一个告子"。则朱子虽不同意于象山，而必求勿失其所长。其于释、老亦类此。及明代阳明起，从陆反朱，作为《朱子晚年定论》，亦谓朱子卒从同于象山。此亦可谓中国学人尚同不尚异之一证。

而朱子学之最易受后人之怀疑与争论者，则为其《大学·格物补传》之一章。朱子以己意来补古经传之缺，此则大违中国学术传统"述而不作"之大义。虽朱子自谓乃取程子之意以为之，然又何得径取程子意以补代古人意？朱子此处所指之程子乃伊川，非明道。故后人反朱子必反伊川。《易传》、《中庸》虽明白多采道家义，但言必称孔子，则不易起后人之争。故清儒之主汉学反宋学，则必以"考据"与"义理"并称。朱子之《大学·格物补传》，仅得谓义理当如此，而考据则无凭；即不易为后人接受。此亦中国学术之传统性如此。故可谓中国一学者，其所学，实乃为一部中国学术史，而不贵于学术史外自创一套新学术。亦可谓此一部学术史，乃创始于孔子。而整理此一部学术史，最有成绩者，则为朱子。此即余之所谓"尚同不尚异"。此亦如耶教不得在耶稣外自创新说也。

清初顾亭林、黄梨洲、王船山三人，其学皆承宋、明理学来。亭林力斥阳明，不稍假借。梨洲则终于阳明有偏袒。船山晚年又一主横渠，而于程、朱有微辨。然此三人皆意在求同，不在求异；又必上同于古人，不求异其一己；则无以异也。

窃谓中国之有孔子，犹如西方之有耶稣。朱子则如耶教中之马丁·路德。其于儒学中之最大贡献，则为编有《论孟集注》与《学庸章句》之《四书》，以上驾于汉、唐相传之《五经》之上。而唐代之《五经正义》，递传至宋以后，乃成为《十三经注疏》。愈会通，愈和合，以愈见其共同之一是。此乃中国之学术特征，亦即中国之文化特征。

乾、嘉时代之清儒，提倡汉学，则如耶教中之天主教，力反马丁·路德之新教。而在中国，则新教终盛于旧教。如同、光以下，曾国藩为《圣哲画像记》一文，陈澧为《东塾读书记》一书，其论学亦皆尚同不尚异，皆述而不作，信而好古，决不高抬一己，以求杰出于前人。则可谓千古一致之最相同处，无他异也。此二人之为学，皆义理更重于训诂考据，而宋代理学精神亦更胜于汉代经学精神。要之，朱子之风则更甚于其他之诸儒。此风迄清末而犹然。

但孔子在中国决非一宗教主。其所信、所好、所述皆在古，同属人类，而非高出人类之上帝。故亦不高抬一己，以出于前人之上。中国学术如是，文化亦如是。而孔子之在中国，其地位乃若有更超于耶稣以上者。今日吾人果能从此一点上来研究朱子之学，则庶最能获得其主要精神之所在耳。

（原载钱穆：《中国学术思想史论丛》第 5 册，九州出版社 2011 年版）

1905—1942

张荫麟：王阳明以前之知行学说

　　世之言我国思想史者，莫不以知行合一说为创于王阳明。夫标揭此说以为讲学之宗旨，以为一贯之达道，而充类至尽，穷其义蕴，诚莫或先于阳明。然阳明此说固非前无所承者也。往者章炳麟氏尝溯知行合一说之源于郑康成。其证在康成之释格物致知。顾康成之言曰："格来也。物犹事也。其知于善深则来善物，其知于恶深则来恶物。言事缘人之所好来也。"则康成所谓知仅指欲好耳。阳明之言知行不可分，固亦尝以恶恶臭与好好色为喻，而谓见好色属知，好好色属行；闻恶臭属知，恶恶臭属行。然阳明不谓好恶即知也。阳明所谓知固不如康成之简单也，谓阳明曾受康成之暗示可，谓阳明之说源于康成则不可。

　　康成以后，宋儒言知行，与阳明若合符契，而可断为阳明之说所自出者，盖有五家。其一为程伊川。伊川之言曰："真知与常知异。尝见一田夫曾被虎伤。有人说虎伤人，众莫不惊，独田夫色动异于众。若虎能伤人，虽三尺童子莫不知之，然未尝真知。真知须如田夫乃是。故人知不善而犹为不善，是亦未尝真知，若真知，决不为矣。"(《程氏遗书》二上）此言真知不善之为不善者，必不行不善。推之亦当言：真知善之为善者必行善。是即阳明所谓"未有知而不行者，知而不行只是不知"也。伊川以知而不行为非真知，不若阳明以知而不行为不知之斩截，然其义则一也。其二为杨龟山。龟山之言曰："世之学者皆言穷达有命，特信之未笃。某窃谓其知之未至也。知之斯信之矣。今告人曰，水火不可蹈，人必信之，以其知之也。告人曰，富贵在天不可求，亦必曰然，而未有信而不求者，以其知之不若蹈水火之著明也。"（《龟山文集·与杨仲书》）龟山别知之至与不至，著明与不著明，犹伊川别知之真与不真。若在阳明，则径以知之不至与不著明者为不知矣。伊川言知有真伪之分，而不言知有程度之别。龟山则承认知有程度之别。就此点言，伊川与阳明较近，而龟山去阳明较远矣。其三为陆象山。象山之言曰："自谓知非而不能去非，是不知非也。自谓知过而不能改过，是不知过也。真知非则无不能去，真知过则无不能改过。人之患在不知其非，不知其过而已。"（《象山集》十四《与罗章夫》）又象山释《易》"知至至之，知终终之"，亦明此义，今不具引。象山直以知而不行为不知，与阳明之说无毫发之异矣。其四为朱晦庵。晦庵之言曰："知行常相须，如目无足不行，足无目不见。论先后，知为先，论轻重，行为重。"（《语类》九）又曰："方其知之而未及行之，则知为浅，既亲历其域，则知之益明而非前日之意味。"（同上）此即阳明"知是行之始，行是知之成"之说也。其五《朱子语类》载："王子充问：某在湖南见一先生只教人践履。曰：'义理不明，如何践履？'曰：'他说，行得便见得'。"所谓行得便见得，即阳明"知行并进"之说也。

从上所阐述观之，则阳明知行之学说实本于宋儒，而大同于程朱。顾阳明及其徒从与程朱水火之深何也？曰：陆王与程朱之异不在其论知行之关系，而在其论知之来源。陆王以为良知（至少道德之知）为人心所固有，所谓"个个人心有仲尼"。所以不知者，蔽于私欲耳，但能屏除私欲，恢复良知，则求知之能事已毕，所待者唯实行耳。故阳明之释致知在格物也，谓致知即致良知，物即私欲，格物即如格杀猛兽一般，格去私欲。既恢复良知，则心如明镜，遇物无遁形，所谓"无事时像个无所知无所能的人，遇事时却又无所不知无所不能"（象山语）也。程朱则谓人心虽有知之机能，而不能遇物即知。朱子所谓"人心之灵莫不有知"之知须作智解。从具有知之机能到具有智识，中间须经一番求索功夫，即读书讲论，察物穷理是也。故朱子之释格物致知为"即物穷理"以明"心之全体大用"。然就陆王观之，若求知本以为实践之准备，而求知为如此艰巨之事业，则有"终身不知亦遂终身不行"之病，因而有"易简工夫终久大，支离事业意浮沉"之诮参。程朱与陆王关于知识之理论究孰是孰非，抑各有是非，抑两者俱非，不在本文讨论之范围。兹附及之以见程朱与陆王之差异不在其论知行之关系耳。

（原载《国立浙江大学师范学院院刊》第1集第2册，1941年6月）

贺麟：知行合一新论（节选）

阳明的知行合一说，本有两个含意，亦可说是有两个说法：

一是补偏救弊说的知行合一。

一是本来如是的知行合一，或知行本来的体段。

所谓补偏救弊的说法，即是勉强将知行先分为二事，有人偏于冥行，便教之知以救其弊；有人偏于妄想，便教之行以救其弊。必使他达到明觉精察之行，真切笃实之知，或知行合一而后已。这样一来，知行合一便成了理想，便须努力方可达到或实现的任务（aufgabe）。所以他说：

行之明觉精察处便是知，知之真切笃实处便是行。若行而不能明觉精察，便是冥行，所以必须说个知。知而不能真切笃实，便是妄想，所以必须说个行。原来只是一个功夫。凡古人说行知，皆是就一个功夫上补偏救弊说，不似今人截然分作两件事做。如今说知行合一，虽亦是就今时补偏救弊说，然知行体段亦本来如是。（见《语录》）

同样的意思后见于《传习录》上：

古人所以既说知又说行者，只为世间有一种人，懵懵懂懂任意去做，便不解思维省察，只是个冥行妄作，所以必说个知方才行得是。又有一种人，茫茫荡荡悬空去思索，全不肯着实躬行，只是个揣摩影响，所以必说一个行，方才知得真。此是古人不得已补偏救弊的说话。今若知得宗旨，即说两个亦不妨，亦只是一个。若不会宗旨，便说一个，亦济甚事？只是闲说话！

阳明所谓对冥行教以真知，略相等于我们前面所谓向上的途径，即由行以求与知合一的途径；阳明所谓对空想教以笃行，略相当于我们前面所谓向下的途径，即由知以求与行合一的途径。我们说这种分知行为二于先，又求合一于后的说法，正是阳明的学说可以印证我们的说法，我们的说法可以解释阳明的学说之第一点。

至于阳明的知行本来的体段，或本来的知行合一说，似亦相当于我们所谓自然的知行合一论。阳明说：

学之不能无疑则有问，问即学也，即行也。又不能无疑则有思有辨；思辨即学也，即行也。(《答顾东桥书》)

这与我们认学问思辨皆为知行合一体，皆为显知隐行的看法几可说完全相同，不过阳明未明言学问思辨是显知隐行罢了。他又说：

我今说个知行合一，正要人晓得一念发动处便即是行了。(《传习录》)

照此说，不论善念恶念，只要一念发动处便即是行，当然与我们所谓自然合一论完全契合。不过我们更分辨清楚，一念发动应属于显知隐行，并指出一念发动之所以是行，因有生理动作伴随此一念之故。

我们认知行为同一活动的两面说法，正可作阳明认知行为说明一个功夫的两个字之说的注脚：

知行原是两个字说一个功夫。这一个功夫须着此两个字，方说得完全无弊病。又说：若会得时，只说一个知，已自有行在，只说一个行，已自有知在。

我们认知行合一为知行平行，亦正好发挥阳明知行合一并进之说。阳明说：

知不行之不可以为学，则知不行之不可以为穷理矣。知不行之不可以为穷理，则知知行合一并进，而不可分为两节事矣。

又自然的知行合一论，认知行是有等级的差别，阳明之意似亦认有等级的差别，至少可分为至低与至高两级：最低级为空想之知与冥行之行合一或平行，最高级真切笃实之知与明觉精察之行合一或平行。

根据以上各点，可以明白见得阳明所谓知行合一的本来体段，与自然的知行合一论有许多地方均可相互印证发明。但阳明的知行合一说，只有时间观念一点没有说清楚，就是，究竟阳明所谓知行合一系指知行同时合一呢？抑指异时合一呢？若指同时合一，则人与禽兽同为知行合一，不论智愚贤不肖亦同为知行合一，此种不加修养即可达到之纯自然的知行合一，似非阳明之本意。至于有长时间距离，须积年累月，苦辛努力方可达到之知行合一或知行兼有，如先作博学审问、慎思明辨之知的努力，然后实施笃行。似此种之笃行合一，当亦非阳明之所倡导，且此种朱晦庵式的知行合一观，正是阳明之所反对者。我们试仔细理会阳明的意思，则知他所谓知行合一的本体，既非理想的、高远的，亦非自然的、毫无价值意味的，而乃持一种率真的或自动的（spontaneous）知行合一观。所谓率真或自动的知行合一观，就功夫言，目的即手段，理想即行为，无须悬高理想设远目的于前，而勉强作积年累月之努力以求达到。就时间言，知与行紧接发动，即知即行，几不能分先后，但又非完全同时。换言之，可以说，就时间言，知与行间只有极短而难于区分之距离。如见父自知孝，见兄自知悌，见孺子入井自知往救等，便是阳明所谓知行合一的真体段。所谓"自知"亦即"自行"，即是自动的、率真的、不假造作的自会如此的知行合一。此种见父自知孝，见兄自知悌，见死自知救的知行合一，既非高远的理想，亦非自然的冲动，更非盲目的本能。阳明叫作心与理一的本心，他又叫作即知即行的良知。所以他说："本心之明即知，不欺本心之明即行。"本心或良知，就是知行合一的本体或本来体段。且参考下面一段：

爱曰：今人尽有知得父当孝兄当悌者，却不能孝不能悌，知行分明是两件事。曰：此已被私欲间断，不是知行本体。未有知而不行者，知而不行，只是不知。圣贤教人知行，正是要复那本体。故《大学》指个真知行与人看，说：如好好色，如恶恶臭。见好色属知，好好色属行。只见好色时已自好了，不是见后又立个心去好。闻恶臭属知，恶恶臭属行，只闻恶臭时已自恶了，不是闻后别立个心去恶。(《传习录》)

照现代话讲来，见好色、闻恶臭是受刺激；好好色、恶恶臭是反应。刺激与反应间究有相当距离——时间上和动作上的距离，亦可分为两事。阳明之意，以为此种见与好、知与行是如此的率真，如此的自然流出，如此直接、当下、迅速，因而指出此种事实，来表示知行合一的本来体段。总之，第一，我们要知道阳明所最着重的知行合一说，虽近于自然的知行合一，而实非自然知行合一。第二，他虽反对高远的理想的分而后合的知行合一，但他所持的学说，仍是有理想性的，有价值意味的，有极短的时间距离的知行合一说。所以我们可以这样说，价值的知行合一说可分两派，一派为理想的价值的知行合一观,一派为直觉的或率真的价值的知行合一观。前一派以朱子为代表,后一派则是阳明所创立所倡导的。

此外,对知行主从问题,阳明亦持知主行从说,值得我们特别提出。他对知行的关系有几句很精到深刻的话:

知是行的主意,行是知的功夫。知是行之始,行是知之成。

后二句我们于批评詹姆士·兰格的"行是知之始,知是行之成"的行主知从说时,已有所阐明。"知是行的主意"一语,尤其是讨论"知识"问题的不朽名言。知既是行的主意,则知不是死概念,更不是被动接受外界印象的一张白纸。反之,阳明认为知是主动的,是发出行为或支配行为的主意。这个学说与鲁一士"观念是行为的计划"(idea is a plan of action),或"观念是行为的指针"(idea is a guide to action)的说法如合符契,一扫死观念、空观念、抽象的观念之说。至阳明所谓"行是知的功夫",即系认行为是实现所知的手续或行为是补足我们求真知的功夫之意,意思亦甚深切,且亦确认知主行从的关系。只可惜阳明所谓知行,几纯属于德行和涵养心性方面的知行。同样的意思,只消应用在自然的知识和理论的知识方面,便可以作科学思想,以及道德以外的其他一切行为的理论根据。

知道了王阳明的知行合一说,且让我们进而考察朱子对于知行问题的思想。试看阳明与朱子知行说之异同所在,并试看朱子知行说有没有足以印证我们的说法之处，或我们的知行合一说是否有足以发挥朱子的说法之处。

最足以印证并赞助我们的说法之处，即在于朱子之坚持知先行后，知主行从之说。他的意思大约可分三层来说：

第一，朱子认为不知而行，不穷理而言履践，不唯是冥行，甚至简直如盲人然，不知如何去行。他说：

万事皆在穷理后，经不正，理不明，看他如何履践？也只是空！

又说：

义理不明，如何履践？如人行路，不见便如何行？

此外《语类》还有一条，意思比较复杂，但确认知先行后则无可疑：

知行常相须，如目无足不行，足无目不见。论先后，知为先；论轻重，行为重。

所谓"行为重"亦指知行合一之行，或受知识指导之行，较不产生行为之抽象之知为重而言。

第二，朱子认为人之不能行善事，皆由于知不真切，若知得真切时，则不期行而自行，而不得不行。试引下列两段话：

若讲得道理明时，自是事父不得不孝，事兄不得不悌，交朋友不得不信。

只争个知与不知，争个知得切与不切。如人要做好事，到得见不好事，也似乎可做。方要做好事，又似乎有个做不好事的心，从后面牵转去。这只是知不切。

朱子论见得道理明可以医治行为的懒惰，可以养成坚卓不拔的人格一段，尤说得亲切：

人之所以懒惰，只缘见此道理不透，所以一向提掇不起。若见得道理分明，自住不得，岂容更有懒惰时节耶？……若使真有所见，实有下功夫处，则便在铁轮顶上旋转，亦如何动得他？（《宋元学案》卷四十九）

第三，朱子指出若不知而硬行，则少成就而有流弊。他说：

而今人只管说治心修身，若不见这个理，心是如何地治？身是如何地修？若如此说，资质好底，便养得成只是个无能的人。资质不好的，便都执缚不住了。见不可谓之虚见，见无虚实，行有虚

实。见只是见，见了后却有行有不行。若不见后，只要硬作，便所成者狭窄。(《语类》卷九)

朱子之所以对于知先行后，知主行从的道理，不厌反复陈说，说得如此深切著明，我看得力于程伊川甚多。伊川关于此点，尤其说得真切透彻：

未致知，怎生得行？勉强行者，安能持久？除非烛理明，自然乐循理。循理事，本亦不难，但为人不知旋安排着便道难也。知有多少般数，煞有浅深。……学者须是真知，才知得便是泰然行将去也。

如眼前诸人要特立独行，煞不难得，只是要一个知见难。人只被知见不通透。人谓要力行，亦是浅近语。人既能知见，岂有不能行？(《宋元学案》卷十四)

黄梨洲在伊川此语后，加一句案语道："宗羲案：伊川先生已有知行合一之言矣。"我看伊川此语是否包含知行合一之意，颇待考究。若此段话是知行合一之意，则前面所引朱子几段话，亦应是知行合一之意。即使程朱皆持知行合一说，但程朱之知行合一说，与阳明之知行合一说，是否相同，亦是问题。但程子这两段话，至少包含有下列几层意思，却毫无疑义：(一)知先行后，知主行从。(二)知有不同种类，知有浅深程度，所谓"知有多少般数，煞有浅深",即是此意。(三)知难行易。所谓"特立独行煞不难,只是要一个知见难",何等简切明白!苏格拉底提出"道德即是知识"之说,使知与行统一,使道德与学术携手并进。程朱关于知行的见解,其深切著明,实不亚于苏格拉底。只是后人不能把握程朱的真精神,只知从风俗习惯的义节,从制度礼教的权威,从独断冷酷的命令中去求束缚个性的道德,从知识学问中去求学养开明的道德。于此愈足以见得程朱见解的高明,和对于知行问题的透彻识见。

至于朱子关于知行的见解,最受人误解指斥的,莫过于《白鹿洞书院学规》所列"博学之,审问之,慎思之,明辨之,笃行之"五条。批评他的人都说他这样呆板的排列,将知行分为二截,陷于支离。其实,他这种看法,可以说是正代表我们所说的典型的价值的或理想的知行合一观。任何的持知行合一观的人,他不能不为方便计,根据常识,将知行分作二事,有时间先后的距离,然后再努力使知行合一或兼备于一身。朱子生平所坚苦用力的"穷理以致其知,反躬以践其实"的功夫,就是实现价值的知行合一的最大努力。所以朱子对于知行问题的根本见解,可包括在下列二命题:

(一)从理论讲来,知先行后,知主行从。

(二)从价值讲来,知行应合一,穷理与履践应兼备。

至于就教人或自修的方法而论,他完全采补偏救弊、因材施教、方便言说的办法,而无定准。但大要不外下列三途:

(一)有时他主张知与行并进,双管齐下,内外交养;用现代话说,他主张一面致知,一面力行。"涵养须用敬,进学则在致知"

之教，属于此类。

（二）有时他主张若自觉学问欠缺，则可姑且先从致知着手。

（三）有时他又主张，若自觉欠缺笃行功夫，则可姑且先从力行着手。

但他根本认为无论先从致知着手也好，先从力行入手也好，结果都是互相发明，殊途同归——同归于知行合一的理想。下面两段话，最足以表示此意：

问：南轩云，致知力行互相发。曰：未必理会相发，且各项做将去。若知有未至，则就知上理会。行有未至，则就行上理会。少间，自是互相发明。

学者功夫，唯在居敬穷理二事，此二事互相发。能穷理则居敬功夫日益进，能居敬则穷理功夫日益密。譬如人之两足，左足行，则右足止。右足行则左足止。其实则是一事。（《语类》卷九）

总之，朱子的问题只限于"知行何以应合一"，及"如何使知行合一"方面。他全没有涉及自然的知行合一方面，也没有王阳明即知即行的说法。他认为学问思辨为知，笃行为行，不容混淆。虽则知行可以相发相辅，知可促进行，行可促进知，但知自知，行自行，界限分明。

总结起来，关于知行合一可以有二种不同的看法：

（一）自然的知行合一观。这是作者所提出来的。

（二）价值的知行合一观：

1. 理想的价值的知行合一观。朱子为代表。
2. 直觉的价值的知行合一观。王阳明为代表。

自然的知行合一观与任何一种价值合一观都不冲突。（在学理上持自然知行合一观的人，于修养方面，可任意选择朱子的路线或直觉的阳明的路线。）不唯不冲突，而且可以解释朱王两种不同的学说，为他们的知行合一观奠立学理的基础。其实朱子虽注重坚苦着力的理想的知行合一，但当他深讲涵养用敬，讲中和讲寂感时，已为王阳明的直觉的知行合一观，预备步骤。王阳明虽讲直觉的率真的知行合一，但当他讲知行之本来体段时，已具有浓厚的自然知行合一观的意味。故自然的知行合一论，实由程朱到阳明讨论知行问题的发展所必有的产物。

由于对知行合一问题的重新讨论，希望第一，认识了知行的真关系，对道德生活可得一较正确的理解。理解离开知外无行，离开学问外无涵养，离开真理的指导外无道德。由于指出行为的理智基础，可以帮助我们打破那不探究道德的知识基础的武断的道德学，打破那使由不使知的武断的道德命令，并打破那只就表面指责人，不追溯行为的知识背景的武断的道德判断。第二，希望可以指出一些研究的新途径。如由意识及行为之有等级种类而提出意识类型学、行为类型学之研究。又由知行平行，以知释知，以行释行之说，而提出研究纯行为的心理学，与研究纯意识活动的精神科学。兹于结束本文之时，愿更根据知主行从，知是行的本质，行是知的表现之说，而提出行为现象学的研究。行为现象学与行为学不同。行为学是以行为释行为的、客观的、实验的纯科学。行为现象学乃系从行为的现象中去认识行为的本质——知或意识。进而由意识现象学或知识现象学之研究，而发现意识的本质，而认识借意识或知识而表现的理念。最后由理念释理念，由理念推理念，而产生逻辑学。如是则行为现象学及意识现象学均可作逻辑学之引导科学或预备科学，而逻辑学因之亦不致陷于抽象与形式。此三种学问之所以可能，由于行为所以表现意识，意识所以表现理念，而理念自明自释，故可形成纯逻辑学。

1938年12月作于昆明
［原载《国立北京大学四十周年纪念论文集（乙编）》，国立北京大学出版组1940年版］

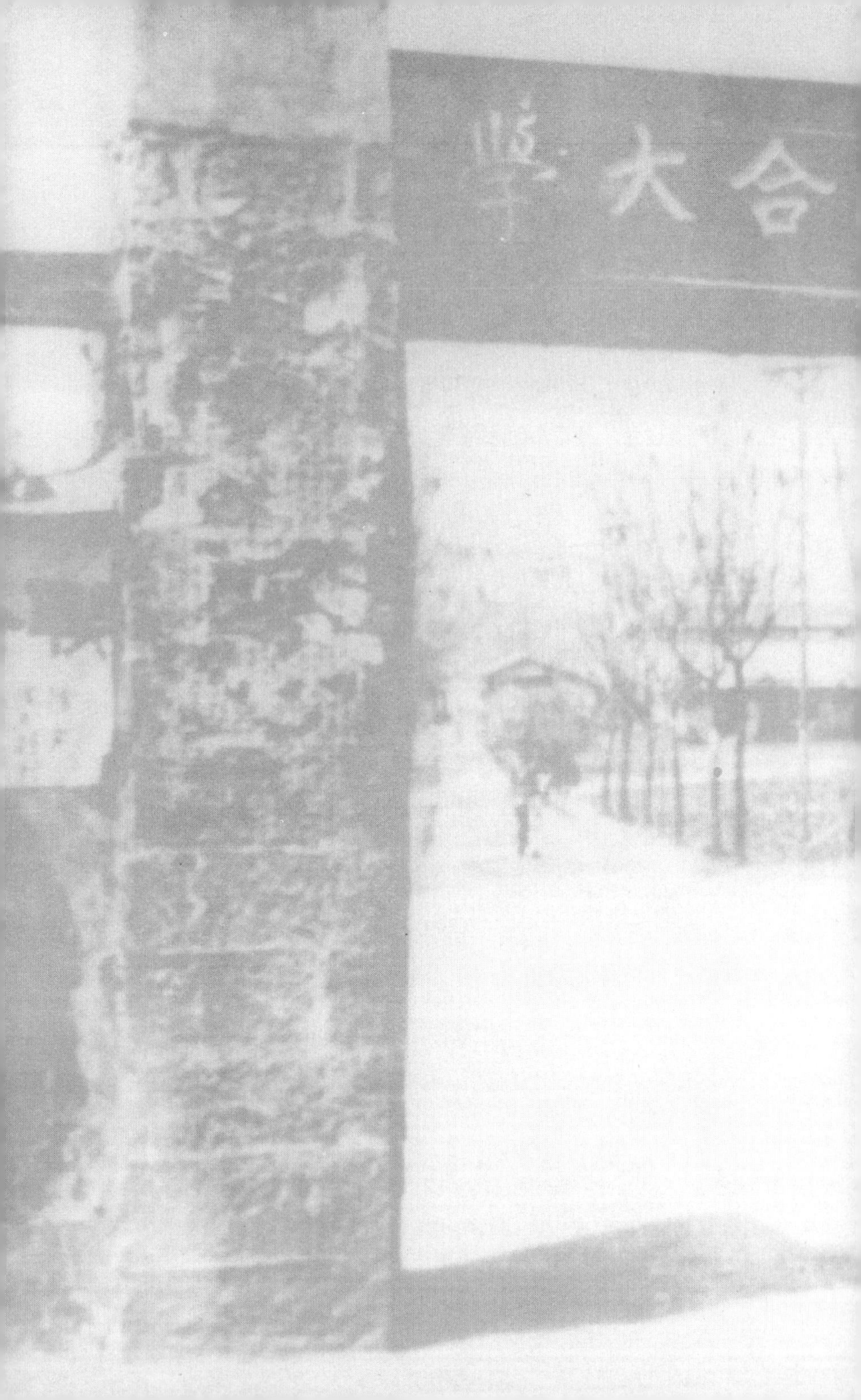
合大学

第六篇 道家哲学
道家哲学四讲

1937—1946

1937—1946

钱穆：中国道家思想之开山大宗师——庄周

1895—1990

儒家道家，乃中国思想史里两条大主流。儒家宗孔孟，道家祖老庄。《论语》、《孟子》、《老子》、《庄子》四部书，两千年来，为中国知识阶层人人所必读。但就现代人目光，根据种种论证，《庄子》一书实在《老子》五千言之前。庄周以前，是否有老聃这一人，此刻且不论。但《老子》五千言，则决然是战国末期的晚出书。如此说来，道家的鼻祖，从其著书立说，确然成立一家思想系统的功绩言，实该推庄周。

庄周是宋国人。宋出于商之后。中国古代，东方商人和西方周人，在性格上、文化上，有显然的不同。古人说商尚鬼，周尚文。商人信仰鬼神与上帝，带有浓重的宗教气。这一层，只看商汤的种种故事与传说，便可推想了。和此相关的，是商人好玄理，他们往往重理想胜过于人生之实际。如春秋时的宋襄公，他守定了"君子不重伤，不禽二毛，不鼓不成列"几句话，不管当面现实，给楚国打败了。春秋晚期，宋向戌出头发起弭兵会，这还是宋人好骛于高远理想之一证。

但古人又说商尚质,周尚文。商人既带宗教气,重视鬼神重于生人,又好悬空的理想,而忽略了眼前的实际,如何又说他们"尚质呢"?因"质"是质朴义,又是质直义。大概商人抱定了一观念,便不顾外面一切,只依照他心里的观念直率地做出来,不再有曲折,不再有掩藏,因此说他们尚质了。在《孟子》书里,有"宋人揠苗助长"的故事;在《庄子》书里,有"宋人资章甫适诸越"的故事;在《韩非》书里,有"宋人守株待兔"的故事;在《列子》书里,有"宋人白昼攫金"的故事。这些也可看出商人的气质。他们心里这么想,便不再顾及外面的一切环境与情实。这也是他们质的一面呀!庄子是宋国人,我们该了解当时宋人一般的气质,可以帮助我们了解庄周之为人,及其思想之大本。

庄周是宋之蒙县人,这是一小地名,在今河南省商丘附近,向北四十里处便是了。在当时已是偏于中国的东南。那里有一个孟诸泽,庄周还常去捕鱼的。战国时,那一带的水利还不断有兴修。有一条汳水,为当时东南地区通往中原的要道。庄周便诞生在这交通孔道上。直到西汉时,那一带地区,土壤膏腴,水木明秀,风景清和,还是一好区域。所以汉文帝时特地把来封他的爱子梁孝王。梁国有著名的东苑,苑中有落猿岩、栖龙岫、雁池、鹤洲、凫渚诸宫观。那里充满着奇果与佳树,瑰禽与异兽。自苑延亘数十里,连属到平台,平台俗称修竹苑,那里有兼葭洲、凫藻洲、梳洗潭。汉时梁国在睢阳,即今河南商丘县之南。若没有天时地利物产种种配合,梁孝王不能凭空创出一个为当时文学艺术风流荟萃的中心。庄周的故乡,便在这一地区内,我们却不能把现在那地区的干燥枯瘠来想象这旷代哲人与绝世大文豪的生地呀!

此一地区,即下到隋唐时代,一切风景物产,也还像个样子。隋薛道衡《老子碑》有云:

对苦相之两城,绕涡谷之三水。芝田柳路,北走梁园。沃野平皋,东连谯国。

又说:

原隰爽垲,亭皋弥望。梅梁桂栋,曲槛丛楹。烟霞舒卷,风雾凄清。

这是描写一向相传老子的家乡。就人文地理言,正当与庄周生地,同属一区域。我们即从隋代人对相传老子家乡的描写,也可推想战国时庄周生年景物之一斑了。

庄周曾做过蒙之漆园吏。《史记·货殖列传》说:"陈夏千亩漆",这指的私人经营。在战国中期,大概这些还都是贵族官营的。庄周为漆园吏,正如孔子做委吏与乘田。但漆园究竟是青绿的树林,更与天地自然生意相接触,没有多少尘俗的冗杂。这当然是庄周自己存心挑选的一个好差使。

庄周正与梁惠王同时。梁惠王是战国最早第一个大霸主。在那时,已是游士得势的时期了。庄周有一位老友惠施,却是梁惠王最尊信的人。曾在梁国当过长期的宰相。梁惠王尊待他,学着齐桓公待管仲般,不直呼他姓名,也不以平等礼相待,而尊之为父执,称之曰叔父,自居为子侄辈。但庄周与惠施,不仅在思想学说上持异,在处世做人的态度上,两人也不相同。庄周近是一个儒家所谓"隐居以求其志"的人。他认为天下是沉浊的,世俗是不堪与相处的。他做一漆园吏,大概他的经济生活勉强可以解决了。他也不再想其他活动。他对世俗的富贵显达、功名事业,真好称是无动于心的。

他曾去看他的老友,梁国大宰相惠施。有人对惠施说:"庄周的才辩强过你,他来了,你的相位不保了。"惠施着了慌,下令大梁城里搜查了三天连三夜,要搜查庄周的行踪。结果庄周登门见他了。庄周说:"你知道南方有一种名叫'鹓鶵'的鸟吗?它从南海直飞到北海,在那样辽远的旅程中,它不见梧桐不下宿,不逢醴泉不下饮,不遇楝实,俗称'金铃子'的,它就不再吃别的东西了。正在它飞过的时候,下面有一只鸱,口里衔着一死鼠,早已腐烂得发臭了。那只鸱,生怕鹓鶵稀罕这死鼠,急得仰着头,对它张口大叫一声:'吓!'现在你也想把你梁国的相位,来对我'吓'的一声吗?"

或许他因惠施的关系,也见过梁惠王。他穿着一身大麻布缝的衣,还已带上补丁了。脚上一双履,照例该有一条青丝缚着作履饰,这在当时叫作"绚",绚鼻则罩在履尖上。庄周没有这么般讲究，他把一条麻带捆着履，如是般去见梁惠王。惠王说："先生！你那样地潦倒呀！"庄周说："人有了道德不能行，那才是潦倒。衣破、履穿，这并不叫潦倒！而且这是我遭遇时代的不幸，叫我处昏君乱相间，又有什么办法呢？"这算当面抢白了梁惠王，惠王也就和他无话可说了。

后来楚王听到他大名，郑重地派两位大夫去礼聘。庄周正在濮水边钓鱼，那两大夫鞠躬说："我们大王，有意把国家事情麻烦你先生。"庄周一手持着钓鱼竿，半瞅不睬地说："我听说楚国有一只神龟，死了已三千年，你们国王把它用锦巾包着，绣笥盛着，藏在太庙里。遇着国家有疑难事，便向它问吉凶。我试问：这一只神龟，宁愿死了留这一套骨壳给人贵重呢？还是宁愿活着，在烂泥路上，拖着尾爬着呢？"那两大夫说："为神龟想，是宁愿活着，拖着尾在泥路上爬着的。"庄周说："好！你们请回吧！我也正还想拖着尾在泥路上爬着呀！"

有一次，宋国有一个曹商，奉宋王命使秦，大得秦王之欢心，获得一百辆的车乘回到宋国来，他去见庄子。他说："要叫我住穷巷矮檐下，黄着脸，瘦着颈，织着草鞋过生活，我没有这本领。要我一句话说开了万乘之主的心，立刻百辆车乘跟随我，这我却有此能耐。"庄周说："我听说：秦王病了，下诏求医生。替他破痈溃痤的，赏一乘车。替他舐痔的，赏五乘车。做的愈臭愈下的，得车愈多。你也替秦王舐了痔的吧？怎么得这许多车！好了，请你快走开吧！"

但庄周的生活，有时也实在窘得紧。有一次，他到一位监河侯那里去借米。监河侯对他说："好！待我收到田租和房税，借你两百斤黄金吧！"庄周听了，愤然生气说："我昨天来，路上听得有叫我的。回头一看，在车轮压凹的沟里有一条小鲫鱼，我知道是它在叫。我问道：'鲫鱼呀！你什么事叫我呀！'那鲫鱼说：'我是东海之波臣，失陷在这里，你能不能给我一斗一升水活我呢？'我说：'好吧！让我替你去游说南方的吴王与越王，请他们兴起全国民众，打动着长江的水来迎接你，好不好？'那鲫鱼生气了，它说：'我只要你一斗一升水，我便活着了。你这么说，也不烦你再去吴国与越国，你趁早到干鱼摊上去找我吧！'"

庄周大概这样地过着一辈子，他的妻先死了。他老友惠施闻讯来吊丧，庄周正两脚直伸，屁股着地，敲着瓦盆在唱歌。惠施说："她和你过了一辈子，生下儿子也长大了。她死了，你不哭一声，也够了。还敲着瓦盆唱着歌，不觉得过分吗？"庄周说："不是呀！她初死，我心上哪里是没有什么似的呢？但我仔细再一想，她本来没有生，而且也没有形，没有丝毫的影踪的。忽然里有了这么一个形，又有了生命，此刻她又死去了，这不像天地的春夏秋冬，随时在变吗？她此刻正像酣睡在一间大屋里，我却跟着号啕地哭，我想我太想不通了，所以也不哭了。"

后来庄周也死了。在他临死前，他的几个学生在商量，如何好好地安葬我们的先生。庄周说："我把天地当棺椁，日月如连璧，星辰如珠玑，装饰得很富丽。世界万物，尽做我赍送品。我葬具齐备了,你们再不要操心吧!"他学生说:"没有棺椁,我们怕乌鸦老鹰吃了你。"庄周说:"弃在露天,送给乌鸦老鹰吃。埋在地下,送给蝼蛄蚂蚁吃。还不是一样吗?为什么定要夺了这一边的食粮送给那一边?这是你们的偏心呀!"

庄周真是一位旷代的大哲人,同时也是一位绝世的大文豪。你只要读过他的书,他自会说动你的心。他的名字,两千年来常在人心中。他笑尽骂尽了上下古今举世的人,但人们越给他笑骂,越会喜欢他。但也只有他的思想和文章,只有他的笑和骂,真是千古如一日,常留在天壤间。他自己一生的生活,却偷偷地隐藏过去了,再不为后人所详细地知道。只知道有这样一个人,就是了。他的生平,虽非神话化,但已故事化。上面所举,也只可说是他的故事吧!若我们还要仔细来考订,那亦是多余了。

但庄周的思想和文章,却实在值得我们去注意。据说在他以前的书,他都读遍了。在他以前各家各派的学术和思想,他都窥破了他们的底细了。但他从不肯板着面孔说一句正经话。他认为世人是无法和他们讲正经话的。所以他的话,总像是荒唐的,放浪的,没头没脑的,不着边际的。他对世事,瞧不起,从不肯斜着瞥一眼,他也不来和世俗争辩是和非。他时时遇到惠施,却会痛快地谈一顿。

有一次,他送人葬,经过惠施的墓,他蓦地感慨了。他对他的随从,讲着一段有趣的故事。他说:"昔有郢人,是一个泥水匠,一滴白粉脏了他鼻尖,像苍蝇翼般一薄层。他叫一名石的木匠,用斧头替他削去这一薄层白粉。那石木匠一双眼,似乎看也没有一看似的,只使劲运转他手里的斧,像风一般地快,尽它掠过那泥水匠的鼻尖尖。那泥水匠兀立着不动,像无其事样,尽让对面的斧头削过来。那一薄层白粉是削去了,泥水匠的鼻尖皮,却丝毫没有伤。宋国的国王听到了,召去那石木匠,说:"你也替我试一试你的手法吧!"石木匠说:"我确有过这一手的,但我的对手不在了,我的这一手,无法再试了。"庄周接着说:"自从这位先生死去了,我也失了对手方,我没人讲话了。"

其实惠施和庄周,虽是谈得来,却是谈不拢。有一次,两人在濠水的石梁上闲游。庄周说:"你看水面的鲦鱼,从容地游着,多么快乐呀!"惠施说:"你不是鱼,怎知鱼的快乐呢?"庄周说:"你也不是我,你怎知我不知鱼的快乐呢?"惠施说:"我不是你,诚然我不会知道你。但你也诚然不是鱼,那么你也无法知道鱼的乐,是完完全全地无疑了。"庄周说:"不要这样转折地尽说下去吧!我请再循着你开始那句话来讲。你不是问我吗?'你怎知道鱼的快乐的?'照你这样问,你是早知道我知道鱼的快乐了,你却再要问我怎么知道的,我是在石梁上知道了的呀!"

这里可见庄周的胸襟。惠施把自己和外面分割开,好像筑一道墙壁般,把自己围困住。墙壁以外,便全不是他了。因此他不相信,外面也可知,并可乐。庄周的心,则像是四通八达的,他并没有把自己和外面清楚地划分开。他的心敞朗着,他看外面是光明的,因此常见天地万物一片快活。

又一次，他们两人又发生辩论。惠施问庄周："人真个是无情吗？"庄周说："是。"惠施说："没有情，怎算得人呢？"庄周说："有了人之貌，人之形，怎不算是人？"惠施说："既叫是人了，哪得无情呢？"庄周说："这不是我所说的'情'！我是要你不要把好恶内伤其身呀！"

这两番辩论该合来看。惠施既自认不知道外面的一切，却偏要向外面事物分"好"、"恶"，那又何苦呢？庄周心上，则是内外浑然的，没有清楚地划分出"我"和外面"非我"的壁垒。他在濠上看到鯈鱼出游，觉得它们多快乐呀！其实鯈鱼的快乐，还即是庄周心上的快乐。那是自然一片的。不是庄周另存有一番喜好那鯈鱼之情羼杂在里面。照他想，似乎人生既不该有冲突，也不该有悲哀。

庄周抱着这一番他自己所直觉的人生情味要告诉人，但别人哪肯见信呢？说也无法说明白。所以他觉得鹍、鹏、鴳、鱼，一切非人类的生物，反而比较地像没有心上的壁垒，像快乐些，像更近"道"些，像更合他的理想些。他只想把他心中这一番见解告诉人，但他又感得无法对世人讲正经话，因此，他只有鹍呀鹏呀，假着鸟兽草木说了许多的寓言。他又假托着黄帝呀老子呀，说了许多的重言。"重言"只是借重别人来讲自己话。其实重言也如寓言般，全是虚无假托的。他自己也说是荒唐。

庄周的心情，初看像悲观，其实是乐天的。初看像淡漠，其实是恳切的。初看像荒唐，其实是平实的。初看像恣纵，其实是单纯的。他只有这些话，像一只卮子里流水般，汩汩地尽日流。只为这卮子里水盛得满，尽日汨汨地流也流不完。其实总还是那水。你喝一口是水，喝十口百口还是水。喝这一杯和喝那一杯，还是一样地差不多。他的话，说东说西说不完。他的文章，连连牵牵写不尽。真像一卮水，总是汨汨地在流。其实也总流的是这些水。所以他要自称他的话为"卮言"了。

但庄周毕竟似乎太聪明了些，他那一卮水，几千年来人喝着，太淡了，又像太冽了，总解不了渴。反而觉得这一卮水，千变万化地，好像有种种的怪味。尽喝着会愈爱喝，但仍解不了人的渴。究不知，这两千年来，几个是真解味的？

你若不信，何妨也拿他那卮子到口来一尝，看是怎样呢！

（原载钱穆：《庄老通辨》，九州出版社2011年版）

1891—1962

胡适：庄子的名学与人生哲学

关于庄子时代的生物进化论，散见于《庄子》各篇中。我们虽不能确定这是庄周的学说，却可推知庄周当时大概颇受了这种学说的影响。依我个人看来，庄周的名学和人生哲学都与这种完全天然的进化论很有关系。如今且把这两项分别陈说如下：

一、庄子的名学

庄子曾与惠施往来。惠施曾说："万物毕同毕异，此之谓大同异。"但是惠施虽知道万物毕同毕异，他却最爱和人辩论，"终身无穷"。庄周既和惠施来往，定然知道这种辩论。况且那时儒墨之争正烈，自然有许多激烈的辩论。庄周是一个旁观的人，见了这种争论，觉得两边都有是有非，都有长处，也都有短处。所以他说：

道恶乎隐而有真伪？言恶乎隐而有是非？道恶乎往而不存？言恶乎存而不可？道隐于小成，言隐于荣华，故有儒墨之是非，以是其所非而非其所是。（《齐物论》）

"小成"是一部分不完全的；"荣华"是表面上的浮词。因为所见不远,不能见真理的全体;又因为语言往往有许多不能免的障碍陷阱,以致儒墨两家各是其是而非他人所是,各非其非而是他人所非。其实都错了。所以庄子又说:"辩也者,有不见也。"(《齐物论》)又说:

大知闲闲(《简文》云:广博之貌),小知间间(《释文》云:有所间别也)。大言淡淡(李颐云:同是非也。今本皆作炎炎。《释文》云:李作淡。今从之),小言詹詹(李云:小辩之貌)。(《齐物论》)

因为所见有偏,故有争论。争论既起,越争越激烈,偏见便更深了。偏见越争越深了,如何能分得出是非真伪来呢?所以说:

既使我与若辩矣。若胜我,我不若胜,若果是也?我果非也耶?我胜若,若不我胜,我果是也?而果非也耶?其或是也,或非也耶?其俱是也,其俱非也耶?我与若不能相知也,则人固受其黮暗,吾谁使正之?使同乎若者正之,既与若同矣,恶能正之?使同乎我者正之,既同乎我矣,恶能正之?使异乎我与若者正之,既异乎我与若矣,恶能正之;使同乎我与若者正之,既同乎我与若矣,恶能正之?然则我与若与人俱不能相知也,而待彼也耶?(《齐物论》)

这种完全的怀疑主义，和墨家的名学恰成反对。《墨辩·经上》说：

辩，争彼也。辩胜，当也。《经说》曰：辩，或谓之牛，（或）谓之非牛，是争彼也。是不俱当。不俱当，必或不当。

《墨辩·经下》说：

谓辩无胜，必不当，说在辩。《经说》曰：谓，非谓同也，则异也。同则或谓之狗，其或谓之犬也。异则（马）或谓之牛，牛或谓之马也。俱无胜，是不辩也。辩也者，或谓之是，或谓之非。当者胜也。

辩胜便是当，当的终必胜：这是墨家名学的精神。庄子却大不以为然。他说你就胜了我，难道你便真是了，我便真不是了吗？墨家因为深信辩论可以定是非，故造出许多论证的方法，遂为中国古代名学史放一大光彩。庄子因为不信辩论可以定是非，所以他的名学的第一步只是破坏的怀疑主义。

但是庄子的名学，却也有建设的方面。他说因为人有偏蔽不见之处，所以争论不休。若能把事理见得完全透彻了，便不用争论了。但是如何才能见到事理之全呢？庄子说："欲是其所非而非其所是，则莫若以明。"（《齐物论》）"以明"，是以彼明此，以此明彼。郭象注说："欲明无是无非，则莫若还以儒墨反复相明。反复相明，则所是者非是，而所非者非非。非非则无非，非是则无是。"庄子接着说：

物无非彼，物无非是。自彼则不见，自知则知之。故曰：彼出于是，是亦因彼，彼是方生之说也。虽然，方生方死，方死方生。方可方不可，方不可方可。因是因非，因非因是。是以圣人不由而照之于天，亦因是也。是亦彼也，彼亦是也，彼亦一是非，此亦一是非。果且有彼是乎哉？果且无彼是乎哉？

这一段文字极为重要。庄子名学的精义全在于此。"彼"即是"非是。""是"与"非是"，表面上是极端相反对的。其实这两项是互相成的。若没有"是"，更何处有"非是"？因为有"是"，才有"非是"。因为有"非是"，所以才有"是"。故说："彼出于是，是亦因彼。"《秋水篇》说：

以差观之，因其所大而大之，则万物莫不大；因其所小而小之，则万物莫不小。知天地之为稊米也，知毫末之为丘山也，则差数睹矣。

以功观之，因其所有而有之，则万物莫不有；因其所无而无之，则万物莫不无。知东西之相反而不可以相无，则功分定矣。

以趣观之，因其所然而然之，则万物莫不然；因其所非而非之，则万物莫不非。知尧桀之自然而相非，则趣操睹矣。

东西相反而不可相无，尧桀之自是而相非，即是"彼出于是，是亦因彼"的明例，"东"里面便含有"西"，"是"里面便含有"非是"。东西相反而不可相无，彼是相反而实相生相成。所以《齐物论》接着说：

彼是莫得其偶，谓之道枢。（郭注：偶，对也。彼是相对而圣人两顺之。故无心者，与物冥而未尝有对于天下。）枢始得其环中，以应无穷。是亦一无穷，非亦一无穷也。故曰：莫若以明。

这种议论，含有一个真理。天下的是非，本来不是永远不变的。世上无不变之事物，也无不变之是非。古代用人为牺牲，以祭神求福，今人便以为野蛮了。古人用生人殉葬，今人也以为野蛮了。古人以蓄奴婢为常事，如今文明国都废除了。……又如，古人言"君臣之义无所逃于天地之间"，又说"不可一日无君"。如今便有大多数人不认这话了。又如，古人有的说人性是善的，有的说是恶的，有的说是无善无恶可善可恶的。究竟谁是谁非呢？……举这几条，以表天下的是非也随时势变迁，也有进化退化。这便是庄子"是亦一无穷，非亦一无穷"的真义。《秋水篇》说：

昔者，尧舜让而帝，之哙让而绝；汤武争而王，白公争而灭。

由此观之，争让之礼，尧桀之行，贵贱有时，未可以为常也。……故曰："盖师是而无非，师治而无乱乎？"是未明天地之理万物之情者也。……帝王殊禅，三代殊继。差其时，逆其俗者，谓之篡夫。当其时，顺其俗者，谓之义之徒。

这一段说是非善恶随时势变化，说得最明白。如今的人，只是不明此理，所以生在20世纪，却要去模仿那四千年前的尧舜；更有些人，教育20世纪的儿童，却要他们去学做二三千年前的圣贤！

这个变化进化的道德观念和是非观念，有些和德国的海智尔相似。海智尔说人世的真伪是非，有一种一定的进化次序。先有人说"这是甲"，后有人说"这是非甲"，两人于是争论起来了。到了后来，有人说："这个也不是甲，也不是非甲。这个是乙。"这乙便是甲与非甲的精华，便是集甲与非甲之大成。过了一个时代，又有人出来说："这是非乙"，于是乙与非乙又争起来了。后来又有人采集乙与非乙的精华，说"这是丙"。海智尔以为思想的进化，都是如此。今用图表示如下：

（1）这是"甲"。　　　（2）这是"非甲"。

（3）这是"乙"。　　　（4）这是"非乙"。

（5）这是"丙"。　　　（6）这是"非丙"。

（7）这是"丁"。

这就是庄子说的"彼出于是，是亦因彼。……是亦彼也，彼亦是也。……彼亦一是非，此亦一是非。……是亦一无穷，非亦一无穷也"。

以上所说，意在指点出庄子名学的一段真理。但是庄子自己把这学说推到极端，便生出不良的效果。他以为是非既由于偏见，我们又如何能知自己所见不偏呢？他说：

庸讵知吾所谓知之非不知耶？庸讵知吾所谓不知之非知耶？（《齐物论》）

吾生也有涯，而知也无涯。以有涯随无涯，殆已。（《养生主》）

计人之所知，不若其所不知；其生之时，不若其未生之时。以其至小，求穷其至大之域，是故迷乱而不能自得也。（《秋水》）

"是亦一无穷，非亦一无穷"。我们有限的知识，如何能断定是非？倒不如安分守己听其自然罢。所以说：

可乎可，不可乎不可。道行之而成，物谓之而然。恶乎然？然于然。恶乎不然？不然于不然。物固有所然，物固有所可。无物不然，无物不可。故为是举莛与楹（司马彪云：莛，屋梁也。楹，屋柱也。故郭注云：夫莛横而楹纵），厉与西施，恢恑憰怪，道通为一。其分也，成也。其成也，毁也。凡物无成与毁，复通为一。唯达者知通为一，为是不用而寓诸庸。庸也者，用也。用也者，通

也。通也者，得也。适得而几矣。因是已。(《齐物论》)

这种理想，都由把种种变化都看作天道的运行。所以说："道行之而成，物谓之而然。"既然都是天道，自然无论善恶好丑，都有一个天道的作用。不过我们知识不够，不能处处都懂得是什么作用罢了。"物固有所然，物固有所可。无物不然，无物不可"，四句是说无论什么都有存在的道理，既然如此，世上种种的区别，纵横、善恶、美丑、分合、成毁……都是无用的区别了。既然一切区别都归无用，又何必要改良呢？又何必要维新革命呢？庄子因为能"达观"一切，所以不反对固有社会；所以要"不谴是非，以与世俗处"。他说："唯达者知通为一，为是不用而寓诸庸。"庸即是庸言庸行之庸，是世俗所通行通用的。所以说："庸也者，用也。用也者，通也。通也者，得也。"既为世俗所通用，自然与世俗相投相得。所以又说："适得而几矣，因是已。"因即是"仍旧贯"；即是依违混同，不肯出奇立异，正如上篇所引的话："物之生也，若驰若骤，无动而不变，无时而不移。何为乎？何不为乎？夫固将自化。"万物如此，是非善恶也是如此。何须人力去改革呢？所以说："与其誉尧而非桀也，不如两忘而化其道。"(《大宗师》)

这种极端"不谴是非"的达观主义，即是极端的守旧主义。

二、庄子的人生哲学

上文我说庄子的名学的结果，便已侵入人生哲学的范围了。庄子的人生哲学,只是一个达观主义。达观本有多种区别,上文所说,乃是对于是非的达观。庄子对于人生一切寿夭、生死、祸福,也一概达观,一概归到命定。这种达观主义的根据,都在他的天道观念。试看上章所引的话:

化其万化而不知其禅之者。焉知其所终?焉知其所始?正而待之而已耳。

因为他把一切变化都看作天道的运行;又把天道看得太神妙不可思议了,所以他觉得这区区的我哪有作主的地位。他说:

庸讵知吾所谓"天"之非"人"乎?所谓"人"之非"天"乎?

那《大宗师》中说子舆有病,子祀问他:"女恶之乎?"子舆答道:

亡。予何恶?浸假而化予之左臂以为鸡,予因以求时夜。浸假而化予之右臂以为弹,予因以求鸮炙。浸假而化予之尻以为轮,以神为马,予因而乘之,岂更驾哉?……且夫物之不胜天,久矣,吾又何恶焉?

后来子来又有病了,子犁去看他,子来说:

父母于子，东西南北，唯命是从。阴阳于人，不翅于父母。彼近吾死而我不听，我则悍矣，彼何罪焉？夫大块载我以形，劳我以生，佚我以老，息我以死。故善吾生者，乃所以善吾死也。今大冶铸金，金踊跃曰："我且必为镆铘？"大冶必以为不祥之金。今一犯人之形而曰："人耳！人耳！"夫造化者必以为不祥之人。今一以天地为大炉，以造化为大冶，恶乎往而不可哉？

又说子桑临终时说道：

吾思夫使我至此极者而弗得也。父母岂欲我贫哉？天无私覆，地无私载，天地岂私贫我哉？求其为之者而不得也。然而至此极者，命也夫！

这几段把"命"写得真是《大宗师篇》所说："物之所不得遁。"既然不得遁逃，不如还是乐天安命。所以又说：

古之真人，不知说生，不知恶死，其出不欣，其入不距。翛然而往，翛然而来而已矣。不忘其所始，不求其所终。受而喜之，忘而复之。是之谓不以心揖（一本作捐，一本作㨱）道，不以人助天。是之谓真人。

《养生主篇》说庖丁解牛的秘诀只是"依乎天理，因其固然"

八个字。庄子的人生哲学,也只是这八个字。所以《养生主篇》说老聃死时,秦失道:

> 适来,夫子时也。适去,夫子顺也。安时而处顺,哀乐不能入也。

"安时而处顺",即是"依乎天理,因其固然",都是乐天安命的意思。《人间世篇》又说蘧伯玉教人处世之道,说:

> 彼且为婴儿,亦与之为婴儿。彼且为无町畦,亦与之为无町畦。彼且为无崖,亦与之为无崖。达之,入于无疵。

这种话初看去好像是高超得很。其实这种人生哲学的流弊,重的可以养成一种阿谀依违、苟且媚世的无耻小人;轻的也会造成一种不关社会痛痒,不问民生痛苦,乐天安命,听其自然的废物。

三、结论

庄子的哲学,总而言之,只是一个出世主义。因为他虽然与世人往来,却不问世上的是非、善恶、得失、祸福、生死、喜怒、贫富……一切只是达观,一切只要"正而待之",只要"依乎天理,因其固然"。他虽在人世,却和不在人世一样,眼光见地处处都要超出世俗之上,都要超出"形骸之外"。这便是出世主义。因为他要人超出"形骸之外",故《人间世》和《德充符》两篇所说的那些支离疏、兀者王骀、兀者申徒嘉、兀者叔山无趾、哀骀它、闉趾支离无脤、瓮㼜大瘿,或是天生,或由人刑,都是极其丑恶残废的人,却都能自己不觉得残丑,别人也都不觉得他们的残丑,都和他们往来,爱敬他们。这便是能超出"形骸之外。"《德充符篇》说:

自其异者视之,肝胆楚越也。自其同者视之,万物皆一也。……物视其所一,而不见其所丧,视丧其足,犹遗土也。

这是庄子哲学的纲领。他只要人能于是非、得失、善恶、好丑、贫富、贵贱,……种种不同之中,寻出一个同的道理。惠施说过:"万物毕同毕异,此之谓大同异。"庄子只是要人懂得这个道理,故说:"自其异者视之,肝胆楚越也。自其同者视之,万物皆一也。"庄子的名学和人生哲学,都只是要人知道"万物皆一"四个大字。他的"不谴是非"、"外死生"、"无终始"、"无成与毁",……都只是说"万物皆一"。《齐物论》说:

天下莫大于秋毫之末,而太山为小。莫寿于殇子,而彭祖为夭。天地与我并生,而万物与我为一。

我曾用一个比喻来说庄子的哲学道:譬如我说我比你高半寸,你说你比我高半寸。你我争论不休。庄子走过来排解道:"你们二位不用争了罢,我刚才在那爱拂儿塔(Eiffel Tower 在巴黎,高984英尺有奇,为世界第一高塔)上看下来,觉得你们二位的高低实在没有什么分别。何必多争,不如算作一样高低罢。"他说的"辩也者,有不见也",只是这个道理。庄子这种学说,初听了似乎极有道理。却不知世界上学识的进步,只是争这半寸的同异;世界上社会的维新,政治的革命,也只是争这半寸的同异。若依庄子的话,把一切是非同异的区别都看破了,说泰山不算大,秋毫之末不算小;尧未必是,桀未必非:这种思想,见地固是"高超",其实可使社会国家世界的制度习惯思想永远没有进步,永远没有革新改良的希望。庄子是知道进化的道理,但他不幸把进化看作天道的自然,以为人力全无助进的效能,因此他虽说天道进化,却实在是守旧党的祖师。他的学说实在是社会进步和学术进步的大阻力。

(原载胡适:《中国古代哲学史》,商务印书馆1930年版)

1916—2009

任继愈：寿命最短的黄老学派，效应最长的黄老思想

黄老之学，兴于汉初也消亡于汉初。从兴起到消亡，只有七十年左右。我国自古以来学术流派众多，但在同一时期遍及全国各地区，并得到政府认同支持的并不多，只有黄老学派的势力曾推广到全国各地，覆盖黄河、长江两大流域的广大地区，上自中央政府下及地方官吏，共同贯彻。老子学派的社会基础是个体农民，老子哲学的中心思想是维护农民的利益。比如反对城市繁华奢侈，歌颂农村的自然生活，使农民"甘其食，美其服，乐其居"，"不见可欲，使民心不乱"；反对战争使人民受害，因为战后的创伤一时难以恢复，"大兵之后，必有凶年"；反对重税，"民之饥，以其上食税之多，是以饥"，"民之难治，以其上之有为"。这些表述都出自小农的内心企求。秦朝无法实现这些愿望，在汉初，都不同程度地满足了。汉文帝时期农民赋税为三十税一，在中国历史上算是最轻的。

但还要看到，汉代是一个前所未有的多民族的大国，统辖的范围几乎包括黄河、长江两大流域的广大地区，南到岭南，北临大漠，全国范围内民族众多，风俗语言各异。为了统治这样的大国，政府要权力高度集中，行政效率要坚决有力。否则，无法进行有效的管理。所以治国思想是法家思想体系。强化君主的绝对统治权力，在全国设置郡县，郡县长官直接由皇帝任命，不能世袭，地方行政只是代中央执行政令，而不能自行立法。

小农经济是个体的、分散的、自然经济的模式，而中央政府则要求是高度集中的有效管理。如果按照农民的愿望，完全满足农民的利益，势必削弱中央的权力；同时，还要看到分散的个体农民需要有一个强有力的政府保护。有了统一的政府，对内可以免于内战，对外能有效地抵抗外来入侵，遇到灾害年景，可以得到政府统筹救济。农民希望政府减轻劳役，强有力而不过分严苛。

先秦法家主要为君主设计富国强兵的理论。秦朝用暴力统一了天下之后，仍然用暴力的办法治理天下，却失败了。因为统一以前秦国管辖范围只限于今天陕西、川陇为中心的部分地区，民工自带口粮应召服劳役，行程不太远，工程量也不太大。参加战争，因军功还可能有改善处境的可能。统一六国以后，辖区扩大到长江、黄河两大流域，东到东海，北到大漠以南。征募全国劳役修长城，修驰道，建宫殿，建陵墓，每项工程调动几十万民工。农民出工，自带口粮，从几千里外到指定地服劳役，完全超过了个体农民承受的能力。秦朝灭亡，不是外面的力量，而是内部揭竿而起的农民。

汉代第一代皇帝刘邦就是亲身参加农民起义的一位领导者。刘邦取得天下后，认识到用武力可取得天下，但管理天下不能专靠武力。黄老思想应运而生。

黄老思想的两大基本原则是既要维护中央集权的有效统治，又要照顾到广大农民的利益，使他们安居乐业，吃饱肚子。汉朝初期黄老思想的主旋律，在于轻徭薄赋与民休息。这一政策实行了七十年，收到了实效，国家粮库的旧粮用不完又加入新粮。几十年下来，以致"太仓之粟陈腐不可食"。国家经过惠帝、文帝、景帝三代皇帝的治理，国力充实了，为第四代皇帝汉武帝创造了施展其雄才大略、文治武功的条件。黄老思想最活跃的时期也正是汉建国后到文帝、景帝及武帝初期。武帝壮年以后，放弃黄老，推荐儒术，儒学（后来演变为儒教）兴起，黄老学派从此消失。

黄老学派的"老"是老子，"黄"指的是炎黄民族信奉的始祖黄帝。在春秋战国时期诸子百家争鸣，未发现黄老学派，它要想在思想界争得一席之地，才抬出黄帝以壮声势。黄帝是中华民族公认的领袖。古代思想家为了增加本学派的声望，儒家孔子尊周公，墨家尊禹，孟子尊尧舜。黄老学派自称继承黄帝、老子的思想，实质上是老子加秦朝的法家。汉初人对秦朝的暴政记忆犹新，对法家抱有反感，但是，为了全国统一的有效管理，又必须树立一种强制型的治国理论。汉朝有意回避它与秦朝的继承关系，于是出现了黄老学派。

实际上，老子思想中也有统治人民的愚民思想。国君不使百姓有知识，但要保证老百姓吃饭、穿衣、居住等生活的基本条件。韩非把百姓看成耕田作战工具。老子与韩非看似互不相干的两家，却有一条暗流互相沟通。司马迁的《史记》把老子与韩非合在一起，写成《老子韩非列传》。古人曾指责司马迁分类不当，认为老子不应与韩非摆在一起。其实两家有相融相通处，《史记》的安排并不能算错，而且是可以理解的。

黄老学派退出历史舞台，它的著作没有机会流传，长期湮没，人们已不知道黄老学派有哪些文献著作。1973年长沙出土帛书《经法》《十六经》等四种佚书，第一次提供了黄老学派的哲学著作。它提出"道"的概念，认为"道"有规律可循，"合于道者谓之理，理之所在谓之顺；物之不合于道者谓之失理，失理之所者谓之逆"。《黄帝四经》认为天下事物即使最细小如秋毫，也都有它的"形"和"名"，所以循名察实。这是先秦韩非思想中经常提及的君主用以考察臣下的方法。黄老思想经常把"道"与"天地"看作同义语，但不及老子的深刻；也主张虚无生有，有生于无，与老子相同；也讲到对立事物如顺逆、生死、文武、刑德、祸福等，可以互相转化，善于利用可以得益，不懂得利用即受害，与老子相同。"刑"与"德"也是相辅相成的关系，主张文武并用，"因天之生也以养生，谓之文；因天之杀也以伐死，谓之武。文武并行，则天下从矣"。两者虽同样重要，但应学习天道，多用生，少用杀，多用德，少用刑。天有四时，春夏秋为生，冬为杀。生为文，杀为武，文武结合，三分文，一分武，四时中，三季（春、夏、秋）为生，一季（冬）为杀，是顺乎天意的。《黄帝四经》重视平衡和调和，提出了"度"、"极"、"当"、"宜"等概念，反对过分，提倡适度。

黄老学派还强调老子贵柔守雌的思想，提出"雌节"这个概念，刚柔、阴阳、雌雄矛盾的主导一方是柔、阴、雌，而刚强的一方居从属地位。这相同于老子的思想。《十六经》中说"立于不敢，行于不能"，"重柔者吉，重刚者灭"。这些理论在汉初十分流行，这些思想老子思想都有，并不新鲜。因此，汉初黄老学派的哲学部分，有的被后来的更有力的学派所吸收，如董仲舒的天人合一思想；有一部分本来是老子思想的重复。老子学派早于黄老学派，而且影响深远，黄老学派中与老子哲学重复的部分，老子讲过的，没有重复的必要，自然消亡。

唯一能代表黄老思想特色的是其中的无为而治的政治思想。大规模的农民战争之后，旧王朝覆灭、新王朝初建时期，都要有一个恢复时期，与民休息。随着汉代经济的恢复，由"无为而治"转向儒家的"刚健进取"，后来儒家成为主流、正统，黄老无为精神完成它的历史使命，退出历史舞台。

汉以后，儒家发展成儒教，其他流派没有登台表现的机会，只有在儒教大旗下，夹带一些非儒教的内容。学术台面上能公开亮出的旗帜只有孔子、老子两家，孟子为孔子的辅翼。其他学派游离孔、老两家之间，说到底只有孔孟与老庄四派两家而已。

（原载《齐鲁学刊》第1期，2006年）

1893—1964

汤用彤：魏晋玄学流别略论

溯自扬子云以后，汉代学士文人即间尝企慕玄远。凡抗志玄妙者，"常务道德之实，而不求当世之名。阔略杪小之礼，荡佚人间之事"。（冯衍《显志赋》）"逍遥一世之上，睥睨天地之间。不受当世之责，永保性命之期。"（仲长统《昌言》）则其所以寄迹宅心者，已与正始永嘉之人士无或异。而重玄之门，老子所游。谈玄者必上尊老子。故桓谭谓老氏其心玄远与道合。冯衍"抗玄妙之常操"，而"大老聃之贵玄"。傅毅言"游心于玄妙，清思于黄老"。（《七激》）仲长统"安神闺房，思老氏之玄虚"。则贵玄言，宗老氏，魏晋之时虽称极盛，而于东汉亦已见其端矣。

然谈玄者，东汉之与魏晋，固有根本之不同。桓谭曰："扬雄作玄节，以为玄者天也，道也。言圣贤著法做事，皆引天道以为本统。而因附属万类王政人事法度。"亦此所谓天道，虽颇排斥神仙图谶之说，而仍不免本天人感应之义，由物象之盛衰，明人事之隆污。稽查自然之理，符之于政事法度。其所游心，未超于象数。其所研求，常在乎吉凶。（扬雄《太玄赋》曰："观大易之损益兮，览老氏之倚伏。"张衡因"吉凶倚伏，幽微难明，乃作《思玄赋》"。）魏晋之玄学则不然。已不复拘拘于宇宙运行之外用，进而论天地万物之本体。汉代寓天道于物理。魏晋黜天道而究本体，以寡御众，而归于玄极（王弼《周易略例·明象章》）；忘象得意，而游于物外。（《周易略例·明象章》）于是脱离汉代宇宙之论（cosmology or cosmogony）而流连于存存本本之真（ontology or theory of being）。汉代之又一谈玄者曰："玄者，无形之类，自然之根。作于太始，莫之与先。"（张衡《玄图》）此则其所谓玄，不过依时间言，万物始于精妙幽深之状，太初太素之阶。其所探究不过谈宇宙之构造，推万物之孕成。及至魏晋乃常能弃物理之寻求，进而为本体之体会。舍物象，超时空，而研究天地万物之真际。以万有为末，以虚无为本。夫虚无者，非物也。非无形之元气，在太始之时，而莫之与先也。本无末有，非谓此物与彼物，亦非前形与后形。命万有之本体曰虚无，则无物而非虚无，亦即物未有时而非虚无也。汉代偏重天地运行之物理（按扬雄、张衡之玄亦有不同，兹不详析），魏晋贵谈有无之玄致。二者虽均尝托始于老子，然前者常不免依物象数理之消息盈虚，言天道，合人事；后者建言大道之玄远无朕，而不执着于实物，凡阴阳五行以及象数之谈，遂均废置不用。因乃进于纯玄学之讨论。汉代思想与魏晋清言之别，要在斯矣。

玄学兴起之原因，兹姑不详论。但道家老庄与佛家般若均为汉晋间谈玄者之依据。其中心问题，在辨本末有无之理。然名流竞起，新义迭出。其所据尝有殊，其着眼亦各别。嵇康《卜疑》曰："宁如老聃之清净微妙，守玄抱一乎。将如庄周之齐物变化，洞达而放逸乎。"是则当时虽雅尚老庄，然其通释，固不必相同。谈老谈庄亦可各异。至于佛家般若性空，虽风行当代。而毗昙言有，亦复东来。童寿沙门与觉贤禅师，空义互殊，竟构仇怨。(《高僧传·佛陀跋陀罗传》) 而在什公前后，般若称六家七宗，或谓有十二家。则西国所传既不相同，中土立说亦各自异。详研魏晋僧俗之著述，其最重要之派别有四。兹分述之于下。

一

其一，为王辅嗣之学，释氏则有所谓本无义。其最要著作为《老子王注》。其形上之学在以无为体。其人生之学以反本为鹄。《晋书·王衍传》曰："何晏、王弼立论，天地万物皆以无为本。" 盖王、何深识宗极之贞一，至道之纯静。其着眼在贞一纯全之本体。万象纷陈，制之者一。品物咸运，主之者静。《周易》王注曰：

> 凡动息则静，静非对动者也。语息则默，默非对语者也。然则天地虽大，富有万物，雷动风行，运化万变，寂然至无，是其本矣。

万有群变以无为本。是则万有归于一本。群变原即寂无。未有非于本无之外，另有实在，与之对立。故虽万物之富，变化之烈，未有不以无为本也。此无对之本体（substance），号曰无，而非谓有无之无。因其为道之全，故超乎言象，无名无形。圆方由之得形，而此无形。白黑由此得名，而此无名。(参看《列子·天瑞篇》

注引何晏《道论》）万有群生由之以成，而非器形之所谓生。形器之生，如此生彼，昭然二物。而宇宙之本，虽开物成务，然万物未尝对本而各有实体。《老子》三十九章，王注曰：

物皆各得此一以成。既成，而舍以居成。居成，则失其母。

无对贞一之本体，为物之本原。即谓万有群生，皆各不离此本而别为实有。唯人若昧于所以成，而自居于其成。一犯人之形，而曰人也，人也。则失其本，丧其母，永堕于有为之域，宥于有穷之量。夫自居于有穷之量者，未能全其用也。"执一家之量者，不能全家。执一国之量者，不能成国。"（《老子》四章王注）故人必法天法道，冲而用之。冲而用之，乃本体全体之用。不自居于成，不自宥于量，舍有穷之域，反乎天理之本。故反本者，即以无为体。以无为体，则能以无为用（即冲而用之）。以无为用，则无穷而无不载矣。（《老子》三十八章注，《周易》复卦注）

由上所言，王氏形上之学在以无为本，人生之学所反本为鹄。西晋释氏所谓本无宗者，义当相似，而不免失之太偏。本无宗人，有释道安、竺道潜、竺法汰。道安弟子慧远，法汰弟子道生之学亦可谓为其枝叶。（道生象外之谈，并重反本，与王弼同，兹不赘。但生公之学精深，非其前辈所及。）安、潜、汰等之著作少存，难详其异同。"本无"者乃"真如"之古译。佛家因以之名本体。道安解曰："无在元化之先，空为众形之始，故称本无。非谓虚豁之中，能生万有也。"(《名僧传抄》)本无者，非谓虚豁而指诸法之本性，无名无形之本体。本体本性，绝言超象，而为言象之所资。言象之域，属于因缘。本性空寂，故称本无。(道安之学，早晚不同，理论甚杂，其立说颇存汉人思想之余习，兹不详叙。)故道安高足慧远法师释本无义曰："因缘之所有者，本无之所无。本无之所无者，谓之本无。本无之与法性，同实而异名也。"(慧达《肇论疏》)然则本无义者，以真如法性为本无，因缘所生为末有。且古德尝视外书之"本末"即内典之"真俗"。故以安公本无为真谛，末有为俗谛。(慧达《肇论疏》)又安曰："世俗者可道之道。无为(真谛)者，常道。"(语见《合放光光赞略解序》。此盖晋代所谓之格义。格义乃以经中事数拟配外书。)则安公之根本义，仍自取证于《老子》。按王辅嗣之学，固以其《老子注》为骨干。而万有以无为本，又道安等与之有同信。则释氏之本无宗者，实可谓与王氏同流也。唯稽考古籍，本无宗未免过于着眼在实相之崇高，而本末遂形对立。故僧肇曰："本无者，情尚于无多，触言以宾无。"此讥其崇无之太偏也。又评之曰："此直好无之谈，岂谓顺通事实，即物之情哉？"此斥其画本末为两截，因而蹈空也。又南齐周颙作《三宗论》，其第二宗"空假名"，虽称为于道邃缘会之说，但亦犯此病。讥之者遂名之为案苊义。盖体用对立，则空中无有，有中无空。如苊沉举体并没，苊浮举体并出，出时无没，没时无出也。又周氏谓老子属于空假名宗。盖空假名宗执着无相之体为真，而空假名。无相独真，假名纯空。独真与纯空，自不能相容，而分有无为二截。

周颙以为老子仅能有知其有，无知其无。有无不相即，故属于此宗。又此宗既贵无太过，而离有。因之于有之外，别立无之宗义。周氏言虚无之学"有外张义"，故谓老子不出于此宗也。案《老子》本义如何，自为另一问题。但两晋南朝之解老者，疑多有此弊。故周颙只许老子属于第二宗也。

二

其二，为向秀、郭象之学，在释氏则有支道林之即色义。其主要著作为向、郭之《庄子注》。其形上之学主独化，其人生之学主安分。独化者，物各自然，无使之然也。世称罔两（郭注景外之微阴也）待景，景待形，形待造物。而郭象则曰：罔两非景之所制，而景非形之所使，形非无（造物）之所化。故造物者无物，而有物各自造。知有物之自造而无所待，则罔两之因景，有景必有形，皆自然而并生，俱出而俱没，岂有相资前后之差哉？万物均不为而自尔，各无待于外而同得，乃天地之正也。（参看《齐物论》郭注）盖王弼贵无，向、郭则可谓为崇有，崇有者则主物之自生、自然。（见裴頠《崇有论》）夫物自然而然，而不知其所以然。突然自生，而无所使之生。则万物无体，无所从生。古来号万物所从生为天，为道，为无。然向秀曰："天也者万物之总名也。"（《弘明集》罗含《更生论》）郭象曰："夫天籁者，岂复别有一物哉？即众窍比竹之属，接乎有生之类，会而共成一天耳。"（《齐物论》注）然则非生物者乃为天，而物自生耳。道者亦非别有一物也。牛之理即在筋骨。宰牛之道，直寄于技。故道可谓无所不在，而所在皆无。因曰道无能而至无。言万物得于道者，亦以明其自得耳。（参看《养生主》注及《知北游》"有先天地生者"段注）至于无，即无有也。依独化之义，有且不能生有，而况无乃能生有哉？庄、老之所以屡称无者，正在明生物者无物，而自生耳。（参看《在宥篇》注）

王弼与向、郭均深感体用两截之不可通。故王谓万物本于无，而非对立。向、郭主万物之自生，而无别体。王既着眼在本体，故恒谈宇宙之贞一。向、郭既着眼在自生，故多明万物之互殊。二方立意相同，而推论则大异。又王弼既深见于本末之不离，故以为物象虽纷纭，运化虽万变，然寂然至无，乃为其本。万殊即归于一本，则反本抱一者，可见天地之心，复其性命之真。向、郭亦深有见于体用之不二，故言群品独化自生，而无有使之生。万物无体，并生而同得。因是若物能各当其分，各任其性，全其内而无待于外，则物之大小虽殊，其逍遥一也。（参看《逍遥游》注）王言反本抱一，故必得体之全，则物无不理。若安于有限，居于小成，则虽"穷力举重，亦不能为用"。（《老子》四章注）向、郭主安分自得，故物各以得性为至，自尽为极。若全马之性，"任其至分，而无铢毫之加"（《养生主》注），则驽马亦可足迹接乎八荒之表。（参看《马蹄篇》注）驽马之与良骥，得其性则俱济也。又王之所谓自然与向、郭义亦颇有不同。自然一语本有多义。王主万象之本体贞一。故天地之运行虽繁，而有宗统。"物无妄然，必由其理。故繁而不乱，众而不惑。"（《周易略例·明象》）故自然者，乃无妄然也。至若向、郭则重万物之性分。物各有性，性各有极。物皆各有其宗极，而无使之者。故自然者即自尔也，亦即块然、掘然、突然也。由王之义，则自然也者并不与佛家因果相违。故魏、晋佛徒尝以二者并谈，如释慧远之《明报应论》是矣。由向、郭义，则自然与因果相悖。故反佛者亦尝执自然以破因果，如范缜之《神灭论》是矣。自然与因果问题，为佛教与世学最重要争论之一。其源盖系于立义之不同，其大宗约如上之二说。亦出于王与向、郭形上学说之不同也。

支道林以通庄命家。其学疑亦深受向、郭之影响。孙绰作《道贤论》，以支遁比向子期，当有见而云然。《世说·文学篇》注引支公《妙观章》文曰：

夫色之性也，不自有色。色不自有，虽色而空。故曰"色即为空，色复异空"。(《般若经》文)

又慧达《肇论疏》引其《即色论》云：

吾以为"即色是空，非色灭，空"(维摩经文)，此斯言至矣。何者？夫色之性，色不自色(三字依上段加)，虽色而空，如知不自知，虽知恒寂也。

所谓色不自色者，即明色法无有自性。"不自"者，即无支持之谓。亦即谓其色虽有，而自性无有。然色即不自有，则虽有色，而是假有。假有者"虽色而非色"，(《肇论》述即色义语)亦即是空。又空者古译为无。世人常以空无为本。支道林与向、郭同主万象纷纭，无本无体。夫色象既无体（即无自性），则非别有空。无体，故曰"色复异空"。非别有空，故曰"色即是空"。既主色无体，无自性，则非色象（appearance）灭坏之后，乃发现空无之本体（reality）。故曰"非色灭，空"也。僧肇《不真空论》述即色义曰：

夫言色者，但当色即色，岂待色色而后为色哉。（唐元康疏云，此文乃肇述支公语意，并非破即色之言。）

此谓色不待色色而后为色，即是谓色不待色色之自性。色虽假有，本性空无。当此假有之色即是色（故曰当色即色），非另有色色之自性也。《知北游》郭注有曰："明物物者无物，而物自物耳。"又曰："既明物物者无物，又明物之不能自物，则为之者谁哉，皆忽然而自尔耳。"支公所言，与此文义均同。其不同处，仅《庄子》注粗称曰万物，《即色论》析言曰形色耳。（支公有知不自知等语，但疑仅为陪衬。论既名即色，则其所论，自只关于形色。）周颙《三宗论》之第一宗为"不空假名"，即支道林义：

不空假名者，但无性实，有假，世谛不可全无，为鼠喽栗。

（《大乘玄论》卷一）

此谓法无自性，但有假名。世谛诸法虽有，而是假有。空自性，而不空假名。故如鼠喽栗，栗中肉尽，而外壳宛然犹存也。向、郭、支遁之义，盖至南朝尚为流行也。

至若《世说》载支公通《逍遥游》，卓然标新理于二家之表。似若支与向、郭立义悬殊，此则亦不尽然。盖向、郭谓万物大小虽差，而各安其性，则同为逍遥。然向、郭均言逍遥虽同，而分有待与无待。有待者必得其所待，然后逍遥。无待者则与物冥而循大变。不唯无待，而且能顺有待，而使其不失其所待。（参看《世说》注引向、郭注，及《逍遥游》"乘天地之正"段郭注。）有待者，芸芸众生。无待者，圣人神人。有待者自足。无待者至足。支公新义，以为至足乃能逍遥。实就二家之说，去其有待而存其无待。郭注论逍遥，本有"至足者不亏"之言。（至足本作至至，今从释文改。）支公曰，"至人乘天正于高兴，游无穷于放浪"，亦不过引申至足不亏之义耳。按佛经所示圣贤凡人区画井然。支公独许圣人以逍遥，盖因更重视凡圣之限也。

三

其三，为心无义。其四为不真空义。今按玄学者辨有无之学也。僧肇居东晋末叶，品评一代学术，总举三家，一心无，二即色，三本无。周颙在南齐之世，会合众师玄义，定为三宗，一不空假名，二空假名，三假名空。不空假名与即色实为一系。空假名与本无颇有相同。是则王弼本无之学，以及向、郭与即色之说，均源远流长，为魏晋南朝主要之学说也。假名空者，上接不真空义，乃僧肇之学，自在三家之外。至若心无，仅流行于晋代，故周颙《三宗论》遂未言及也。

心无义虽不行南朝，然颇行于晋代，而为新颖可注意之学说。盖玄学家诠无释有，多偏于空形色，而不空心神。六家七宗，识含宗以三界为大梦，而神位登十地。幻化宗谓世谛诸法皆空，而心神犹真。缘会亦主色相灭坏。至若即色，则就色谈空。凡此"无义"虽殊，而均在色，故悉可称为"色无义"也。独有支愍度乃立"心无义"，空心而不空色，与流行学相径庭，故甚可异也。《世说·假谲篇》注曰：

旧义者曰："种智是有（原作有是），而能圆照。然则万累斯尽，谓之空无。常住不变，谓之妙有。"

无义者曰："种智之体，豁如太虚。虚而能知，无而能应。居宗至极，其为无乎。"

旧义与无义之别，在一以心神为实有，一以心神为虚豁。晋末刘遗民者，亦心无义家。其致僧肇书中有曰：

圣心冥寂，理极同无，不疾而疾，不徐而徐。

此即心无义也。肇答书有曰：

闻圣有知，谓之有心。闻圣无知，谓等太虚。

前者乃旧义，后者即心无义。（按《高僧传》载道恒执心无义，慧远与论难反复。恒神色微动，未即有答。远曰："不疾而速，杼柚何为？"不疾而速，疑亦道恒所引用，与刘遗民同。而远公则更就恒所引用之言，以讥其踌躇。谢朓《酬德赋》"意搔搔以杼柚，魂营营以驰骛"。杼柚谓徘徊也。）又心无义之特点，不仅在空心，而亦在不空形色。心无各师，其心无之解释疑不全相同。而其空心不空色，则诸人所同。故肇公述曰："心无者，无心于万物，而万物未尝无也。"

心无义颇风行南方。道恒在荆州，竺法汰大集名僧，与之辩难二日。其学为时所重视可知。《世说》载愍度与一伧道人谋救饥，而立此义。其事未必实。但由此可见心无义为骇俗之论，而颇流传一时。盖自汉以来，佛家凤主住寿成道。神明不灭，经修炼以至成佛。若心神空无，则成佛无据。即精于玄理之僧俗，于心神虚豁之义，亦所未敢言。及至罗什东来，译中百二论，识神性空之义始大明。（参看《祐录》僧叡《维摩序》）故肇评心无义曰："此得在于神静，而失在于物虚。"许其神静为得，亦可见此义不全为什公门人所鄙弃也。

四

其四,为僧肇之不真空义。夫玄学者,乃本体之学,为本末有无之辨。有无之辨,群义互殊。学如崇有,则沉沦于耳目声色之万象,而所明者常在有物之流动。学如贵无,则流连于玄冥超绝之境,而所见者偏于本真之静一。于是一多殊途,动静分说,于真各有所见,而未尝见于全真。故僧肇论学,以为宜契神于有无之间,游心于动静之极,不谈真而逆俗,不顺俗而违真,知体用之一如,动静之不二,则能穷神知化,而见全牛矣。

《不真空论》曰:"夫至虚无生者,般若玄鉴之妙趣,有物之宗极者也。"般若说空(至虚无生)在扫除封惑,以显示有物之宗极。原夫宗极之至虚无生者,谓"万物之自虚"。虚者无相,实相本为无相,非言象之所可得,故物非有。自虚者不假虚而虚物,不外体而有用,故物非无。夫宗极无相,则不可计度而谓有实物。既无实物,即不可物物。故论曰:"如此则非无物也。物非真物。物非物,故于何而可物。"既非无物(无物则非至虚无生,而为顽空),故曰非无。物非可物(可物则堕于名象),故曰非有。至极之体,体用一如,真俗不乖,空有不外。俗不乖真,故物非有。空不外有,故物非无。非有曰空,非无而假(不真)。空故不真,空假相即。故非有非无,即所以显示真际之即伪即真,即体即用也。

然世之论者,未了体用之一如,实相之无相,而分割有无,于实相上着相。于是有也,无也,均执为实物,而不能即万物之自虚。故心无论曰,无者心无,而万物实有。万象咸运,岂可谓无。

无者盖心如太虚，无累而能应。故必涤除万物，杜塞视听，寂寥虚豁，而后为真谛。是乃不知圣人"即万物之自虚，故物不能累其神明也"。本无论者，贵尚于无（本体 substance），而离于有。无义竞张，均在"有"外。于是无为实物，与有对立。故妄解般若经曰，非有者，无此有，非无者，无彼无。既执实物，乃分彼此。分别彼此，即堕入言象。然真谛独静于名象之外，岂曰文言之所能辨者欤。又既贵无而离有，则万有落空而独在。于是无既为真，有则纯伪。真者实有，伪者实幻。而不知佛典所言之"幻"谓如幻，而非谓实无。谓假号不真，而非谓无有。如此则非无物也，物非真物也。故曰："譬如幻化人，非无幻化人，幻化人非真人也。"即色论者，偏于崇有，而不知言象所得之非有。故言色未尝无，而无者色色之自性。自性实无，色相实有。陈义虽与本无论相背，而其分割有无则相符。执着有无，"宰割以求通"，乃堕入名象之域。夫有也，无也，心之影响也。言也，象也，影响之所攀缘也。（肇公《寄刘遗民书》语）执着有无，则仅沉溺于影响，因乃分别言象，以为攀缘。由此而言象之物，实有而非不真。夫言象之物既为真有，则般若经何能谓至虚无生为有物之宗极哉！因不知至虚无生非有物之宗极，故向、郭注《庄子》，言至无即实无，而万物实有。是不知万物名言所得，假号不真。夫"物无当名之实，名无得物之功。……名不当实，实不当名。名实无当，万物安在"。既万物安在，则所谓众窍比竹之属，接于有生之类会者，固亦未尝为实有也。（故僧肇评即色论"未领色之非色"。）肇公继承魏晋玄谈极盛之后，契神于有无之间，对于本无论之著无，而示以万法非无。对于向、郭、支遁之著有，而诏之以万法非有。深识诸法非有非无，乃顺第一真谛，而游于中道矣。

总上所陈，王弼注《老》而阐贵无之学。向、郭释《庄》而有崇有之论。皆就中华固有学术而加以发明，故影响甚广。释子立义，亦颇挹其流风。及至僧肇解空第一。虽颇具谈玄者之趣味，而其鄙薄老、庄（见《高僧传》），服膺佛乘，亦几突破玄学之藩篱矣。周彦伦《三宗论》假名空宗，谓上承肇公之学。周之言曰："世学未出于前二宗，而第三宗假名空则为佛之正说，非群情所及。"斯盖有所见而云然也。

（原载汤用彤：《魏晋玄学论稿》，人民出版社1957年版）

学 大 合

第七篇 佛家哲学

佛家哲学三讲

1937—1946

1893—1964

汤用彤：竺道生之顿悟义

竺道生主大顿悟。大顿悟者，深探实相之本源，明至理本不可分。悟者乃言"极照"（或称极慧）。极照者冥符至理。理既不可分，则悟自不可有阶段。生公以前未详作者之《首楞严经注序》盛唱理不可分之说。其言曰：

所以寂者，未可得而分也。故其篇云，悉遍诸国，亦无所分。于法身不坏也。谓虽从感若流，身充宇宙，岂有为之者哉！谓化者以不化为宗，作者以不作为主。为主其自忘焉。像可分哉？若至理之可分，斯非至极也。可分则有亏，斯成则有散。所谓为法身者，绝成亏，遗合散。灵鉴与玄风齐踪，员神与太阳俱畅。其明不分，万类殊观，法身全济，非亦宜乎。故曰不分无所坏也。

夫理不可分，法身全济，则入理之悟，应一时顿了。悟之于理，相契无间。若有间隔，则未证体，而悟非真悟矣。推《首楞严经注序》之所言，则顿悟之义已在其中矣。

生公以前不但已流行理之不分之说。而支、安诸公则更已有顿悟义。寻其所谓顿悟者，谓全其归致，悟其全分。但其言至于七住,已得不新不二之真慧。(不新者,万行具修。不二者,有无并观。)则实以证体与悟理截为二事。于悟理既许全其归致。于进修则尚有三位,而实未得其全分。所言矛盾,均滞于经文解释七住之言,而未见圆义也。

生公论顿悟之文已佚。然《涅槃经集解》卷一引道生序文之言,可见其旨。文曰:

夫真理自然,悟亦冥符。真则无差,悟岂容易?(故悟须顿)不易之体,为湛然常照,但从迷乖之,事未在我耳。(故悟系自悟)

慧达《肇论疏》述生公之旨曰:

而顿悟者,两解不同。第一竺道生法师大顿悟(第二为支道林等小顿悟)云,夫称顿者,明理不可分,悟语极照。以不二之悟,符不分之理。理智志(此字不明)释,谓之顿悟。(故悟须顿)见解名悟,闻解名信。[故悟者自悟,反本之谓悟。按佛教解脱本有信解脱(闻解)与见到(见解)之分,生公之说要本于此。查僧伽提婆在庐山译《毗昙心》内有此说。生公或得此义于提婆。]信解非真,悟发信谢。理数自然,如果熟自零。悟不自生,必借信渐。用信伪惑("伪"字疑是"伏"字),悟以断结。悟境停照,信成万品,故十地四果,盖是圣人提理令(原作"今")近,使夫(疑是"行"字)者自强不息。(原作见。此下原文更多讹误,略之。)

盖真理自然，无为无造。佛性平等（此亦慧达引生公语），湛然常照。无为则无有伪妄，常照则不可宰割。寻夫本性无妄，而凡夫因无明而起乖异；真理无差，而凡夫断鹤续凫以求通达。是皆迷之为患也。除迷去妄，唯赖智慧。而真智既发，则如果熟自零。是以不二之悟，符彼不分之理，豁然贯通，涣然冰释，是谓顿悟。然悟不自生，亦借信渐。悟者以种智（自有）冥符真性。真性无分而是本有。故悟无阶级，而亦是自见其本然。信者修行，闻教而生解（故称信修），非真心自然之发露，故非真悟。故道生言及功夫，有顿有渐。顿者真悟（极慧，大悟），渐者教与信修。（教可渐，修可渐，而悟必顿。）生之《法华疏》云：

此经（《法华》）以大乘为宗。大乘者，谓平等大慧，始于一善，终于极慧是也。平等者，谓理无异趣，同归一极也。大慧者，就终为称耳。若统论始末者，一毫之善皆是也。

此终成之大慧（极慧），乃指顿悟。而一毫之善，则为渐修。此文言《法华》会归之旨，固未废渐教也。（又同注曰"将说若乖，则望岸而返。望岸而返，则大道废也，故须渐也。"此亦言教须渐。）又其《维摩注》云：

一念无不知者，始乎大悟时也。以向诸行，终得此事，故以名焉。以直心为行初，义极一念知一切法，不亦是得佛之处乎。

一念无不知者（什公《维摩注》言，大乘唯一念豁然大悟，具一切智），是即大悟，唯得佛乃能终得此事。至若诸行，则由闻生解，而有初中后。此明渐修亦不可废也。（又同注云："理不可顿阶，必要粗以至精，损之又损，以至于无损"云云。亦言有渐修。）

古之持顿悟者，皆不言全弃渐教修也。支道林、释道安、竺道生、谢灵运所言均同。盖登极峰者，必先平地。千里之行，始于足下。当其未造极峰，未达千里之前，虽不能谓为已至，然前此行程，均不可废。但行虽有渐，而至则顿达。已造极峰，则豁然开朗。而修行言教之渐阶，皆是引人入胜之方便法门。故生公曰，"十地四果，皆圣人提理令近"，使人能自强不息。盖以真悟符不分之理，故顿而无渐。然则十地四果之各阶，以至六波罗密三十七道品之众行，皆近于理而未至，故非真悟。刘虬《无量义经序》云：

生公曰，道品可以泥洹，非罗汉之名。六度可以至佛，非树王之谓。（此言道品六度皆修行方便，而未至极果。）斩木之喻，木存故尺寸可渐。无生之证，生尽故其照必顿。

实相无生，尽生则无生顿显。尽者，言得其全也。无生实相，不可分割，无丝毫之伪妄。故证无生，亦必得无生之全，而必须顿悟。然则顿悟者，尽乎无生也。而且尽即无生。无生亦固未尝离于生。竺道生曰："大乘之悟，本不近舍生死，远更求之也。"又曰："不易之体，湛然常照。但从迷乖之，事未在我耳。"然则实相法身，涅槃佛性，原不舍生死，事本在我。（事在我者，谓佛性本有也。）但从迷乖之耳。吾人若借信修，以进于道。（进者，尽也。）则是真理自发自显，如瓜熟蒂落，豁然大悟。故生公曰："见解名悟，闻解名信。"闻解由人（由教而信），而见性成佛，则事确在我也。注重真理之自然显发，乃生公顿说之特点。而其说固源出于佛性在我义也。事既在我，则十地四果，都为方便。二乘三乘，俱是权教。十地以还，均为大梦。生公《法华注》云：

> 得无生法忍，实悟之徒，岂须言哉！（中略）夫未见理时，必须言津。既见乎理，何用言为！其犹筌蹄以求鱼兔，鱼兔既获，筌蹄何施？（下略）

然则得无生法忍，超乎言象。支公等谓七住可得无生者，是不知佛之方便说法，而以指为月，得筌忘鱼也。世称生公之学为"象外之谈"，亦因此也。

生公驳小顿悟家之言已不详。然现有书中则亦常见其辨三乘十地之说。如《法华疏》曰：

> 譬如三千，乖理为惑，惑必万殊。反而悟理，理必无二。如来道一，物乖为三。三出物情，理则常一。如云雨是一，而药木万殊。万株在乎药木，岂云雨然乎？

此言乘可有三，而理唯一极。（谢康乐言理归一极，义本出于生公。）故《疏》又有曰：

佛为一极，表一而出也。理苟有三，圣亦可为三而出。但理中无三，唯妙一而已。

夫理既为一，则涉求之始，可以有三因。而终成则悟理自无有二。故慧达《肇论疏》曰：

唯竺道生执大顿悟云，无量（应是果字）三乘，有因三乘。

夫权智入道之途可殊，故因可有三。妙极之果则仅是一，所谓理不可分也。理既是一非三，则悟须一。悟一，则万滞同尽也。此乃据三乘而言。又道生持十地以后乃有大悟。吉藏《二谛义》引其言云：

果报是变谢之场，生死是大梦之境。从生死至金刚心，皆是梦。金刚后心，豁然大悟，无复所见也。

豁然大悟，即是真悟。在十地以前，无有真悟。七地自不能见无生。故唐均正《四论玄义》有曰：

故经云，初地不知二地境界，乃至第十地不知（原作至）如来举足下足也。亦是大顿悟家云，至第十地，始见无生。小顿悟家云，至七地始见无生也。

《涅槃经集解》卷五十四引道生之言曰：

十住几见，仿佛其终也。（参看《泥洹经》卷五《如来性品》。）始既无际，穷理乃睹也。

穷理乃睹，生公之顿悟也。（七住未穷理，依生公意，自非真睹。）

总之竺道生实能善会罗什、昙无谶所传之学。道生生于《般若》风行之世，后复得什公之亲传。故其于《涅槃》，能以《般若》之理融合其说。使真空、妙有契合无间。刘宋以后之谈《涅槃》者，皆未知《般若》，因多堕于有边（如谓佛性是神明者皆是也），而离于中道。唯生公顿悟能理会大乘空有二经之精义。《般若》宣说无相，理不可分。故极慧冥符，胡能有渐？而《涅槃》直指心性。不易之理，事本在我。故"见解名悟"，是真理之自然顿发，与"闻解"者不同。此则后日禅宗之谈心性主顿悟者，盖不得不以生公为始祖矣。《高僧传》曰："生公笼罩旧说，妙有渊旨。"而实则其发明"新论"，下接宗门之学，更为中华学术开数百年之风气也。

（原载《国立北京大学国学季刊》第 3 卷第 1 期，1932 年 3 月）

1895—1990

钱穆:《六祖坛经》大义

在后代中国学术思想史上有两大伟人,对中国文化有其极大之影响,一为唐代禅宗六祖慧能,一为南宋儒家朱熹。六祖生于唐太宗贞观十二年,卒于玄宗先天二年,当公元之7世纪到8世纪之初,距今已有一千两百多年。朱子生于南宋高宗建炎四年,卒于宁宗庆元六年,当公元之12世纪,到今也已七百八十多年。慧能实际上可说是唐代禅宗的开山祖师,朱子则是宋代理学之集大成者。一儒一释,开出此下中国学术思想种种门路,亦可谓此下中国学术思想莫不由此两人导源。言其同,则慧能是广东人,朱子生卒皆在福建,可说是福建人,两人皆崛起于南方。此乃中国文化由北向南之大显例。言其异,慧能不识字,而朱子博极群书,又恰成一两极端之对比。

学术思想有两大趋向互相循环,一曰积,一曰消。孟子曰:"所过者化,所存者神。"存是积,化是消。学术思想之前进,往往由积存到消化,再由消化到积存。正犹人之饮食,一积一消,始能营养身躯。同样,思想积久,要经过消化工作,才能使之融会贯通。观察思想史的过程,便是一积一消之循环。六祖能消能化,朱子能积能存。所以中国传统文化的儒、释融合,如乳投水,经慧能大消化之后，接着朱子能大积存，这二者对后世学术思想的贡献，也是相辅相成的。

自佛教传入中国，到唐代已历四百多年。在此四百多年中，求法翻经，派别分歧。积存多了，须有如慧能其人者出来完成一番极大的消的工作。他主张不立文字，以心印心，直截了当的当下直指。这一号召，令人见性成佛，把过去学佛人对于文字书本那一重担子全部放下。如此的简易方法，使此下全体佛教徒，几乎全向禅宗一门，整个社会几乎全接受了禅宗的思想方法和求学路径，把过去吃得太多太腻的全消化了。也可说，从慧能以下，乃能将外来佛教融入于中国文化中而正式成为中国的佛教。也可说，慧能以前，四百多年间的佛教，犯了"实"病，经慧能把它根治了。

到了宋代，新儒学兴起，诸大儒如周敦颐、程颢、程颐、张载诸人，他们都曾参究佛学。其实他们所参究的，也只以禅宗为主。他们所讲，虽已是一套新儒学，确乎与禅宗不同，但平心而论，他们也似当时的禅宗，同样犯了一个"虚"病，似乎肚子吃不饱，要待朱子出来大大进补一番。此后陆、王在消的一面，明末顾、王诸大儒，在积的一面。而大体说来，朱子以下的中国学术界，七八百年间，主要是偏在积。

佛教有三宝，一是佛，一是法，一是僧。佛是说法者，法是佛所说，但没有了僧，则佛也没了，法也没了。佛学起于印度，而后来中断了，正因为他们没有了僧，便亦没有了佛所说之法。在中国则高僧大德，代代有之，绵延不绝，我们一读历代《高僧传》可得其证。因此佛学终于成为中国文化体系中之一大支。而慧能之贡献，主要亦在能提高僧众地位，扩大僧众数量，使佛门三宝，真能鼎足并峙，无所轩轾。

让我们再来看一看当前的社会，似乎在传统方面，已是荡焉无存，又犯了"虚"病。即对大家内心爱重的西方文化，亦多是囫囵吞枣，乱学一阵子，似乎又犯了一种"杂"病，其实则仍还是"虚"病。试问高唱西化的人，哪几人肯埋首翻译，把西方学术思想，像慧能以前那些高僧们般的努力？既无积，自也没有消。如一人长久营养不良，虚病愈来愈重。此时我们要复兴中国文化，便该学朱子，把旧有的能好好积。要接受西方文化，便该学慧能，把西方的能消化融解进中国来。最少亦要能积能存，把西方的移地积存到中国社会来，自能有人出来做消化工作。到底则还需要有如慧能其人，他能在中国文化中消化佛学，自有慧能而佛学始在中国社会普遍流传而发出异样的光彩。

讲佛学，应分义解、修行两大部门。其实其他学术思想，都该并重此两部门。如特别着重在义解方面而不重修行，便像近世中国高呼西化，新文化运动气焰方盛之时，一面说要全部西化，一面又却要打倒宗教，不知宗教亦是西方文化中一大支。在此潮流下，又有人说佛教乃哲学，非宗教，此是仅重义解思辨，却蔑视了信奉修行。两者不调和，又成为近代中国社会一大病痛。

稍进一层讲。佛教来中国，中国的高僧们早已不断在修行、义解两方面用力，又无意中不断把中国传统文化渗进佛教，而使佛法中国化。慧能以前，我且举一竺道生为例。竺道生是东晋、南朝宋间人，他是第一个提倡顿悟的。所谓"顿悟"，我可简单把八个字来说，即是"义由心起，法由心生"。一切义解，不在外面文字上求，都该由心中起。要把我心和佛所说法迎合会一，如是则法即是心，心即是法。但须悟后乃有此境界，亦可谓得此境界乃始谓之悟。悟到了此境界，则佛即是我，我即是佛。信法人亦成了说法人。如竺道生说"一阐提亦得成佛"，明明违逆了当时已译出之《小品泥洹经》之所云。但竺道生却说，若我错了，死后应入拔舌地狱；若我说不错，则死后仍将坐狮子座宣扬正义。此后慧能一派的禅宗，正是承此"义由心起，法由心生"之八字而来。

此前佛门僧众，只知着重文字，宣讲经典，老在心外兜圈子，忽略了自己根本的一颗心。直到不识一字的慧能出现，才将竺道生此一说法付之实现。固然竺道生是一博学僧人，和慧能不同，两人所悟亦有不同。然正为竺道生之博学，使人认为其所悟乃由一切经典文字言说中悟。唯其慧能不识一字，乃能使人懂得悟不自一切经典文字言说中悟，而实由心悟，而禅宗之顿悟法乃得正式形成。

今天我将偏重于慧能之"修"，不像一般人只来谈他之"悟"。若少注意到他的修，无真修，又岂能有真悟？此义重要，应大家注意。慧能是广东人，在他时代，佛法已在中国渐渐地普及民间。佛法从两条路来中国：一从西域到长安，一从海道到广州。当慧能出世，在广州听闻佛法已早有此机缘。

据《六祖坛经》记载，慧能是个早丧父的孤儿，以卖柴为生。

他亦是一个孝子，以卖柴供养母亲。一日背柴到城里卖，听人念《金刚经》，心便开悟。此悟正是由心领会，不借旁门。慧能便问此诵经人，这经从何而来？此人说：是从湖北黄梅县东山禅寺五祖那里得来。但慧能身贫如洗，家有老母，要进一步前去黄梅听经是不易之事。有人出钱助他安置了母亲，独自上路前往黄梅。我们可说，他听到其人诵《金刚经》时是初悟，此后花了三十余天光阴从广东到黄梅，试问在此一路上，那时他心境又如何？他自然是抱着满心希望和最高信心而前去，这种长途跋涉的艰苦情况，无疑是难能可贵的。我们可想知他在此三十余天的路程中，实有他的一番"修"，此是真实的心修。

到了黄梅，见到五祖弘忍。弘忍问他："你何方人，前来欲求何物？"他说："唯求作佛，不求余事。"这真是好大的口气呀！请问一个不识字人如何敢如此大胆？当知这正与他三十余天一路前来时的内心修行有大关系，不是临时随口能出此大言。他那时的心境，早和在广东初闻人诵《金刚经》时，又进了一大步，此是他进一步之"悟"。

当时弘忍再问："你是岭南人，又是獦獠，若为堪作佛？"他答说："人虽有南北，佛性本无南北。獦獠身与和尚不同，佛性有何差别？"此一语真是晴天霹雳，前无古人。想见慧能一路上早已自悟到此。在他以前，固是没人说过，在他之后，虽然人人会说，然如鹦鹉学舌，却不能如慧能般之由心实悟。弘忍一听之下，便知慧能不是泛泛之徒，为使他不招意外，故将明珠暗藏，叫他到后院去做劈柴舂米工作。慧能眼巴巴自广东遥远来黄梅，一心为求作佛，却使他去厨下打杂做粗工，这真是所为何来？但他毫不介意，天天在厨下劈柴舂米。此时他心境应与他到黄梅初见五祖时心境又大不同。这些工作，好像与他所要求的毫不相干，其实他亦很明白，五祖叫他做此杂工，便正是叫他"修"，也便是做佛正法啊！

慧能在作坊苦作已历八个月，一天，弘忍为要考验门下众僧徒功夫境界，叫大家写一偈，自道心得。大家都不敢写，只有首座弟子神秀不得不写，在墙壁上写一道偈说："身是菩提树，心是明镜台，时时勤拂拭，勿使惹尘埃。"这首偈却又不敢直陈五祖，但已立时传遍了东山全寺，也传到了慧能耳中。慧能一时耐不住，也想写一偈，但不识字，不能写，只好口念请人代笔写道："菩提本无树，明镜亦非台，本来无一物，何处惹尘埃？"我们又当知，此"本来无一物"五字，正指心中无一物言，这是他在磨坊中八个月磨米磨出来的。只此一颗清清净净的心，没有不快乐，没有杂念，没有渣滓，没有尘埃，何处再要拂拭？此正是慧能自道心境，却不是来讲佛法。此时则已是慧能到家之"悟"了。

五祖弘忍见了慧能题偈，对于他身后传法之事，便有了决定。他到磨坊问慧能："米熟了没有？"答称："早已熟了。"弘忍便以杖击碓三下，背手而去。有这老和尚这一番慈悲心与其一代宗师之机锋隐语，配上慧能智慧大开，心下明白。叫他劈柴就劈柴，教他舂米就舂米，不折不扣，潜心暗修，时机一到，便知老和尚有事要他去，他便于三更时分，由后门进入老和尚禅房。弘忍便把宗门相传衣钵付给与慧能，嘱他赶快离开黄梅以防不测。慧能说："深夜不熟路径。"五祖遂亲自把他送到江边，上了渡船，离开了黄梅。我们读《六祖坛经》看他们师弟间八个月来这一番经过，若不能直透两人心下，只在经文上揣摩，我们将会是莫名其妙，一无所得。由上说来，我们固是非常佩服六祖，亦不能不佩服到五祖。但五祖也不是一个博学僧人呀！

两个月后，六祖到了大庾岭，但在黄梅方面，衣钵南去的消息也走漏了，好多人想夺回衣钵，其中一人脚力健快，赶到大庾岭见到了慧能。所谓善者不来，来者不善，这位曾经是将军出身的陈慧明追赶六祖的目的，无非是在衣钵上。即时六祖便把衣钵放置石上，陈慧明拿不动衣钵，转而请教六祖，问："如何是我本来面目？"六祖说："你既然为法而来，可屏息诸缘，勿生一念。"良久又说："不思善，不思恶，正与么时，那个是明上座本来面目。"陈慧明言下大悟。

这是《六祖坛经》的记载。但以我个人粗浅想法，慧能本不该把五祖传授衣钵轻易交与陈慧明，可是逼于形势，又不能坚持，所以置之石上。意谓我并无意把衣钵给你，你如定要强抢，我也不作抗拒。另一方面的陈慧明，本意是在夺回衣钵，待一见到衣钵置于石上，却心念一转，想此衣钵不好夺取，所以又转向慧能问他自己本来面目，这正由要衣钵与不要衣钵这一心念转变上来请问。若说衣钵在石上，慧明拿不动，似乎是故神其辞，失去了当时实况，但亦同时丧失其中一番甚深义理。这也待我们心悟其意的人来善自体会了。我们当知，见衣钵不取，正是慧明心中本来面目，而慧能此一番话，则成为其第一番之初说教。

慧能承受衣钵之后，又经历了千辛万苦，他自说那时真是"命如悬丝"。他是一不识字的人，他在东山禅寺，也未正式剃发为僧，他自知不得行化太早，所以他只是避名隐迹于四会猎人队中，先后有十五年之久。每为猎人守网，见到投网的生命，往往为它们放出一条生路。又因他持戒不吃荤，只好吃些肉边菜。慧能在此漫长岁月中，又增长了不少的潜修功夫。比之磨坊八月，又更不同。

后来到了广州法性寺，听到两个僧人在那里争论风动抑是幡动。慧能想，我如此埋藏，终不是办法，于是他上前开口说："不是风动，不是幡动，而是仁者心动。"此语被该寺座主印宗听到，印宗也非常人，早已传闻五祖衣钵南来，如今一听慧能出语，便疑他是受五祖衣钵的人。一问之下，慧能也坦白承认了。诸位又当知，此"仁者心动"四字，也并不是凭空说的。既不如后来一般禅师们之浪作机锋，也不如近人所想，如一般哲学家们之轻肆言辩。此乃慧能在此十五年中之一番真修实悟。风动幡动，时时有之。命如悬丝，而其心不动，这纯是一捆一掌血的生活经验凝练而来。慧能只说自己心情，只是如实说法，不关一切经典文字。自五祖传法，直到见了印宗，在此十五年中，慧能始终还是一个俗人身份，还没有受比丘的具足戒。自见印宗后，才助他完成了出家人和尚身份。此下才是他正式设教度人的开始。

六祖不识字，在他一生中所说法，只是口讲给人听。今此一部

《六祖坛经》之所有文字，乃是他门人之笔录。他门人也把六祖当时口语，尽量保存真相，所以《六祖坛经》乃是中国第一部白话作品。宋、明两代理学家之语录，也是受了此影响。依照佛门惯例，佛之金口说法始称"经"，菩萨们的祖述则称"论"。只有慧能《六祖坛经》却称"经"，此亦是佛门中一变例，而且是一大大的变例。这一层，我们也不该忽略过。若说《六祖坛经》称"经"，不是慧能之意，这又是一种不必要的解说。

我们必要明了慧能东山得法此一段前后十六年之经过，才能来谈慧能之《六祖坛经》。《六祖坛经》中要点固多，但在我认为，所当注意的以下两点最重要。

其一，是佛之自性化。竺道生已说："一切众生都有佛性。"此佛性问题不是慧能先提出。慧能讲"心即是佛"，反转来说则成为"佛即是心"。此与竺道生所说也有些区别。慧能教我们"见性成佛"，又说"言下见性"，又说"佛向性中作，莫向身外求"。自性能含万法，万法在人性中。能见性的是我此心。故说："万法尽在自心，何不从自心中顿见真如本性。"他说："但于此心常起正念，烦恼尘劳常不能染，即是见性。"又说："能识自心见性，皆成佛道。"他强调自修心，自修身，自性自度，又说自修自行自成佛道。此乃慧能之独出前人处，亦是慧能所说中之最伟大最见精神处。

其二，是佛之世间化。他说"万法皆由人兴"，"三藏十二部经皆因人置"。"若无世人，一切万法本自不有。""欲求见佛，但识众生。不识众生，则万劫觅佛难逢。"这样讲得何等直截痛快！

总而言之，慧能讲佛法，主要只是两句话，即"人性"与"人事"。他教人明白本性，却不教人摒弃一切事。所以他说："恩则孝养父母，义则上下相怜，让则尊卑和睦，忍则众恶无喧。"所以他又说："若欲修行，在家亦得，不由在寺。"又说："在家能行，如东方人心善。在寺不修，如西方人心恶。"又说："自性西方。"他说："东方人造罪念佛，求生西方，西方人造罪念佛，又求生何国？"又说："心平何用持戒，行直何用修禅。"这些却成为佛门中极革命的意见。慧能讲佛法，既是一本心性，又不摒弃世俗，只求心性尘埃不惹，又何碍在人生俗务上再讲些孝悌、仁义、齐家、治国？因此唐代之有禅宗，从上是佛学之革新，向后则成为宋代理学之开先，而慧能则为此一大转捩中之关键人物。

现在我再讲一则禅门寓言来作此文之结束。那寓言云：有一个百无一失的贼王，年老预备洗手不干了，他儿子请老贼传授做贼技巧。某夜间，老贼带他儿子到一富家行窃，命儿上楼入室，他却在外大叫捉贼。主人惊醒，儿子无法躲入柜中。急中生智，故自作声，待主人掀开柜门，他便一冲逃走。回家后，埋怨老贼。这时贼王却向他说，他可以单独自去作贼了。这是说法从心生，真修然后有真悟。牢记这两点，却可帮助我们了解慧能以下禅门许多故事和其意义之所在。

（原载钱穆：《中国学术思想史论丛》第 4 册，九洲出版社 2011 年版）

1895—1990

冯友兰：禅宗的方法

禅宗虽出于佛家的空宗，但其所用底方法，与空宗中有些著作所用底方法不同。空宗中有些著作，如《中论》、《百论》，其工作在于破别宗的，对于实际有所肯定底理论。它们虽破这些理论，但并不是从一较高底观点，或用一种中立底方法，以指出这些理论的错误。它们的办法，是以乙宗的说法破甲宗，又以甲宗的说法破乙宗，所以它们的辩论，往往使人觉其是强词夺理底。它们虽说是破一切底别宗，但它们还是与别宗在一层次之内。

维也纳学派是用一中立底方法，以证明传统底形上学中底命题是无意义底。他们所用底中立底方法，是逻辑分析法。他们用逻辑分析法以证明普通所谓唯心论，或唯物论、一元论，或多元论等等所谓形上学底命题，是无意义底。他们并不用乙宗的说法，以破甲宗，又用甲宗的说法，以破乙宗。

道家的哲学，是从一较高底观点以破儒墨。《庄子·齐物论》说："故有儒墨之是非，以是其所非，而非其所是。欲是其所非，而其非所是，则莫若以明。"郭象以为"以明"是"还以儒墨反复相明"。"反复相明"正是上文所说以乙破甲、以甲破乙的办法。实则《齐物论》的方法，是"圣人不由而照之于天"。儒墨的是非，是起于他们各从其人的观点说。圣人不从人的观点说，而从天的观点说。"不由"是不如一般人站在他自己的有限的观点，以看事物。"照之于天"是站在天的观点，以看事物。天的观点，是一较高底观点。各站在有限的观点，以看事物，则"彼亦一是非，此亦一是非"。彼此互相对待，谓之有偶。站在一较高底观点，以看事物，则既不与彼相对待，亦不与此相对待。此所谓"彼是莫得其偶，谓之道枢。枢始得其环中，以应无穷：是亦一无穷，非亦一无穷也"。郭象所谓"反复相明"，正是在环上以儒墨互相辩论。这种辩论，是不能有穷尽底。站在环中，以应无穷，既不随儒墨以互相是非，亦不妨碍儒墨各是其所是，非其所非。站在这个较高底观点看，儒墨所争执底问题，都是不解决而自解决。

道家也是以负底方法讲形上学，他们的方法，我们于别处已经讨论。(参看《新原道》第四章)维也纳学派以一种中立底方法破传统底形上学中底各宗。破各宗的结果，可以是"取消"形上学，也可以是以负底方法讲形上学。前者是一切维也纳学派中底人所特意地建立底，后者是其中有一部分人或许于无意中得到底。

禅宗自以为他们所讲底佛法，是"超佛越祖之谈"。其所谓超越二字，甚有意思。他们以佛家中所有底各宗为"教"，而以其自己为"教外别传"。他们亦是从一较高底观点，以看佛家各宗的，对于实际有所肯定底理论。他们所讲底佛法，严格地说，不是教"外"别传，而是教"上"别传。所谓上，就是超越的意思。由此方面看，禅宗虽是继承佛家的空宗，亦是继承中国的道家。

所谓"超佛越祖之谈",禅宗中人,称之为第一义或第一句。临济(义玄)云:"若第一句中得,与祖佛为师;若第二句中得,与人天为师;若第三句中得,自救不了。"(《古尊宿语录》卷四)但超佛越祖之谈,是不可谈底;第一句或第一义,是不可说禅底。《文益禅师语录》云:"问:'如何是第一义?'师云:'我向尔道,是第二义。'"《佛果禅师语录》云:"师升座。焦山和尚白槌云:'法筵龙象众当观第一义。'师乃云:适来未升此座,第一义已自现成。如今槌下分疏,知他是第几义也。"道家常说"不言之辨"、"不道之道"及"不言之教"。禅宗的第一义,正可以说是"不言之辨"、"不道之道"。以第一义教人,正可以说是"不言之教"。

第一义不可说,因为第一义所拟说者不可说。《怀让禅师语录》云:"师白祖(慧能)云:'某甲有个会处。'祖云:'作么生?'师云:'说似一物即不中。'"(《古尊宿语录》卷一)南泉(普愿)云:"江西马祖说:'即心即佛。'王老师不恁么道,不是心,不是佛,不是物。"(《传灯录》卷八)《洞山(良价)语录》云:"云岩(昙晟)问一尼:'汝爷在?'曰'在。'岩曰:'年多少?'云:'年八十。'岩曰:'汝有个爷,不年八十,还知否?'云:'莫是恁么来者?'岩曰:'犹是儿孙在。'师曰:'直是不恁么来者亦是儿孙。'"(又见《传灯录》卷十四)第一义所拟说者不能说是心,亦不能说是物,称为恁么即不是,即称为不恁么亦不是。如拟说第一义所拟说者,其说必与其所拟说者不合。所以禅宗说:"有拟义即乖。"所以第一义不可说。

如拟说第一义所拟说者，其说必不是第一义，至多也不过是第二义，也许不知是第几义。这些说都是戏论，僧问马祖（道一）："和尚为什么说即心即佛？"曰："为止小儿啼。"曰："啼止将如何？"曰："非心非佛。"（《古尊宿语录》卷一）百丈（怀海）说："说道修行得佛，有修有证，是心是佛，即心即佛"，"是死语"。"不说修行得佛，无修无证，非心非佛"，"是生语"（同上）。所谓生是活的意思。这些语是生语或活语，因为这些语并不对于第一义所拟说者有所决定。说非心非佛，并不是肯定第一义所拟说者是非心非佛。说非心非佛，只是说，不能说第一义所拟说者是心是佛。

凡对于第一义所拟说者有所肯定底话，皆名为"戏论之粪，亦名粗言，亦名死语"。执着这种"戏论之粪"，名为"运粪入"。取消这种"戏论之粪"，名为"运粪出"（俱百丈语，见《古尊宿语录》卷二）。黄檗（希运）说："佛出世来，执除粪器，蠲除戏论之粪。只教你除却从来学心见心，除得尽即不堕戏论，亦云搬粪出。"（《古尊宿语录》卷三）所以临济云："你如欲得如法见解，但莫授人惑。向里向外，逢着便杀，逢佛杀佛，逢祖杀祖，逢罗汉杀罗汉，逢父母杀父母，逢亲眷杀亲眷，始得解脱。"（《古尊宿语录》卷四）

凡对于第一义所拟说者作肯定，以为其决定是如此者，都是所谓死语。作死语底人，用禅宗的话说，都是该打底。《宗杲语录》云："乌龙长老访冯济川说话次，云：'昔有官人问泗州大圣：师何姓？圣曰：姓何。官云：住何国？圣云：住何国。'龙云：'大圣本不姓何，亦不住何国，乃随缘化度耳。'凭笑曰：'大圣决定姓何，住何国。'遂致书于师，乞断此公案。师云：'有六十棒：将三十棒打大圣，不合道姓何；三十棒打济川，不合道大圣决定姓何。'"（《大慧普觉禅师宗门武库》）普通所谓唯心论者或唯物论者肯定所谓宇宙的本体或万物的根原是心或物，并以为决定是如此。这些种说法，都是所谓死语。持这些种论者，都应受六十棒。他们作如此底肯定，应受三十棒。他们又以为决定是如此，应更受三十棒。

禅宗亦喜说重复叙述底命题，因为这种命题，并没有说什么。《文益禅师语录》云："师一日上堂，僧问：'如何是曹源一滴水？'师云：'是曹源一点水。'"又云："上堂。尽十方世界皎皎地无一丝头。若有一丝头，即是一丝头。"又云："举昔有老僧住庵，于门上书心字，于窗上书心字，于壁上书心字。师云：'门上但书门字，窗上但书窗字，壁上但书壁字。'"

第一义虽不可说，"超佛越祖之谈"虽不可谈，但总须有方法以表显之。不然则即等于没有第一义，没有"超佛越祖之谈"。"不言之教"亦是教。既是教，总有使受教底人可以受教底方法。禅宗中底人，对于这种方法，有很多底讨论。这些方法都可以说是以负底方法讲形上学底方法。

禅宗中临济宗所用底方法有所谓"四料简"、"四宾主"者，临济云："有时夺人不夺境。有时夺境不夺人。有时人境俱夺。有时人境俱不夺。"（《古尊宿语录》卷四）又说："我有时先照后用。有时先用后照。有时照用同时。有时照用不同时。先照后用有人在。

先用后照有法在。照用同时，驱耕夫之牛，夺饥人之食，敲骨取髓，痛下针砭。照用不同时，有问有答，立宾立主，合水和泥，应机接物。"（同上书卷五）照临济所解释，则"先用后照"就是"夺人不夺境"，"先照后用"就是"夺境不夺人"，"照用同时"就是"人境俱夺"，"照用不同时"就是"人境俱不夺"。这就是所谓"四料简"。

所谓"四宾主"者，即主中主、宾中主、主中宾、宾中宾。师家与学人辩论之时，"师家有鼻孔，名主中主。学人有鼻孔，名宾中主。师家无鼻孔，名主中宾。学人无鼻孔，名宾中宾。"（《人天眼目》卷二）所谓鼻孔，大概是要旨之义。如一牛，穿其鼻孔，则可牵其全体。故一事物可以把握之处，名曰把鼻。一人所见之要旨，名曰鼻孔。此二名词，均禅宗语中所常用者。临济云："参学之人，大须仔细。如主客相见，便有言论往来。如有真正学人，便喝，先拈出一胶盆子。善知识不辨是境，便上他境上作模作样。学人便喝，前人不肯放。此是膏肓之疾不堪医，唤作客看主（一本作宾看主）。或是善知识不拈出物，只随学人问处即夺。学人被夺，抵死不放。此是主看客（一本作主看宾）。或有学人，应一个清净境，出善知识前。善知识辨得是境，把得抛向坑里。学人言大好。善知识云：咄哉，不识好恶。学人便礼拜。此唤作主看主。或有学人，被枷带锁，出善知识前。善知识更与安一重枷锁。学人欢喜。彼此不辨。呼为客看客（一本作宾看宾）。"（《古尊宿语录》卷四）在此诸例中，第一例是学人有鼻孔，师家无鼻孔，名宾中主。第二例是师家有鼻孔，学人无鼻孔，名主中宾。第三例是师家学人均有鼻孔，名主中主。第四例是师家学人均无鼻孔，名宾中宾。

所谓境，有对象之义。思议言说的对象，皆名为境。境是对象，人是知对象者。第一义所拟说者，不可为思议言说的对象，故不能是境。凡可以是境者，必不是第一义所拟说者。欲得第一义，则须知有境之思议言说皆是"枷锁"，皆须"抛向坑里"。"抛向坑里"即是"夺"之。将思议言说之对象"抛向坑里"，谓之"夺境"。将思议言说"抛向坑里"，谓之"夺人"。或夺人，或夺境，皆至于"人境两俱夺"。既已"人境两俱夺"，则又可以"人境俱不夺"。（观下文可知）所怕者是被夺之人，"抵死不放"，此是"膏肓之病不堪医"。

就"夺境"、"夺人"说，禅宗有似于空宗。但空宗，如所谓三论所代表者，是以乙的辩论破甲，又以甲的辩论破乙，以见甲乙俱不能成立。禅宗则是从一较高底观点，说，凡有言说者，俱不是第一义。所以我们说，禅宗是从一较高底观点，以看佛家各宗的，对于实际有所肯定底理论。禅宗并不以乙的辩论破甲，又以甲的辩论破乙。禅宗直接把甲乙一齐"抛向坑里"。所以他们所说底话，是比甲乙高一层次底。

禅宗中的曹洞宗，有所谓"五位君臣旨诀"。所谓五位者，即偏中正，正中偏，正中来，偏中至（或作兼中至），兼中到。照一解释，此五位亦表示义理。曹山说："正位即空界，本来无物。偏位即色界，有万象形。正中偏者，背理就事。偏中正者，舍事入理。兼带者，冥应象缘，不堕诸有。非染非净，非正非偏。故曰：虚玄大道，无著真宗。从上先德，推此一位，最妙最玄，当详审辨明。君为正位。臣为偏位。臣面君是偏中正，君视臣是正中偏，君臣道合是兼带语。"(《抚州曹山元证禅师语录》)临济宗所谓四料简亦可作如此一类底解释。若如此解释，则主中宾，即正中偏。偏中正，即宾中主。正中来，即主中主。偏中至，即宾中宾。

照另一解释，此五位所表示，乃表显第一义的方法。曹山《解释洞山五位显诀》云："正位却偏，是圆两意。偏位虽偏，亦圆两意。缘中辨得，是有语中无语。或有正位中来者，是无语中有语。或有偏位中来者，是有语中无语。或有相兼带来者，这里不说有语无语，这里直须正面而去，这里不得不圆转，事须圆转。"(《抚州曹山元证禅师语录》)照此所说，五位是表示五种表显第一义的方法。但原文意有不甚可晓者。原文于每条下，并各举数公案为例。此诸公案，意亦多不明。照禅宗例，有语无语相配，应尚有有语中有语，及无语中无语，而此无之；偏中正与偏中至均是有语中无语，亦难分别。此点我们不需深考。我们可以用曹山所说有语无语之例，并借用五位之名，将禅宗中人所常用以表显第一义底方法，分为五种。

（一）正中偏：此种表显第一义的方法，可以说是无语中有语。禅宗中常说："世尊登座，拈花示众人天百万，悉皆罔措，独有金色头陀，破颜微笑。"又说："俱胝和尚，凡有诘问，唯举一指。后有童子，因外人问：'和尚说何法要？'童子亦竖起一指。胝闻，遂以刃断其指,童子号哭而去。胝复招之,童子回首。胝却竖其指。童子忽然领悟。"(《曹山语录》)马祖"问百丈:'汝以何法示人?'百丈竖起拂子。师云:'只这个为当别有?'百丈抛下拂子。"(《古尊宿语录》卷一)临济云:"有时一喝如金刚玉宝剑。有时一喝如踞地师子。有时一喝如探竿影草。(《人天眼目》云:"探竿者,探尔有师承无师承,有鼻孔无鼻孔。影草者,欺瞒做贼,看尔见也不见。")有时一喝不作一喝用。"(《古尊宿语录》卷五)

禅宗中人常用此等动作,及扬眉瞬目之类,以表显第一义。此等动作,并无言说,但均有所表显。所以以此等方法,表显第一义,谓之无语中有语。

(二)偏中正:此种表显第一义的方法,可以说是有语中无语。禅宗中底大师,如有以佛法中底基本问题相问者,则多与一无头无脑不相干底答案。例如僧问首山省念和尚:"'如何是佛心?'曰:'镇州萝葡重三斤。'问:'万法归于一体时如何?'曰:'三斗吃不足。'僧云:'毕竟归于何处?'曰:'二斗却有余。'"(《古尊宿语录》卷八)僧问赵州和尚(从谂):"'万法归一,一归何所?'师云:'我在青州作一领布衫重七斤。'"(同上书卷十三)僧问云门(文偃):"'如何是释伽身?'曰:'干屎橛。'问:'如何是超佛越祖之谈?'曰:'蒲州麻黄,益州附子。'"(同上书卷十五)此诸答案,在表面上看,是顺口胡说,其实也真是顺口胡说。这种答案,如有什么深意,其深意只是在表示,这一类的问题,是不应该问底。《传灯录》径山道钦传云:"僧问:'如何是祖师西来意?'师曰:'汝问不当。'曰：'如何得当？'师曰：'待我灭后，即向汝说。'"(《传灯录》卷四）又马祖传云："僧问：'如何是西来意？'师便打，乃云：'我不打汝，诸方笑我也。'"(《传灯录》卷六）对于这一类的问题，无论怎样答，其答总是胡说，故直以胡说答之。这些答案，都是虽有说，而并未说什么，所以都可以说是有语中无语。

（三）正中来：此种表显第一义的方法，可以说是无语中无语。《传灯录》谓：慧忠国师"与紫璘供奉论议。既升座，供奉曰：'请师立义，某甲破。'师曰：'立义竟。'供奉曰：'是什么义。'曰：'果然不见，非公境界。'便下座。"(《传灯录》卷五）慧忠无言说，无表示，而立义。其所立正是第一义。《传灯录》又谓："有婆子令人送钱去请老宿开藏经。老宿受施利，便下禅床转一匝，乃云：'传语婆子送藏经了也。'其人回举似婆子。婆子云：'比来请阅全藏，只为开半藏。'"(《传灯录》卷二十七）宗杲以为此系赵州（从谂）事。（见《大慧普觉禅师语录》卷九）宗杲又云："如何是那半藏？或云：再绕一匝，或弹指一下，或咳嗽一声，或喝一喝，或拍一拍，恁么见解，只是不识羞。若是那半藏，莫道赵州再绕一匝，直绕百千万亿匝，于婆子分上，只得半藏。"或谓须婆子自证，方得全藏。众人之意，固是可笑。宗杲之意，亦未必是。婆子之意，应是以不转为转全藏。有所作为动作，即已不是全藏。《洞山语录》云："因有官人设斋施净财，请师看转大藏经。师下禅床，向官人揖。官人揖师，师引官人俱绕禅床一匝，向官人揖，良久曰：'会么？'曰：'不会。'师曰：'我与汝看转大藏经，如何不会？'"此以绕禅床一匝为转全藏。以绕禅床一匝为转全藏是正中偏。以绕禅床一匝为反而不能转全藏，是正中来。

（四）偏中至：此种方法可以说是有语中有语。禅宗语录中，有所谓普说者，其性质如一种公开讲演。禅宗语录中亦间有不是所谓机锋底问答。这都是有语中有语。有语亦是一种表显第一义的方法，临济云："十二分教，皆是表现之说，学者不会，便向名句上生解。"（《古尊宿语录》卷四）因此，禅宗认为这种方法，是最下底方法。临济云："有一般不识好恶，向教中取义度商量，成于句义。如把屎块子向口里含过，吐与别人。"（同上）这是用这一种方法的流弊。

（五）兼中到："这里不说有语无语"，这就是说，用这一种方法表显第一义，也可以说是有语，也可以说是无语。"庞居士问马祖，'不与万法为侣者是什么人？'祖云：'待汝一口吸尽西江水，却向汝道。'"（《古尊宿语录》卷一）《传灯录》又谓："药山（惟俨）夜参不点灯。药山垂语云：'我有一句子，待特牛生儿，即向尔道。'时有僧曰：'特牛生儿也。何以和尚不道。'（《洞山语录》引作：'特牛生儿，也只是和尚不道。'）"（《传灯录》卷四十）一口吸尽西江水，特牛生儿，皆不可能底事。待一口吸尽西江水，待特牛生儿，再道，即是永不道。然如此说，即是说，此一句不可道。说此一句不可道，也就是对于此一句有所说。《传灯录》云："药山上堂云：'我有一句子，未曾说与人。'僧问药山曰：'一句子如何说？'药山曰：'非言说。'师（圆智）曰：'早言说了也。'"《传灯录》卷十四）说第一义不可说，也可以说是说第一义，也可以说是未说第一义。《传灯录》云："有僧入冥，见地藏菩萨。地藏问：'你平生修何业？'僧曰：'念《法华经》。'曰：'止止不须说，我法妙难思。为是说是不说？'无对。"（《传灯录》卷二十七）《曹山语录》云："师行脚时，问乌石观禅师：'如何是毗卢师法身主？'乌石曰：'我若向尔道，即别有也。'师举似洞山。洞山曰：'好个话头，只欠进语。何不问，为什么不道？'师却归进前语。乌石曰：'若言我不道，即哑却我口。若言我道，即謇却我舌。'师归，举似洞山，洞山深肯之。"（又见《传灯录》卷十三"福州乌石山灵观禅师"条下）乌石此意，即说，也可说他道，也可说他未道。

在上述诸方法中，无论用何种表示，以表显第一义，其表示皆如以指指月，以筌得鱼。以指指月，既已见月，则须忘指。以筌得鱼，既已得鱼，则须忘筌。指与筌并非月与鱼。所以禅宗中底人常说：善说者终日道如不道，善闻者终日闻如不闻。宗杲说："上士闻道，如印印空。中士闻道，如印印水。下士闻道，如印印泥。"（《大慧普觉禅师语录》卷二十）印印空无迹。如所谓"羚羊挂角，无迹可寻"。印印水似有迹。印印泥有迹。如印印泥者，见指不见月，得筌不得鱼。此等人是如禅宗所说："咬人屎橛，不是好狗。"如印印空者"无一切有无等见，亦无无见，名正见。无一切闻，亦无无闻，名正闻"（百丈语，《古尊宿语录》卷二）。无见无闻，并不是如槁木死灰，而是虽见而无见，虽闻而无闻，这就是"人境俱不夺"。这是得到第一义底人的境界。

如何为得到第一义？知第一义所拟说为得到第一义。此知不是普通所谓知识之知。普通所谓知识之知，是有对象底。能知底知者，是禅宗所谓"人"。所知底对象是禅宗所谓"境"。有"境"与"人"的对立，方有普通所谓知识。第一义所拟说者，"拟议即乖"，所以不能是知的对象，不能是境。所以知第一义所拟说者之知，不是普通所谓知识之知，而是禅宗所谓悟。普通所谓知识之知，有能知所知的分别，有人与境的对立。悟无能悟所悟的分别，无人与境的对立，所以知第一义所拟说者，即是与之同体。此种境界玄学家谓之"体无"。"体无"者，言其与无同体也；佛家谓之为"入法界"；《新原人》中，谓之为"同天"。

这是用负底方法讲形上学所能予人底无知之知。在西洋现代哲学家中，维替根斯坦虽是维也纳学派的宗师，但他与其他底维也纳学派中底人大有不同。他虽也要"取消"形上学，但照我们的看法，他实则是以我们所谓形上学的负底方法讲形上学。他所讲底，虽不称为形上学，但似乎也能予人以无知之知。

在维替根斯坦的《逻辑哲学论》的最后一段中，他说："哲学的正确方法是：除了可以说者外，不说。可以说者，是自然科学的命题，与哲学无干。如有人欲讨论形上学底问题，则向他证明：在他的命题中，有些符号，他没有予以意义。这个方法，别人必以为不满意，他必不觉得，我们是教他哲学。但这是唯一底严格地正确方法。"（六五三）"我所说底命题，在这个方面说，是启发底。了解我底人，在他已经爬穿这些命题，爬上这些命题，爬过这些命题的时候,最后他见这些命题是无意义底。(比如说,他已经从梯子爬上去,他必须把梯子扔掉。)他必须超过这些命题,他才对于世界有正见。"(六五四)"对于人所不能说者,人必须静默。"(七)

照我们的看法,这种静默,是如上所引慧忠国师的静默。他们都是于静默中,"立义境"。

(原载冯友兰:《新知言》,商务印书馆1946年版)

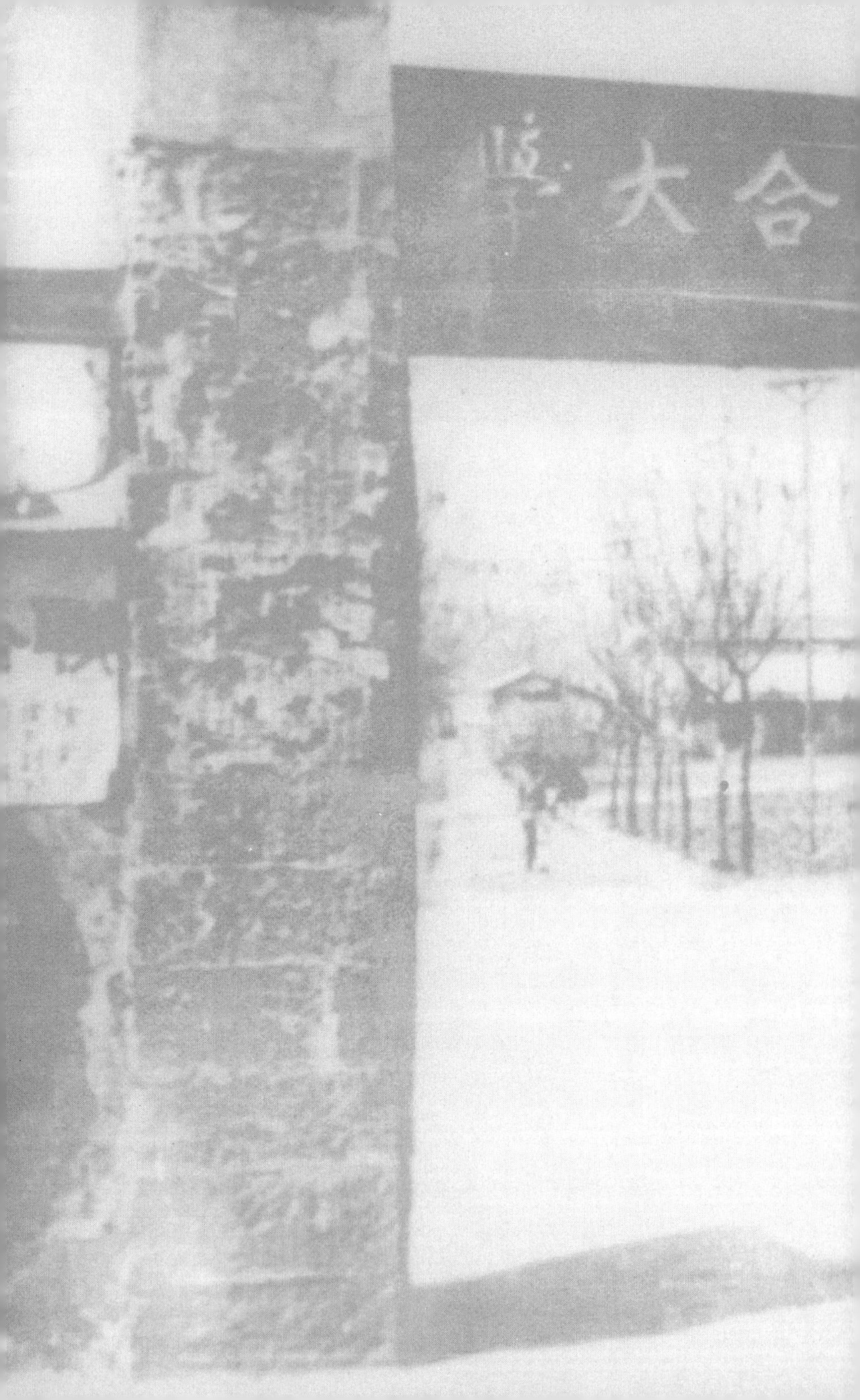

第八篇 诸家会通

儒道佛互补思潮四讲

1937—1946

1937—1946

1895—1990

钱穆：佛学传入对
中国思想界之影响

佛学传入，单就魏、晋到盛唐一段，已有四五百年，这是佛学传入最旺盛的时期。梁沙门慧皎《高僧传》所载中外高僧，得五百人（连附传者合计）。唐沙门道宣的《续高僧传》所载，又七百人。就其所译经论，据唐沙门智昇《开元释教录》，自汉明永平十年，下至唐玄宗开元十八年，凡六百六十四载，中间传译缁素总一百七十六人；所出大、小二乘三藏经教及圣贤集传并及失译，总二千二百七十八部，都合七千四十六卷。这真可算是极大的数量。佛教传入，在中国文化史上，各方面各部门，都有极深宏的影响。现在只就其属于思想史部分者扼要述说几点。

一

中国思想传统，以儒家为中心，儒家思想则以人文为本位。此乃儒家思想之所长，亦即儒家思想之所短。儒家思想唯其以人文为本位，故于人群以外，天地万物，儒家皆不与以甚大之兴趣。即就人文本位言，亦偏重中国内部，其外围蛮夷不复着重。即就中国本部言，其历史兴趣亦只限于尧舜以下，以前太古茫昧，人文未起，亦即淡漠视之。矫正此种褊狭观念者，算只有道家。然如庄子所言，天地万物，太古茫昧，蛮夷八荒，亦泰半只成为一种随兴所至的寓言。此后阴阳家继起，采用道家观点，将儒家之人文本位大大展扩，于是有邹衍之"大九洲说"及其"五德终始论"，这不可不说是古代中国思想阈域一大解放。但若拟之印度佛学思想，则一拘一旷，相差尚远。

佛学小乘派说空间有三千大千世界。彼谓以须弥山为中心，九山八海交互绕之，更以铁围山为外郭，是曰一小世界。此一小世界中，已包有四大洲。而合此小世界一千，始为小千世界。又合此小千世界一千，乃为中千世界。再合此中千世界一千，乃为大千世界。故大千世界之数量，乃为千万万个以须弥山为中心之世界之集体。此乃佛家之空间观。若论其时间观，彼谓人寿以八万四千岁为度，历百年减一岁，如是递减至人寿十岁而止。至此又递增至八万四千岁，乃为一小劫。积二十小劫为一中劫。经一中劫为世界之"初成"，又一中劫为世界之"安住"，又一中劫为世界之"坏灭"，又一中劫为世界之"空虚"。如是历"成、住、坏、空"为一大劫。此为佛家之时间观。

又有"六道轮回"说。地狱、饿鬼、畜生、阿修罗、人间、天上，乃众生轮回之道途。现世大群只是此六道中一道与一轮而已。佛家用此眼光来看尘世，与儒家的人文本位真如天渊之隔。道家似亦颇有此境界，但道家只是想象寓言，不如佛家认真，此是中国思想之冲淡与高明处。然因其不执着，乃亦不诚恳。因其非信仰，故而无力量，不能形成为宗教。佛家在此等处，似不免向外执着，然正是其想象之热烈与真挚处。当知人生力量不全在外，只要想象热烈真挚，不妨凭虚，转生大力。

佛家原始态度，本属一种极浓重的"出世"精神，因此彼对一切现世人文殊不注意，历史更非其所重；然对宇宙时空，人圈子以外的，则颇多胜妙的理想境界。唯其有此极胜妙的理想境界，故能看轻一切现世人文而抱出世精神，亦遂因此而成其为一种宗教。若返就中国儒家传统人文本位的思想论之，则此等真所谓荒唐无端涯之辞。然在儒家思想失其效力，一切现世人文陷于解体之悲观时代，此种思想，实为中国人开辟一新宇宙，提供一新人生，可以刺激当时人衰颓的精神重新振奋，重新安稳。康僧会所谓"周、孔略示显近，释教备极幽远"，今显近处既失败，只有向幽远处乞灵。

我们试一披读东汉以下，经历魏、晋、南北朝一段衰乱黑暗的历史，同时对看慧皎《高僧传》里那些名德高僧的内心境界与其日常生活，便可想象到那时的佛教教理如何安定住了几百年动乱的人心，如何披豁无穷的黑暗，与人以勇猛无畏以及慈悲救济的精神，来渡过此一段险恶的人世大潮。这是儒家思想所无可为力的。儒家譬如在渡船中的长老，他只注意如何掌舵张帆，如何安渡此一船人；但在大风浪中，此船整个破坏，此长老即亦无能为力。此时只有跳出此船之外，始可得救。亦只有在此船以外的力量始可救得此船。儒家是一种人文本位的淑世主义者，在世运大乱之际转见束手无策，正为此理。小乘佛教犹如跳出此船，以求济渡。大乘佛教则如在破船外，冒着风险靠上破船来救渡这一船人。

道家有此超世境界，无此救世精神。严格言之，他不仅没有搭救此破船的热忱，抑且没有跳出此破船之决意；他最多能在此破船扰攘中安静下来，甚或啸傲自如；若风浪不过险，船坏不过甚，好让船中长老们缓缓着手抢救。西汉初年黄老无为之治便由此。一到三国魏晋时代，庄老亦没有办法。只为风浪太险，船坏太甚，于是不得不仰赖宗教来救度。

二

上面所说，乃谓佛家教理所以能跳出此人世，又能回到此人世来做救世工作者，正为他们在人圈子外别有安顿精神之所在。此在人圈子里正当安富尊荣的时代，便不觉此种在人圈子外安放精神之意义。但一到此人圈子内起了大风波，极端危穷困辱之际，却不得不仰赖这一分安放在人圈子外的精神。这是佛家之大效用。

但上面所说佛家之时空观与其六道轮回观等，只是从粗浅处说。若深细说之，则佛家看此世界，常把来分成"现象"与"本体"之两部。若粗略地用现行哲学语说之，不妨谓现象界略当于今之所谓"物质界"，本体界则略当于今之所谓"精神界"。佛家因有此种哲学观点，故而对此现实世界根本不加重视。

说到这里，我们有一层先当剖辨。近人常谓东方文明是精神文明，西方文明是物质文明。此所谓东方者，指中国、印度；西方则指欧洲。唯就鄙意，似其间尚有问题。

本来"精神"与"物质"乃一相对名词，相对则同时并起。我们只应说有一派思想，爱把世界分成两截看，如"物界"与"神界"是也；有一派思想则不喜把世界分两截看，因此混成一片，既无所谓神界，亦即无所谓物界，只是一个"现实"而已。大抵印、欧思想属于前者，中国思想则属于后者。故宗教思想亦盛于印、欧，而不盛于中国，正因中国思想不喜分别神界、物界故。而尤以儒家思想最显此意，即所谓"天人合一"也。

道家虽不以人文为本位，但道家认天地万物只是一气变化，此乃近似一种"唯物的一元论"，并非在气化以外另有一个精神界与本体之存在。《易·系辞》所谓"一阴一阳之谓道"，亦是此意。故道家思想充其极则为神仙而止。神仙依然在此世，并不能去世，此因道家思想里并无两个世界故。

至于佛家教理则不然。无论大乘、小乘，在一切现象背后有一本体，在一切"器界"之上有一"灵界"，实在是与中国思想很不同的另一种宇宙观。我们不妨说，中国思想里有"精神界"与"灵界"之存在，都是受了佛教影响。此层在宋、明以下的思想界里极有关系，不可不乘此一说。欲明此意，最好举佛性论为例。

中国古籍言"性",如孟子谓人性善,荀子谓人性恶,此皆指人之性。如谓"犬之性"、"牛之性"、"生之谓性"等,则指物之性。又如"水性润下"、"火性炎上"等,亦指物之性而属无生界者。《中庸》云:"天命之谓性。"此谓人性、物性皆出自然,皆本天命。凡所谓性,皆系属于人或物,并非超人、物之外别有所谓性。

但佛家所谓"佛性",义殊不然。当知所谓佛性,并非如尧舜之性、桀纣之性,以性属佛。佛家既言"四大皆空",则根本便无佛。所以竺道生说:"佛者竟无人佛。"(《维摩经注》)佛既非指人佛,可见佛性亦非指人性。此处连带要说到佛身问题。所谓佛身者,就中有"法身"、"化身"等别。佛法身之量,则等于一切"有为"(智)、"无为"(理)之诸法。(唯识宗)或说法身即是"实相真如法",此实相正法隐,名"如来藏";此实相正法显,故名"身"。(性宗)如是则佛法身断非四大肉身可知。如是而言法身本有,乃谓法身本在众生之心中,此即"一阐提人皆具佛性"之义也。

此与儒家义大异者,儒家即指人心之爱、敬、孝、悌、忠、恕为性善,谓此为人心所同具;并非谓爱、敬、孝、悌、忠、恕别为一物,超乎人心之外,而着乎人心之中也。此所谓"人心"则只是一个肉心,正属佛家之"四大"。儒家认有人,认有心,而性则只是那人心所同有的一种趋势或倾向。儒家思想,只注意在人圈子之内，故只就人与人间相互之情意之自然发露处立论。道家注意到人圈子以外，然亦只就万物之迁流变动处立论。彼之所谓"道"，只是一气之变化，并未认在气化之外或上，另自有一个道。如是言之，中国思想无论是儒、是道，都只是一种"唯实的一元论"，并未在心与物之外或上再另寻一本体。

佛家则不然。佛教思想渊源于古代印度哲学之"梵"Brahmon的观念。"梵"之含义即为"绝对独存"，而为宇宙之本体者。又有"我"Atma，亦为常住而唯一之体。"我"与"梵"盖为一物而异名。此等于现实世外别有一本体界之观念，实为西方思想与中国思想绝不同之点。

若粗略言之，可谓中国乃"现实的一元论"，而西方思想均为"理想的二元论"。印度如此，佛教亦然。故佛教教理，到底以此世界之存在为苦，故求脱离此世以达永久安稳之"涅槃"境界。故佛家所谓"法性"，所谓"真如实相"，均指一本体界，超乎现实；并非如中国人之所谓性与法，即在此现实中。由性而连带到心，亦是一例。儒家所谓心，只是肉团心，佛家所谓"凡夫肉心"。佛家尚有"自性清净心"、"如来藏心"，则为不生不灭之心，为"真如"之异名；此乃总该万有，遍一切处，无住而常在者。此等观念，亦为中国思想所未前有也。

佛家因有此两重的世界观，一重是"本体界"，一重是"现象界"，现象界如幻如虚，本体界始为真为常，因而遂有他的出世的宗教。中国人则自古只有一重的世界观念，天帝鬼神亦都与俗界牵连，故而中国实际并无出世的宗教。佛教传入以后，不啻为中国人又辟一个世界，这是佛教传入后对中国思想界一最大的贡献。此后中国化的佛教却又把此出世思想渐渐冲淡，天台宗之"一心三观"，空、假、中，三一圆融；贤首宗之理事无碍，一摄一切，一切摄一；此在天台宗则谓"诸法实相"，在华严宗则谓"一真法界"，要之，已把真俗体相融成一片。到禅宗所谓"人境俱不夺，本分做人"，则已确然还复到中国思想的老路上来。但到底佛家理论的影响，一时洗涤不净。直到宋儒，如张横渠以"义理之性"与"气质之性"对立，朱晦庵承之，以"理"、"气"分说；此皆确切受了佛家影响。当时理学家爱说陆、王近禅。其实陆、王单指一心，比较近于中国儒家之真传统。禅宗本已是佛家思想之中国化了，故若与陆、王为近。至于张、朱两家，后世目为儒门正统者，其实反是佛法骨子多些。即此可见佛学在此后中国思想界潜力之大。

三

现在再乘便一说中、印、欧三方思想之大异点。此三方只有中国是一个统一的大国家，而且他生事艰绌，他在人事上的负担最重。黄河、黄海的自然环境，绝不能比恒河与爱琴海。因此中国思想很早便注意在人圈子之内。而印度、希腊则因诸小邦分立，又天然环境佳，没有像中国一般的人事重负，他们的思想却不致紧缚在人事圈子之内，而时时得跳到人事圈子之外去。

当知宗教与科学，其先皆是人圈子以外事。若人类的心思专注重在人圈子之内，则将没法产生宗教，亦没法产生科学。印度生活太易，气候太热，易趋于好静定，因而它是偏宗教的。希腊活泼壮旺，进取奋斗，易趋于乐动进，因而它是偏科学的。换言之，一是偏向内心的，一是偏向外物的。此所谓"内心"与"外物"，皆比较的不在人事圈子之内。若以人圈子为本位，则中国是向内的，而印、欧是向外的。

故就中国人说，印、欧思想，皆有一种"玩"的态度。印度可谓是"玩心派"，欧洲可谓是"玩物派"。印度未尝不玩物，然只成为艺术与想象的文学，而不能到达于科学的发明。欧洲人未尝不玩心，然如耶教，始终在灵魂天国的道路上，只相当于佛法之小乘，更走不上大乘涅槃的意境。故说他们各有所偏。唯其为向外、为有"玩"的意态则一。此所谓"玩"者，乃是不顾人事现实，任心所好而向往奔赴、流连反复之谓。

中国思想之缺点，在太朴实、太严肃、太拘拘于人圈子之内，没有一种玩的意味。只有庄、老比较能玩，却是"玩世派"，为其依然没有远离这人圈子，故而还说不上玩心与玩物。

印度人因为能玩心，故而闯进了心的秘奥。欧洲人能玩物，故而闯进了物的秘奥。宗教、科学虽则一虚一实，同样有无穷的秘奥。

宗教的缺点在"厌世"，科学的缺点在"溺世"，儒家的长处则在"淑世"，不厌不溺。所惜者在其对"心"、"物"两界，闯玩不够，因而力量单薄。佛教传入中国，可谓对中国思想界引进了一个心灵的秘奥。

中国儒家宗祖孔子、孟子的内心境界，我们现在难于确说。但观孔子门下如子路、子贡、游、夏、曾、有之徒，似乎于内心造诣皆不深。只有颜回一人是特出的，因而为此下的道家所推尊。孟子门下则更无一人可言。荀子自身便若平常。汉儒更朴素，上自伏、董，下至许、郑，说到内心境界，似乎都是朴实头地，几乎孟子之所谓"不著"、"不察"。苟非佛学传入，可见儒家传派，在内心方面成绩并不大。此后宋儒实际已受佛家影响，因而他们看不起两汉，看不起七十子，只说是直得孔、孟真传。由我们现在说来，宋、明儒只是要把佛家玩心的把戏运用到淑世主义上面来。让我们把此番大意，趁此约略一说。

所谓佛家"玩心"功夫，最重要的在能扫空一切，满不在乎，对于尘世万象不染不着。而儒家则严肃为人，主张孝、悌、忠、恕、爱、敬，修身、齐家、治国、平天下。现在宋、明儒一境要两面俱到，所以他们用孔子所说"用之则行，舍之则藏"两句话柄，说只有颜渊与孔子有此同界。其次则欣赏到《论语》里四子言志，曾点鼓瑟的一节，说曾点有狂者气象，"浴乎沂，风乎舞雩，咏而归"，此是何等胸襟！明白言之，只是扫空一切，满不在乎。子路、冉有、公西华三人，皆留情实际，不忘事功，而孔子独与曾点。并非孔子无意用世，却要"用行"、"舍藏"，两面俱到。孟子说："勿视其巍巍然，我得志则弗为。"这与"三宿而后出画"的心情，也是两面俱到。

此后人物，宋、明儒却独欣赏到诸葛亮，说他有儒者气象。此因诸葛亮高卧隆中，一面自比管、乐，一面却说："苟全性命于乱世，不求闻达于诸侯。"此亦非诸葛随便说些淡话，其前辈如庞德公，其平辈如徐元直，皆有苟全性命、不求闻达的胸襟与造诣，故知诸葛必能如此。然尤要者，在诸葛之后一节，"鞠躬尽瘁，死而后已"的一番志节，与前一段成两面俱到，乃为宋、明儒理想中之完全人格。若只有苟全性命、不求闻达的雅量，则只是一个隐士。若仅能鞠躬尽瘁、死而后已，还是未闻大道，有体未融。必两面俱到，乃成完人。所以范文正为秀才时，即以天下为己任，他说："先天下之忧而忧，后天下之乐而乐。"而同时又盛赞严子陵，说："先生之风，山高水长。"

其实此种境界，并不要到宋代，在北朝、隋、唐时，一辈功名之士，早已有此向往。此下明儒也有此气度。他们一面卓立事功，而同时在心中又扫空一切，满不在乎。山林市朝，成败利钝，一以贯之。只宋儒在其理论上才开始发挥透辟。程明道云：

> 百官万务，金革百万之众，饮水曲肱，乐在其中。万变皆在

人，其实无一事。

又云：

泰山为高矣，然泰山顶上已不属泰山。虽尧舜之事，亦只如太虚中一点浮云过目。

这是儒、佛合一之理想人格，这亦是佛家思想传入中国以后之影响。以上乃述说其较大者，其他不细说。

（原载钱穆：《中国学术思想史论丛》第3册，九州出版社2011年版）

汤用彤：谢灵运《辨宗论》书后

谢康乐具文学上之天才，而于哲理则不过依傍道生，实无任何"孤明先发"之处。唯其所著《辨宗论》（在《广弘明集》中），虽本文不及二百字，而其中提出孔释之不同，折中以新论道士（道生）之说，则在中国中古思想史上显示一极重要之事实。似不能不加以表彰，然此事牵涉颇广，今仅能略发其端耳。

《辨宗论》者旨在辨"求宗之悟"，宗者"体"之旧称，"求宗"犹言"证体"。此论盖在辩证体之方，易言之即成佛之道或作圣之道也。此中含有二问题：（一）佛是否可成，圣是否可至；（二）佛如何成，圣如何至。

世传程伊川作《颜子所好何学论》，胡安定见而大惊。伊川立论为安定赏识者果何在，颇难断定。但伊川意谓此学乃圣人之学，而好学即在成圣人也。夫"人皆可以为尧舜"乃先秦已有之理想。谓学以成圣似无何可惊之处。但就中国思想之变迁前后比较言之，则宋学精神在谓圣人可至，而且可学；魏晋玄谈盖多谓圣人不可至不能学。隋唐则颇流行圣人可至而不能学（顿悟乃成圣）之说。伊川作论适当宋学之初起，其时尚多言圣人可至而不能学。伊川立论反其所言，安定之惊或亦在此。而谢康乐之论成于晋亡之后，其时正为圣人是否可至、如何能学问题争辩甚烈之时，谢侯采生公之说，分别孔释，折中立言以解决此一难题，显示魏晋思想之一转变，而下接隋唐禅门之学，故论文虽简，而诏示于吾人者甚大也。

谓圣人不可至不能学，盖在汉代已为颇流行之说。《汉书·古今人表》"生而知之者上也"，而圣人则固居于上上，《白虎通》，王者"虽有自然之性，必立师传焉"（《辟雍》），《论衡》载儒者立论"圣人不学自知"贤者所不及，盖"圣人卓绝贤者殊也"（《实知篇》）。此说与谶纬神仙有关。王充虽不信儒者所论，但亦尝言圣凡均因"初禀"，又虽谓圣可学，但神则不可学，此所谓神略当道术之仙，嵇康已谓仙人"非积学所能致"（《养生论》），而读《抱朴子》已见仙人禀异气，仙人有种诸说。至若玄学则当推王弼、郭象为领袖，王辅嗣著论曰"圣人茂于人者神明也"，郭子玄注《庄子注》曰"学圣人者学圣人之迹"。引申二公之说，自可及圣人不可学不能至之结论。盖玄学者玄远之学，谈玄远之与人事本出于汉代天人之际（何平叔誉王辅嗣"可与言天人之际"）。大体言之，在魏晋之学"天"为"人"之所追求憬憧，永不过为一理想。天道盈虚消息永为人力所不能挽。（清谈人生故归结常为无可奈何而安之若命。）圣道仰高钻坚，永为凡人之所不能及。谓圣人既不能学，自不可至，因必为颇风行之学说也。

《辨宗论》曰："孔氏之论，圣道既妙，虽颜殆庶。"盖谓儒家立义凡圣绝殊，妙道弥高弥坚，凡人所不能至，即颜回大贤亦殆几为圣人，而固非圣人也。

世言玄学出于老庄，而清谈者固未尝自外于儒教，故其说经，常见圣人不可学且不能至之理论。《论语集解》皇疏集魏晋玄谈之大成，其《学而第一》下疏曰："言降圣以下皆须学成。"

夫《法言》、《学行》第一，《潜夫论·赞学》居首，均明言圣人可学而至。皇疏于《论语》开宗明义所言，依全书陈义观之，则圣固不与于学成之列。道家本主绝圣弃智，而经玄学家之引申则谓圣人卓绝与凡人殊类也。圣人既不可学，然《学而第一》乃居第一者，盖所以劝教，所以勉励凡人也。故《志学章》疏曰："此章明孔子隐圣同凡……皆所以劝物也。"

又引李充曰："诱之形器，为教之例，在乎兹矣。"

又引孙绰曰："勉学之至言。"

此与《中人以上章》疏曰："圣人不须教也。"

《我非生知章》疏曰："孔子谦以同物，自同常教。"

盖同依寄言出意之原则以解经。经中虽常言学，而意在劝教，若圣人则固非学能也。

又王辅嗣以下多主圣人知几故能无过，贤人庶几只不贰过，《论语》谓颜子不迁怒不贰过，盖明示其天分仅止于大贤（亚圣），故此章皇疏曰："云不迁怒者，此举颜回好学分满，所得之功也。"

据此，颜子好学，其所得者只庶几为圣而终不及圣。观乎此类言论则伊川著论谓颜子学为圣人，不诚为可惊之说乎？颜子既分只大贤，则《论语》载其言仰高钻坚亦因之而甚易了解。盖颜子虽好学而自知其分际，凡圣悬隔，非可强致，故晋代玄学名家孙绰曰：

夫有限之高，虽嵩岱可陵，有形之坚，虽金石可钻……绝域之高坚，未可以力致也。（参看皇疏五并引江熙之言）

《思不如学章》皇疏曰：

夫思而后通，习而后能者，百姓皆然也……故谓圣人亦必勤思而力学，此百姓之情也，故用其情以教之。

此盖引郭象之言，子玄之意谓经虽明言孔子亦学，但意亦在劝教，百姓虽须学，但圣人固无所谓学，此章盖亦方便立言，非谓圣人因学而至也。[附注——前年与友人冯芝生先生谈圣人不可学致乃魏晋之通说，冯先生疑之，并引《庄子·大宗师》七日九日之文，而谓既有阶级则自须学。但郭象注《庄子注》名家，据上文则因谓圣人与百姓不同（郭氏对此整个学说为何，兹不具述）。而魏晋人注疏，亦不似现代系统论文之分析详尽。实则学有阶级与圣非学至并不冲突。盖学固可有阶级，而圣则卓绝居阶级之外也。此本为当时之一问题，《辨宗论》问答中已经提出。]

《辨宗论》曰："释氏之论，圣道虽远，积学能至。"盖释教修持，目标本在成佛（或罗汉），而修持方法择灭烦恼循序渐进。小乘之三道四果，大乘之十住十地，致圣人道似道阻且长，然其能到达目标固无疑也。佛教自入中国以后本列于道术之林，汉魏间仙是否可学亦为学者聚讼之点，晋《抱朴子》论之甚详，葛洪本意则认为成仙虽有命，但亦学而能至。由汉至晋佛徒亦莫不信修炼无为必能成佛也。实则如不能成佛，绝超凡入圣之路，则佛教根本失其作用。汉晋间释氏主积学至圣，文证甚多，但姑不征引。

总上所言，汉魏以来关于圣人理想之讨论有二大问题：（一）圣是否可成；（二）圣如何可以至。而在当时中国学术之二大传统立说大体不同，中国传统（谢论所谓孔氏）谓圣人不可学不可至；印度传统（谢论所谓释氏）圣人可学亦可至。学术界二说并立相违似无法调和，常使人徘徊歧路堕入迷惘，故《世说新语·文学篇》曰：

佛经以为祛练神明则圣人可致（此叙印度传统），简文云，不知便可登峰造极不？（此似据中国传统立说不同而生疑）然陶练之功尚不可诬。

二大传统因流行愈久而其间之冲突日趋明朗。学人之高识沉思者，自了然于二说之不一致，故简文发问疑之于前，康乐作论明示于后。而在此时亦正因佛经一阐提成佛义出而争论极烈。印度佛教本有立种姓义者，依此义则超凡入圣亦可谓有不可能。晋末六卷《泥洹经》出，乃明载一阐提不能成佛之说，印度传统中乃起一异说，但竺道生精思绝伦，"孤明先发"，根据法体之贞一（《辨宗论》谓理归一极），力驳此说之妄伪。谓佛性乃群生之真性，一阐提乃属群生，何得独无佛性。一阐提既同具佛性自得成佛，故当东晋末叶印度传统中有一部分人士违背圣人可学可至之宗义,经道生精辟之主张,加以《涅槃》新经之明证,而印度立说乃维持其原来所立之宗义。晋末因印度传统既生波动,而整个问题(即上述之两项)益为学人所注意,竺道生大顿悟义原在求本问题之总解决。谢灵运《辨宗论》述其旨,立言简要,拈出二大传统之不同,而建树一折中之新义。关于整个问题之解决或可分为四句:

一、圣人不可学不可至,此乃中国传统。

二、圣人可学可至,此乃印度传统。

三、圣人可学不可至,此说无理不能成立。

四、圣人不可学但能至,此乃《辨宗论》述生公之新说,所谓"闭其累学"、"取其能至"是也。

梁释僧旻曰"宋世贵道生,顿悟以通经",盖一阐提成佛乃经中之滞义,生公立大顿悟本为此滞疑之解决,而且魏晋学术之二大异说亦依此而调和,则生公之可贵岂独在通经耶?抑亦在将当时义学之迷惘一举而廓清之也。

竺道生曰,成佛由于顿悟,谢康乐曰,得道应需慧业,故成圣者固不由学也。然谓圣人能至而不可学。欲知其立说之由来,亦当明了魏晋学人之所谓学果含何义。当时学字之意义,实应详加研讨,大要言之,相关之意义约有四:

(一)学者乃造为。道家任自然无为无造。鹤胫虽长断之则悲,凫胫虽短续之则忧。玄学弃智，用人之聪明为其所不取。王弼曰"智慧自备，为则伪也"，郭象曰"任之而理自至"。夫"学"者即谓有所欲为，则圣人德合自然，应不能学，此其一。

（二）"学"者效也，乃由教，由外铄。《论语集解》何晏曰"学自外入"。皇疏引缪协曰"学自外来，非复内足"。夫圣人神明自茂，反身而诚。故皇疏三有曰"圣人不须教也"。《涅槃集解》引僧亮（刘宋初人）曰"无师自悟是觉义"。佛本大觉，应无所谓学。此其二。

（三）学者渐进，累积而有成。孔子"志学"、"而立"之差，佛家十地四果之阶，均以示学之程序。鸠摩罗什曰："能积善果功自致成佛。"然理归一极，法本无妄，以不可妄之法，不可分之理，而谓能渐灭虚妄，由分至全者，是不通之论。是则证体成佛自须顿得，不容有阶差，自亦无所谓学，此其三。

（四）学者由于不足。不自足乃有所谓学。然王弼曰物皆得一以成，则群有均不离道；郭象曰物皆适性为逍遥，则万物本不假外求。然则众生本皆自足，人皆可圣，亦不需学，此其四。

综上四者，圣人不须教，佛为无学道，则作圣成佛果何因乎？竺道生乃提出顿悟学说，其说余已别详，兹姑不赘。当时学说之二大传统依上所陈各有是非：

中国传统谓圣不能至固非，而圣不能学则是。

印度传统谓圣可至固是，而圣能学则非。

生公去二方之非，取二方之是，而立顿悟之说，谓圣人可至，但非由积学所成，要在顿得自悟也。自此以后，成圣成佛乃不再为一永不可至之理想，而为众生均可企及之人格。神会和尚曰："世间不思议事为布衣登九五，出世间不思议事为立地成佛。"实则成佛之事，在魏晋玄谈几不可能，非徒不可思议也。自生公以后，超凡入圣，当下即是，不须远求，因而玄远之学乃转一新方向，由禅宗而下接宋明之学，此中虽经过久长，然生公立此新义实此变迁之大关键也。

康乐承生公之说作《辨宗论》，提示当时学说二大传统之不同，而指明新论乃二说之调和。其作用不啻在宣告圣人之可至，而为伊川谓"学"乃以至圣人学说之先河。则此论在历史上有甚重要之意义可知矣。

（原载《大公报·文史周刊》，1945年10月23日）

1916—2009

任继愈：唐宋以后的
　　　　三教合一思潮

一

隋唐初期，中国思想界即有了"三教"的名称。三教即以孔子为代表的儒教，以老子为代表的道教与外来的佛教。孔子和老子都是先秦时期公元前 5 世纪的哲学家、思想家、学者，不是宗教的领袖。孔子、老子被神化，被说成宗教的创始人，是后来人们塑造出来的。

隋唐时期，中国佛教、道教都得到中央封建政府的提倡，与儒教并列，形成三教鼎立的局面。儒教主张维护中国封建君权的"三纲"说，即君臣、父子、夫妇的绝对服从关系永恒不变。三教从不同的方面为同一个封建皇权服务。它们为了发展自己的势力，也有过矛盾斗争。在矛盾中，佛教、道教都分别遭到政治上的打击。而儒教也认识到，佛教和道教的一些宗教思想可以辅助儒教世俗说教的不足。在唐朝后期，三教的重要思想家都主张三教会同，主张在理论上互相包容，有时候只是在政治上互相排斥。唐宋以后，直到鸦片战争（1840年），这种儒、佛、道三教融合的总格局没有改变。这种思潮，对于中国后期封建社会起了稳定作用，从而延缓了中国封建社会向近代资本主义社会过渡的速度。三教合一思潮，构成了近千年来中国宗教史、中国思想史的总画面。

二

佛教的三教合一思潮。隋朝李士谦论三教，说："佛日也，道月也，儒五星也。"（《佛祖历代通载》卷十）隋唐以后，中国出现了大批"伪经"，所谓"伪"，是指它不是来自西方，是中国人自己编造的。伪经名目繁多，各有特点，有所偏重，但它们都强调中国封建伦理、忠君、孝父母等儒教思想。唐代僧人宗密《原人论》中说："孔、老、释迦皆是至圣，随时应物，设教殊途。内外相资，共利群庶。"五代时僧延寿，主张三教融合："儒道仙家，皆是菩萨，示助扬化，同赞佛乘。"（《万善同归集》卷六）北宋元祐年间，四川大足县石篆山石窟造像，即将儒、佛、道镌刻于一处。北宋的三教合一，反映了代表中央政权的儒教为中心的势力的增强，佛、道两教均主动向儒教接近的趋势。宋代的孤山智圆自称："宗儒述孟轲，好道注《阴符》，虚堂踞高台，往往谈浮图。"（《闲居编》卷四十八《潜夫咏》）他主张"修身以儒，治心以释"（《中庸子传》上）。以佛教徒的身份，而自号"中庸子"，还认为没有儒教的支持，国家不得安宁，佛教也不能推行。他为了宣扬"中庸之道",不惜违反佛教教义,他说:"释之言中庸者,龙树所谓中道义也。"(同上)龙树"中道"为不执着有无、真假,儒家的"中庸"指的是处世对人要无过无不及,两者本不相干。

宋赞宁也说:"三教循环,终而复始。一人在上,高而不危。有一人故,奉三教之兴;有三教故,助一人之理。"

僧人契嵩著《辅教编》中有《孝论》凡十二章,具论忠孝,"拟儒《孝经》,发明佛意"。还说:"夫孝,诸教皆尊之,而佛教殊尊也。"(《孝论·叙》,见《镡津文集》卷三)佛教本来号召出家,脱离家庭的父子伦理关系的,而佛教的代表人物却高唱佛教比儒教、道教更看重孝道。

明朝袾宏继承了这个方向,也主张三教"同归一理"、"三教一家"。僧真可《题三教图》,又有《释毗舍浮佛偈》,认为"仁"、"义"、"礼"、"智"、"信"都是值得敬礼的佛(如来)。德清有《大学纲目决疑》以说明儒教与佛的一致性;又作《道德经解发题》、《观老庄影响论》以说明道教与佛教的一致性,认为"孔老即佛之化身"。智旭(1599—1655年)以儒教的十六字诀融通佛教,并著有《周易禅解》、《四书蕅益解》,主张孝道,"儒以孝为百行之本,佛以孝为至道之宗"(《题至孝回春传》)。"以真释心行,作真儒事业"(《广孝序》)。"非真释不足以治世,是以一切三宝常能拥护世间,而真儒亦足以出世"。(《玄素开士结茅修止观助缘疏》)

三

道教开创之初，即提倡佐助君王的方略。南北朝时期，道教经过官方的改造，更加充实了支持封建社会的忠君爱国的内容。宣扬孝慈的如：

与人君言，则惠于国；与人父言，则慈于子；与人师言，则爱于众；与人兄言，则悌于行；与人臣言，则忠于君；与人子言，则孝于亲。(《太上洞玄灵宝智慧罪根上品大戒经》二卷，《道藏》二〇二册，洞玄部戒律类，陶)

宣扬"三教归一"的如：

《三教归一图说》：三教殊途同归，妄者自生分别。彼谓释、道虚无，不可与吾儒并论。是固然也。自立人极，应世变言之，则不侔。至于修真养性与正心诚意之道，未易畦畛也。(《黄帝阴符经讲义》四卷，南宋夏元鼎撰。《道藏》五十四册，洞真部玉诀类，藏下)

宣扬报父母恩，出家道士超度其亡亲的，如：

三纲五常乃立人之大本，孝道之大，至于日月为之明，王道为之成……是故净明之法，本忠君孝亲以存心；盟真之斋，以报祖荐亲而立教。以此见学仙之士，曷尝不笃意于亲……

资事父以事君，则忠孝之义尽，取于治身而治国，则清净之化成。其在栖真者流，尤以报君为重。(《玄门报孝追荐仪》，《道藏》二八五册，洞玄部威仪类)

道教还将儒教纲常名教的规矩应用到道教的师徒关系上。如：

以传度法箓者为度师，度师之师为籍师，籍师之师为经师。

先序三师，然后行道。凡厥读经、讲诵、行道、烧香、入室、登坛，皆先礼师存念……此法不遵，真灵靡降。(《洞玄灵宝三师名讳形状居观方所文》，张万福撰。《道藏》一九八册，洞玄部谱录类，有二)

南宗道士张伯端说"教虽分三，道乃归一"(《悟真篇》序)，致力会同儒、佛、道。

金元间，道教三教合一说十分流行。王喆在山东建立三教金莲会、三教平等会，"劝人诵《般若心经》、《道德》、《清静经》及《孝经》"。(《甘水仙源录》)丘处机云："儒释道源三教祖，由来千圣古今同。"(《磻溪集》)赵缘督(友钦)有《仙佛同源》，主张三教一家、三教合一，是全真教的中心思想。后来假托吕洞宾的许多

著作（多数应出在明代）也都是三教合一的基调。道士谭处端说："为官清政同修道，忠孝仁慈胜出家。"（《水云集》）

四

唐宋以后，历元、明、清各朝，儒教配合中央集权的要求，也极力加强思想统治的集中。儒教本身直接提倡的是维护封建专制制度的"三纲说"。儒教的许多学者，没有不受过佛教和道教的影响的。周敦颐的《太极图说》，本来是道教先天图的翻版。以后张载、二程以及南宋的朱熹、陆九渊也都是深受佛、道两教的影响的。由此上推，如白居易身为儒者，同时又是佛教和道教的忠实信徒。（陈寅恪：《白乐天之思想行为与佛道之关系》，《岭南学报》1949年。）宋代理学家们如朱熹对《黄帝阴符经集解》以及《参同契》都进行过认真的研究。前人论述已多，这里从略。朱熹借用佛教常用"月印万川"的比喻来说明他的"理一分殊"的道理。朱熹说："释氏云，'一月普现一切水，一切水月一月摄'，这是那释氏也窥见得这些道理。"（《朱子语类》卷十八）朱熹既继承了禅宗思想，也继承了华严宗思想，因为华严宗发挥"一即一切"这个神秘主义观点，朱熹也说"万个是一个，一个是万个"。（《朱子语类》卷九十四）朱熹好像在说佛教的某些观点近儒，实际上倒是朱熹的思想符合了佛教观点。明清之际的王夫之曾指出："贞生死以尽人道，乃张子之绝学，发前圣之蕴，以辟佛、老而正人心者也。朱子以其言既聚而散，散而复聚，讥其为大轮回。而愚以为朱子之说反近于释氏灭尽之言,而与圣人之言异。"(《张子正蒙注·太和篇》)再以明代学者王守仁为例,也能看出明代儒者所持鲜明的三教合一的立场。王守仁说:

> 仙家说到虚,圣人岂能虚上加得一毫实?佛氏说到无,圣人岂能无上加得一毫有?但仙家说虚,从养生上来,佛家说无,从出离生死苦海上来。却于本体上加却这些子意思在,便不是他虚无的本色了。(《传习录》下)

> 佛氏不着相,其实着了相。吾儒着相,其实不着相。请问。曰:佛怕父子累,却逃了父子,怕君臣累,却逃了君臣,怕夫妇累,却逃了夫妇。都是为个君臣、父子、夫妇着了相,便须逃避。如吾儒,有个父子,还他以仁,有个君臣,还他以义,有个夫妇,还他以别。何曾着父子、君臣、夫妇的相?(同上)

王守仁还把儒教的修养与道教的宗教修炼等同类比。他说:

> 只念念要存天理,即是立志。能不忘乎此,久则自然心中凝聚,犹道家所谓结圣胎。(《传习录》上)

他还把佛教、道教说成与儒教差不多少,极为接近:

> 二氏之学,其妙与吾人只有毫厘之间。(同上)

大抵养德养身，只是一事。元静所云真我者，果能戒谨不睹，恐惧不闻，而专志于是，则神住、气住、精住，而仙家所谓长生久视之说，亦在其中矣。神仙之学与圣人异，然其造端托始，亦唯欲引人入于道。《悟真篇》后序中所谓"黄老悲其贪着"，乃以神仙之术渐次导之者。元静试取而观之，其微旨亦自可识。(《年谱》)

王守仁故意把道教的神秘主义内丹修炼方法说成儒教的道德修养过程。陆元静问王阳明关于道教的精气神的部位与作用，信中问：

元神、元气、元精必各有寄藏发生之处，又有真阴之精，真阳之气，云云。

王守仁回答说：

夫良知一也，以其妙用而言，谓之神，以其流行而言，谓之气，以其凝聚而言，谓之精，安可以形象方所求哉？真阴之精即真阳之气之母，真阳之气即真阴之精之父。阴根阳，阳根阴，亦非有二也。苟吾良知之说明，则凡若此类，皆可以不言而喻。不然，则来书所云三关、七返、九还之属，尚有无穷可疑者也。(《传习录》中《答陆元静书》)

三教关系是中国思想史、中国宗教史上的头等大事。三教合一，则是中国思想史、中国宗教史的发展过程和最终归宿。"三教合一"的趋势形成后，三教的地位是不平等的。北宋以后，佛、道两教屈从儒教。儒教吸收了佛、道两教的宗教修养方法，及不计较世俗利害、不贪图物质要求的禁欲主义以加强封建社会的统治秩序。安贫乐道，口不言利，温驯和平，与人无争，成了儒教为人处世的基本教义。

五

　　唐宋以后的这种三教合一思潮反映了中国封建社会后期阶段的政治经济结构，适应了维护这种政治经济结构的需要，不是一个偶然的现象。

　　中国封建社会的大一统的政治局面从秦汉时期确立以来，经过魏晋南北朝时期三百多年的分裂，到了唐宋时期，又重新巩固下来。但是，这种大一统的政治局面是建立在以一家一户为单位的小农经济的基础之上的。这种小农经济是一种自然经济，生产的产品首先要交纳赋税租债，剩下的农民自己消费掉了，产品主要不是供商业流通的。因而具有停滞、闭塞、分散的特性。历代封建帝王的政策多重农抑商，以农为本，叫作"重本抑末"，采取各种措施来保护这种自然经济。

　　这种自然经济有两重性，一方面，小生产者落后、软弱，希望在他们上面有一个集中强大的权威来保护他们，使他们免于土地兼并，这就给专制主义提供了社会基础；另一方面，庄园式的生产、生活方式，又是分散的，彼此独立的，这又为地方分裂割据势力创造了有利条件，形成一种离心倾向。

因此，政治上的高度集中和经济上的高度分散这一对矛盾，长期得不到解决。分散的个体农民好像一盘散沙，缺少联系，需要有一个强大的中央政府统率他们，保护他们，把他们统摄在一起。克服他们的离心倾向，保持国家的集中统一，就必须强化上层建筑的力量来进行控制。这种控制包括两个方面，一是用政权的力量，二是用精神的力量。

中国历代统治者，不断总结经验，加强中央集权，他们以极大的努力，进行了艰巨的工作。政治上，秦、汉、隋、唐集权于中央政府，宋朝则进一步削弱地方政府的权力，把一切财力、兵力集中于中央。明、清废宰相，置内阁。内阁只供皇帝咨询，没有行政权力。于是中央集权又进一步发展为皇帝个人的专制独裁。

至于从精神力量来加强中央政府和皇帝的权力，主要依赖三教合一的宗教和哲学思想。

三教合一，表面上仍维持着三教的门户，儒、佛、道各成体系，三教都力图吸收另外二教，把它们当作自己体系的一部分，实际上，三教的力量不是平衡的。儒教是主流，佛、道两教处在依附的地位，起配合作用。

儒教的思想核心是三纲五常。这种思想强调君权、父权、夫权。君权是直接维护大一统的政治局面的，父权和夫权有利于树立自然经济中男性家长的权威地位。因而这种思想特别适合中国封建社会的政治经济结构的需要，受到历代封建统治者的重视。佛教是一种外来的宗教，它必须接受封建宗法传统思想，即纲常名教思想，才能在中国这块土地上生根。道教是中国土生土长的宗教，除了它的宗教修养以外，它也是以维护纲常名教为基本内容的，不得不与儒教合流。另一方面，佛、道二教有一套追求彼岸世界的系统的宗教理论和修养方法，为儒教所不及。儒教也必须从佛、道二教那里吸取营养来弥补自己的不足。

由于儒、释、道三教都是封建上层建筑的重要组成部分，进行精神控制的有效工具，所以都受到历代封建统治阶级的重视。这又反过来促进了三教合一思潮的发展，成为中国封建社会后期占主导地位的思潮。

任何社会都是有生命的，都有其形成、壮大、衰亡的过程。中国的封建社会，虽曾长期处于停滞状态，它仍然在缓慢地发展、前进。封建的自然经济中也孕育着突破封建束缚的内在因素。工商业者、手工业者，如果得到充分的条件，也可能首先在某些地区产生资本主义萌芽。越是到了封建社会后期，这种要求突破旧传统的自发力量也越强烈。在思想上，则反映为对封建宗法制度的核心——君权的怀疑。如南宋末年的邓牧（1247—1306 年）主张无君，稍后的黄宗羲（1610—1695 年）也提出过君主为天下之大患的思想。由于传统的三教合一思想太强大了，它加强了封建宗法制度。被强化了的封建宗法制度又扼杀了自然经济已经孕育着的资本主义萌芽，从而造成中国封建制度的长期稳定以至停滞状态，因而像邓牧、黄宗羲等人的民主思想都没有发生大的影响。

（原载《世界宗教研究》第 1 期，1984 年）

1891—1962

胡适：从历史上看哲学是什么

这个题目很重要。从人类历史上看哲学是什么，一方面要修正我在《中国哲学史》上卷里所下哲学的定义，一方面要指示给学哲学的人一条大的方向，引起大家研究的兴味。

我在今年一二月《晨报副刊》上发表杜威先生哲学改造的论文，今天所讲，大部分是根据杜威先生的学说。他的学说原是用来解释西洋哲学的，但杜威先生是一个实验主义者，他的学说要能够解释中国或印度的哲学思想，才能算是成立。

杜威先生的意思，以为哲学的来源，是人类最初的历史传说、跳舞、诗歌、迷信等等幻想的材料，经过两个时期才成为哲学。

（一）整齐统一的时期。传说神话变成了历史，跳舞、诗歌变成了艺术，迷信变成了宗教，个人的想象与暗示，跟了一定法式走，无意识的习惯与有意识的褒贬，合成一种共同的风尚，造成了种种制度仪节。

（二）冲突调和的时期。人类渐渐进步，经验多了，事实的知识分量增加范围扩大，于是幻想的礼俗及迷信传统的学说，与实证的人生日用的常识，起了冲突，因而批评的调和的哲学发生。例如希腊哲人（sophist）之勃兴，便是西洋哲学的起源。sophist 对于一切怀疑，一切破坏，当时一般人颇发生反感，斥哲人为诡辩，为似是而非。sophist 一字，至今成了恶名。有人觉得哲人过于激烈，应将传统的东西保存一部分，如 Socratea 辈。但社会仍嫌他过激，法庭宣告他的死刑。后来经过柏拉图、亚里士多德等的调和变化，将旧信仰洗刷一番。加上些论理学、心理学等等，如卫道护法的工具，于是成了西洋的正统哲学。

归纳起来说，正统哲学有三大特点：

（1）调和新旧思想，替旧思想旧信仰辩护。带一点不老实的样子。

（2）产生辩证的方法，造成论理的系统，其目的在护法卫道。

（3）主张二元的世界观，一个是经验世界，一个是超经验世界。在现实世界里不能活动的，尽可以在理想世界里玩把戏。现在要拿杜威先生关于正统哲学的解释，来看是否适用于中国。我研究的结果，觉得中国哲学完全可以适用杜威的学说。

中国古代的正统哲学是儒墨两大派，中古时代是儒教，近世自北宋至今是宋明理学，尤其是程朱的理学。

现在分论古代、中古、近世三期。

中国古代的哲学原料，诗歌载在《诗经》，卜筮迷信载在《易经》，礼俗仪容载在《礼记》，历史传说载在《尚书》。在公元前2500年，初民思想已经过一番整齐统一。一切旧迷信的旧习惯传说已成了经典。

公元前五六百年老子、孔子等出，正当新旧思潮冲突调和的时期,古代正统哲学才算成立。老子是旧思想的革命家、过激党,攻击旧文化,攻击当时政治制度。古代以天为有意志有赏罚,而老子说天地不仁,将有意志的天变为无往而不在,无为而无不为的天,是一个自然主义的天道观。老子这样激烈的态度,自然为当世所不容,他很高明,所以自行隐遁。邓析比老子更激烈,致招杀身之祸,没有书籍流传后世,可见当时两种思想冲突的厉害。

于是调和论出来了。孔子一方面承认自然主义的天道观,他说:"天何言哉?四时行焉,百物生焉,天何言哉?"一方面又承认有鬼神。他说:"敬鬼神而远之","祭如在,祭神如神在","洋洋乎如在其上,如在其左右"。他总舍不得完全去掉旧信仰,舍不得完全去掉传统的宗教态度,但在一般人看来,他仍然是偏向革命党。偏向革命党的苏格拉底不免于死刑,偏向革命党的孔子不免厄于陈、蔡,终身栖栖惶惶。这是第一派的调和论。

第二派的调和论是墨子。墨子明白提倡有鬼,有意志的天,非命,完全容纳旧迷信,完全是民间宗教的原形。但究竟旧思想经过动摇,不容易辩护,于是不得不发明辩证的方法,以逻辑为武器。我们看他用逻辑最多的地方,是《明鬼》和《非命》两篇。他提出论辩的三个标准:

(1)甲,我们曾经耳闻目见否。

(2)乙,古人说过没有。

(3)丙,有用没有用。

譬如说有鬼,第一,曾经有人看见过鬼,或听见鬼叫的;第二，古书上载鬼的地方很不少，故古人是相信有鬼的；第三，我们相信有鬼，则我们敬爱的人死了，我们尚可得到安慰，且而可以少做坏事，信鬼有利无弊是有用的。因此墨子是当时的正统哲学。

中古时代之整齐统一期分两个步骤：第一步是秦时，李斯别黑白，定一尊；第二步是汉初，宗教迷信统一于长安，秦巫晋巫各代表一个民间宗教。汉武封泰山，禅梁文，一般方士术士都来了。这是道教与古供迷信冲突时期。

戴上儒家帽子的墨教出来调和，便是董仲舒所创之新儒教。以天人感应为基本观念，替民间宗教作辩护，可谓古代迷信传说之复活。故中古期的正统哲学是新儒教。

从东汉到北宋，儒释道三教都来了，没有十分冲突。唐时以老子姓李，道教几乎成为国教，到了北宋真宗，崇道教，拜天书，封禅老子庙。道教之盛，达于极点，以至仁宗神宗时代，产生了许多怀疑派。如欧阳修、苏轼、王安石、李觏等，对于思想制度古书都怀疑，对于迷信的道教是一种反动，对于极端个人主义的禅宗是一种调和。于是在古代诸大思想系统中找出儒家，以"五经"为旧经典，"四书"为新经典。《大学》里找出方法论，《中庸》里找出心理学。静坐不是学佛，是求敬，是注意，是为自己的修养，故自北宋以来，正统哲学是理学。理学调和的分子极多，以儒家为根据，容纳道家佛家一部分思想，且兼容古代的宗教，为涵养须用敬之"敬"，完全是宗教的态度。

结论：我所以讲这个题目，是要使大家知道，无论以中国历史或西洋历史上看，哲学是新旧思想冲突的结果。而我们研究哲学，是要教哲学当成应付冲突的机关。现在梁漱溟、梁任公、张君劢诸人所提倡的哲学，完全迁就历史的事实，是中古时代八百年所遗留的传统思想，宗教态度，以为这便是东方文明。殊不知西洋中古时代也有与中国同样的情形，注重内心生活，并非中国特有的，所以我们要认清楚哲学是什么，研究哲学的职务在那里，才能寻出一条大道。这是我们研究哲学的人应有的觉悟。

（原载《国闻周报》第2卷第20期，1925年5月31日）

華北大學

第九篇 哲学与人生

人生哲学四讲

1937—1946

1937—1946

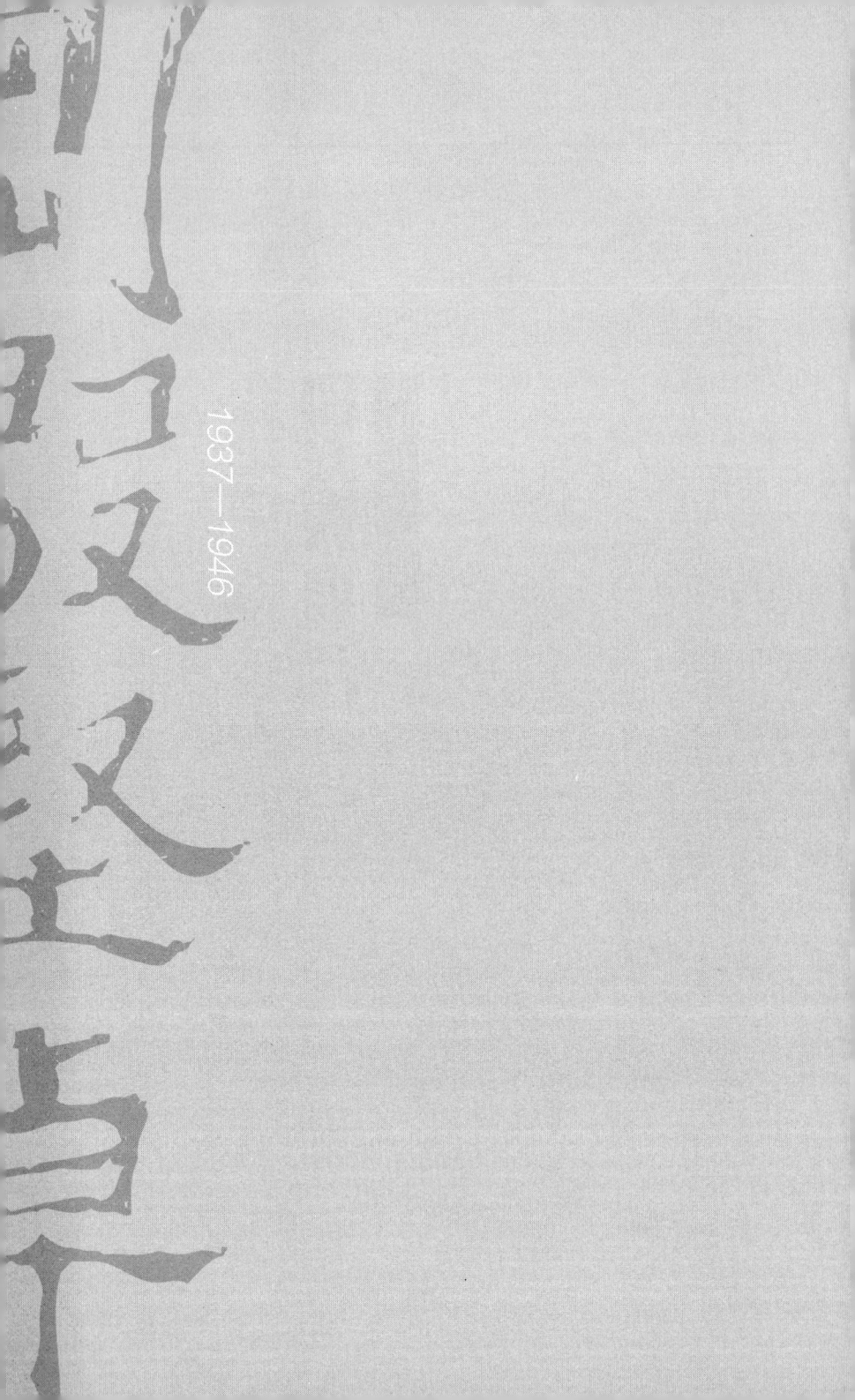

1900—1950

罗庸：论为己之学

《论语·宪问篇》："子曰：古之学者为己，今之学者为人。"朱子《集注》引用程子的话道："为己，欲得之于己也；为人，欲见知于人也。"又说："程子曰：古之学者为己，其终至于成物；今之学者为人，其终至于丧己。愚案圣贤论学者用心得失之际，其说多矣；然未有如此言之切而要者。于此明辨而日省之，则庶乎其不昧于所从矣。"

一部《论语》，论其宗趣所归，一仁字足以尽之；论其致力之方，一学字足以尽之。子夏曰："博学而笃志，切问而近思，仁在其中矣。"是仁亦涵摄于学。孔子曰："吾十有五而志于学。"《论语》的记者，也拿"学而时习之"一章冠首。这真是原始要终，彻上彻下，明白了为学之道，便已本末兼赅了。

人之大病，莫过于昏惰无耻，孔子只有对于"饱食终日，无所用心"，和"群居终日，言不及义，好行小惠"的两种人，说他们"难矣哉"！又说："困而不学，民斯为下矣。"孟子也说："自暴者不可与有言也，自弃者不可与有为也。言非礼义，谓之自暴也；吾身不能居仁由义，谓之自弃也。"因为为仁是由己的，如果你志趣凡下，不耻卑污，那末，人都不奈你何。孔子说："不愤不启，不悱不发；举一隅不以三隅反，则不复也。"又说："不曰如之何如之何者，吾未如之何也已矣。"孟子也说："不耻不若人，何若人有？"朱子也说过："不带性气的人，为僧不成，为道不了。"所以"尚志"是学者第一件大事。

尚志便是自强，鞭辟近里，与他人全无干涉。所以《孟子·答王子垫问尚志》说："仁义而已矣。"如不善会此意，便有以忮求为尚志的，有以妄想寻伺为尚志的，行险侥幸，病目空花，而自以为有志，这正是孔子所谓"患得患失"的鄙夫。学者如能于此处体认明白，则其一段高明俊迈之精神，必有自发而不容己者，这样为学，才是为己之学了。

《荀子·劝学篇》有两句话说："君子之学也，以美其身，小人之学也，以为禽犊。"真说到为己之学，不但不为禽犊而已，凡逐外徇物，皆是为人。学者且各自问：我今日为学，果真为谋道，不为谋食吗？果真不为名利恭敬吗？果真有一段不容己之精神，坦然奔赴，宁以穷饿无闷，死生不变其操吗？如其未然，那便是实在未尝有志于学，入手便错，何问前途？且教洗髓伐毛，将自欺欺人之习，打扫净尽，实见得人之所以异于禽兽，实见得己之所以异于圣贤，如恶恶臭，如好好色，不怙己过，不恋旧习，才可与说为己之学。

孔子答子路问志，只说个"老者安之，朋友信之，少者怀之"。而自述则曰："吾十有五而志于学。"此言最为无病。学者虽不骛外，但是空悬鹄的，模画圣贤，也便是捕风捉影。如文王之"望道而未之见",颜渊的"如有所立卓尔",都是实有所见,才说这话。不然,误会了孟子"舜何人也,子何人也,有为者亦若是"的话,或且预立目标,以与古人铢量寸较,反转变为功利炽然,仁义充塞,其流弊有不可胜言者。只一句"好学",便是万病尽祛,万行具足,才真是为己之学了。

为己之学只是自知不足,而未尝预拟其止境,这便是下学功夫,至于上达,是不暇计及的。孔子自己是"发愤忘食,乐以忘忧,不知老之将至"的,称赞颜回,说:"吾见其进,未见其止。"这都不过真是"日知其所亡"而已。真能日知所亡,必能月无忘其所能,所以颜回是"退而省其私,亦足以发"的。

不足之感还是由好学而来,所谓"学然后知不足"者是。知不足然后能自反,知困然后能自强,都是切实向内的功夫。所谓"反身而诚","尽己之谓忠",实在皆是好学之事。自知不足则其心愈虚,反身而诚则其心愈实,程子尝说:"学者心要实,又要虚。"其意在此。"知之为知之,不知为不知",是实到极处;"有鄙夫问于我,空空如也,我叩其两端而竭焉"。是虚到极处。致实致虚,才真是为己之学了。

真能虚的人必不骄,真能实的人必不吝。真能虚的人必不忮,真能实的人必不求。真能虚则学不厌,真能实则教不倦。而其实则皆是诚之发见处。诚则明,是虚之用,诚则动,是实之用,诚之全,即仁之体。孔子说:"仁远乎哉?我欲仁,斯仁至矣。"又曰:"为仁由己,而由人乎哉?"能触处反求诸己,即是"无终食之间违仁",能造次颠沛不违于仁,才真是为己之学了。

至诚无息便是自强不息,天行健即是仁者必有勇,所以真能为为己之学者必是宏毅坚刚,光明俊伟,洒然无累,凝然不滞,夙夜黾勉,而未尝有累于心,无非求有以自得而已。

"自得之则资之深,资之深则居之安,居之安则取之左右逢其源。"所以真能为为己之学者必有及物之功,程子所谓"其终至于成物"者是。因为宇宙内事皆自己分内事,所以仁者与物同体,成物实即尽己之事,仁者并不自知其有及物之功的。舜禹之有天下而不与,孔子叹其巍巍,舜禹并不自知其巍巍也。反之,视天下有一物未康即亏吾性倒是真的。所以成己成物原无二致,其义在此。

否则,竭情利禄,弊力声名,正是《乐记》所谓"物至而人化物"的。己之既丧,成物何由?人生可哀,无过于是!是不可不痛自反省的。

(原载罗庸:《鸭池十讲》,开明书店 1943 年版)

1895—1990

钱穆：人学与心学

一

居今之世，亟当提倡两种学问。一曰"人学"。一曰"心学"。亦可合称为"仁学"。

孟子曰："仁者人也。"又说："仁，人心也。"人有此心，始得为人。故仁学乃是人学与心学之合称。

人学学"为人"，心学学"养心"。

为人之学，重在"与人为人"。养心之学，重在"因心养心"。此两种学问，乃中国传统文化精华所萃，而同时又为今世人之所忽，而又万不可忽者。其亟须提倡之理由在此。本篇试略申其大义。

何谓"与人为人"？乃指为人必在人群中为之，离了人群，即不得为。人在人群中为人，非在人群中谋生之谓。鲁滨逊漂流荒岛，主要只求谋生，斯则与其他兽类同居此荒岛者不能有大异。必待其重回人群，乃始有重新做人之环境与可能。丹麦易卜生一剧本，设为有娜拉其人，离家出走，告其夫曰："我将到社会上做一人，不复在家庭作一妻。""五四"运动时，此一剧本在中国宣扬甚广。几乎认为人生大道即在此。但在家为妻，是亦人职。不得谓为妻即不是人。出至社会，只是另换一身份，或当学校教师，或为医院看护，或做公司中一职员，或从事任何职业，仍必与人为人。非可脱离人群，超越人群，独立自由，摆脱净尽一切的人与人关系，抹去了一切在人群中之身份而赤裸裸地为一人。

西方神话中有亚当、夏娃，成双作对，来此世界做人。若使夏娃也如娜拉，离开亚当，则将不复有今日之人类。释迦牟尼逃其妻女，只身远去，但他后来还是回入人群中与僧为僧，也便是与人为人。达摩东来，九年面壁，但彼居住在嵩山少林寺，不如鲁滨逊之在荒岛。彼亦仍是与僧为僧，在僧群中作一僧，非脱离超越了僧群，而可独立自由地为一僧。故佛教徒虽主张出家，但并未主张出世。若贸然自杀，想求出世，他将依然受轮回，转胎投入此世中来，若为僧则依然是在人群中为人。为人则必有"人道"；必与人为人。此乃人生一大真理，谁也不能违背。中国古人，自始即认清楚此一事实，从而探索发扬此一事实中之真理。宏通细密，举以教人。中国社会即建基在此，中国文化亦道源在此。中国人所讲究之人伦道德皆由此来。

二

心则是人之主宰。欲知如何为人，须先知如何"养心"。人生不专为生，更要乃在生而为人。谋食之上须知"谋道"。谋食者以心为形役，谋道必奉心为主宰。人有一盆花，一缸鱼，皆知所以养。人有一心，却不知养，可谓大愚。何谓"因心养心"？心为人人所同有，因此有同然之心。同然者则必历久而常然。此同然与常然者，又称为人之本然之心。因不能有超越人群独立自由创出此心以强人必然也。既为人之所同然常然而又本然者，则亦必是当然者。人有此当然之心，流出为事，于是有当然之理。能知此心，斯知为人之道；能养此心，斯能真实践履此为人之道。故贵能从人学中来认取心，从心学中来作为人，此两端，交互回环，成为一体，中国古人则称此曰"仁"。然使心失其养，则违其当然，异于同然，非其常然，而流俗相沿，转有即认此以为人心之本然者。故"知心"之学，又为养心之前提。

人之相知，贵相知心。夫妇居室，使两心不相知，则决然非佳偶。父母不知子女心，何来有慈道。子女不知父母心，何来有孝道。一切做人道理，全从心中流出。人之躯体，各别分开，故从身生活言，可以争独立，争自由。心则是一大共体，亘古今，通天地，只要是人，则必具此心。心与心之间，则最易相感相通，因其相感相通而成为一"大共心"。亦可谓乃由此一大共心而分别出亿兆京垓为数无穷之"个别心"。

人尤贵能认识此大共心，姑举科学为例，现代科学界日新月异，不断有发明。某人发明了某一真理，同时某人又发明了某一真理，其实在科学中则仍有一大共心，直自知得二加二等于四，到不远将来之送人上月球，种种真理，皆由此一大共心中发出。一个科学家，首贵能把己心投入此大共心中，以此大共心为心，而后能成为一个特出的科学家。任何一个大科学家，只能在此科学大共心中突出，不能超越或离去于此科学大共心之外而独立自由求发明、求突出。科学如此，人生一切皆然。故曰"圣人先得我心之同然"。科学家之发明，只是先得了此科学心之同然。亦只是因心养心而始获得此果实。

远自知得二加二等于四,发展到懂得如何送人上月球,还只是此一大共心,此心之所以能不断有发展,其道则须养。不好好养得,即不能有发展。正如一盆花,一缸鱼,不好好养,便萎了死了。但养心不如养花养鱼般易知易能。必真能潜心科学中而自有心得者,乃能默喻此科学之大共心,又知如何能善养而勿失。唯人心广大,除科学心外,尚有艺术心、文学心、哲学心,及其他种种一切心。皆在此一广大心之内。即言科学,已是千差万别。科学以外,又是千差万别。但种种差别,皆原于人之一心。在此千差万别之上,复有一包举此千差万别之"大共心"。人因有此一大心,故能发明科学,创造艺术,成就文学、哲学。理智如此,感情亦然,意志亦然,以此会合而成一完美的人生。今特随宜呼之曰科学心、艺术心云云,其实皆相通,只此一"心"。可以有种种表演,种种成就,但不能在此广大心中各自割据,自立门户,自筑垣墙。如是则道术将为天下裂。纵使因此而完成了各项学问中之专家,却亦因此而失去了一全整的人。人失去了他的全整性,则必互陷于分裂,循至于人失其为人,而专家亦自失其为专家。至于是而人道大苦。故在此千差万别各部门学问之上,必该建立起"人学"与"心学"。必求能从人学中流衍出各部门学问之专家。从心学中,流衍出各式各样的心能与心活动,即是各部门学问之各项智识来。如木一干万枝,如水一源万流。本大则末茂,源深则流远。中国文化则早能注重人学与心学,知在培本浚源上用功夫,知在综合会通上用功夫,此乃中国文化一极大长处所在。

三

现代人意见，若认为人即此便是人，心即此便是心。人与心，正如一笔天然资本，可凭此生利息。一切人事发展，学问创辟，则便是所生的利息。有所谓人类学、心理学等，这都是近代科学中一分支，与此篇所说人学心学无关。正因不讲究"为人"与"养心"之学，人生出了毛病，则又有犯罪学、疯狂心理学等。做人则在职业谋生上。养心则进教堂、电影院与游戏场。人只如此做，心只如此养。出了问题，便交付与法律与监狱，战争与杀伐。人生无共同理想，人心无共同境界，现代人生，遂致全体堕落在身生活物质陷阱中。各自私而互相争，独立自由种种呼声，全从此情况下叫起。各种学问，则离此独立，分道扬镳，愈驰愈远。不从人生出发，不向人道集合，有些与人生漠不相关，有些则仅为身生活物质人生作仆隶。试问送人上月球，是否为解决当前人生问题而付出此甚大之努力？核子武器之不断发明与推进，是否为领导人生，抑为某种人生之利用。不见有在建筑起一切学问之基础上，会通此一切学问之中心上，有所用心。中国古人说，"为富不仁"，今则一切学问，皆渐染有"不仁"之嫌疑。此则全是忽略了"人学"与"心学"之大本原而演出此等现象者。

今若问中国文化中所讲之人学与心学，其内容究如何，其成就又如何，又将如何发扬光大，使能在现世界人生中见实效？凡此皆非本篇所能及。本篇则仅属开宗明义，提出此一意见。其他以后待续。

（原载钱穆：《人生十论》，九洲出版社2011年版）

1891—1962

胡适：哲学与人生

前次承贵会邀我演讲关于佛学的问题，我因为对于佛学没有充分的研究，拿浅薄的学识来演讲这一类的问题，未免不配；所以现在讲"哲学与人生"，希望对于佛学也许可以贡献点参考。不过我所讲的有许多地方和佛家意见不合，佛学会的诸君态度很公开，大约能够容纳我的意见的！讲到"哲学与人生"，我们必先研究他的定义：什么叫哲学？什么叫人生？然后才知道他们的关系。

我们先说人生。这六月来，国内思想界，不是有玄学与科学的笔战么？国内思想界的老将吴稚晖先生，就在《太平洋》杂志上发表一篇《一个新信仰的宇宙观及人生观》。其中下了一个人生的定义。他说："人是哺乳动物中的有二手二足用脑的动物。"人生即是这种动物所演的戏剧，这种动物在演时，就有人生；停演时就没人生。所谓人生观，就是演时对于所演之态度，譬如：有的喜唱花面，有的喜唱老生，有的喜唱小生，有的喜摇旗呐喊；凡此种种两脚两手在演戏的态度，就是人生观。不过单是登台演剧，红进绿出，有何意义？想到这层，就发生哲学问题。哲学的定义，我们常在各种哲学书籍上见到；不过我们尚有再找一个定义的必要。我在《中国哲学史大纲》（上卷）上所下的哲学的定义说："哲学是研究人生切要的问题，从根本上着想，去找根本的解决。"但是根本两字意义欠明，现在略加修改，重新下了一个定义说："哲学是研究人生切要的问题，从意义上着想，去找一个比较可普遍适用的意义。"现在举两个例来说明他：要晓得哲学的起点是由于人生切要的问题，哲学的结果，是对于人生的适用。人生离了哲学，是无意义的人生；哲学离了人生，是想入非非的哲学。现在哲学家多凭空臆说，离得人生问题太远，真是上穷碧落，愈闹愈糟！

现在且说第一个例：二千五百年前在喜马拉雅山南部有一个小国——迦叶——里，街上倒卧着一个病势垂危的老丐，当时有一个王太子经过，在别人看到，将这老丐赶开，或是毫不经意的走过去了；但是那王太子是赋有哲学的天才的人，他就想人为什么逃不出老、病、死，这三个大关头，因此他就弃了他的太子爵位、妻孥、便嬖、皇宫、财货，遁迹入山，去静想人生的意义。后来忽然在树下想到一个解决：就是将人生一切问题拿主观去看，假定一切多是空的，那末，老、病、死，就不成问题了。这种哲学的合理与否，姑不具论，但是那太子的确是研究人生切要的问题，从意义上着想去找他以为比较普遍适用的意义。

我们再举一个例，譬如我们睡到夜半醒来，听见贼来偷东西，我那就将他捉住，送县究办。假如我们没有哲性，就这么了事，再想不到"人为什么要作贼"等等的问题；或者那贼竟苦苦哀求起来，说他所以作贼的缘故，因为母老，妻病，子女待哺，无处谋生，迫于不得已而为之，假如没哲性的人，对于这种吁求，也不见有甚良心上的反动。至于富于哲性的人就要问了，为什么不得已而为之？天下不得已而为之的事有多少？为什么社会没得给他做工？为什么子女这样多？为什么老病死？这种偷窃的行为，是由于社会的驱策，还是由于个人的堕落？为什么不给穷人偷？为什么他没有我有？他没有我有是否应该？拿这种问题，逐一推思下去，就成为哲学。由此看来，哲学是由小事放大，从意义着想而得来的，并非空说高谈能够了解的。推论到宗教哲学、政治哲学、社会哲学等，也无非多从活的人生问题推衍阐明出来的。

我们既晓得什么叫人生，什么叫哲学，而且略会看到两者的关系，现在再去看意义在人生上占的什么地位？现在一般的人饱食终日，无所用心。思想差不多是社会的奢侈品。他们看人生种种事实，和乡下人到城里未看见五光十色的电灯一样。只看到事实的表面，而不了解事实的意义。因为不能了解意义的缘故，所以连事实也不能了解了。这样说来，人生对于意义极有需要，不知道意义，人生是不能了解的。宋朝朱子这班人，终日对物格物，终于找不到着落，就是不从意义上着想的缘故。又如平常人看见病人种种病象，他单看见那些事实而不知道那些事实的意义，所以莫名其妙。至于这些病象一到医生眼里，就能对症下药；因为医生不单看病象，还要晓得病象的意义的缘故。因此，了解人生不单靠事实，还要知道意义！

那末，意义又从何来呢？有人说：意义有两种来源：一种是从积累得来，是愚人取得意义的方法；一种是由直觉得来，是大智取得意义的方法。积累的方法，是走笨路；用直觉的方法是走捷径。据我看来，欲求意义唯一的方法，只有走笨路，就是日积日累的去做刻苦的功夫，直觉不过是熟能生巧的结果，所以直觉是积累最后的境界，而不是豁然贯通的。大发明家爱迪生有一次演说，他说，天才百分之九十九是汗，百分之一是神，可见得天才是下了番苦功才能得来，不出汗决不会出神的。所以有人应付环境觉得难，有人觉得易，就是日积日累的意义多寡而已。哲学家并不是什么，只是对于人生所得的意义多点罢了。

　　欲得人生的意义，自然要研究哲学史，去参考已往的死的哲理。不过还有比较更［重］要的，是注意现在的活的人生问题，这就是做人应有的态度。现在我举两个可模范的大哲学家来做我的结论，这两大哲学家一个是古代的苏格拉底，一个是现代的笛卡尔。

　　苏格拉底是希腊的穷人，他觉得人生醉生梦死，毫无意义，因此到公共市场，见人就盘问，想借此得到人生的解决。有一次，他碰到一个人去打官司，他就问他，为什么要打官司？那人答道，为公理。他复问道，什么叫公理？那人便瞠目结舌不能作答。苏氏笑道：我知道我不知你，却不知道你不知呵！后来又有一个人告他的父亲不信国教，他又去盘问，那人又被问住了。因此，希腊人多恨他，告他两大罪，说他不信国教，带坏少年，政府就判他的死刑。他走出来的时候，对告他的人说："未经考察过的生活，是不值得活的。你们走你们的路，我走我的路罢！"后来他就从容就刑，为找寻人生的意义而牺牲他的生命！

笛卡尔旅行的结果，觉到在此国以为神圣的事，在他国却视为下贱；在此国以为大逆不道的事，在别国却奉为天经地义；因此他觉悟到贵贱善恶是因时因地而不同的。他以为从前积下来的许多观念知识是不可靠的，因为他们多是乘他思想幼稚的时候侵入来的。如若欲过理性生活，必得将从前积得的知识，一件一件用怀疑的态度去评估他们的价值，重新建设一个理性的是非。这怀疑的态度，就是他对于人生与哲学的贡献。

现在诸君研究佛学，也应当用怀疑的态度去找出他的意义，是否真正比较得普遍适用？诸君不要怕，真有价值的东西，决不为怀疑所毁；而能被怀疑所毁的东西，决不会真有价值。我希望诸君实行笛卡尔的怀疑态度，牢记苏格拉底所说的"未经考察过的生活，是不值得活的"这句话。那末，诸君对于明阐哲学，了解人生，不觉其难了。

（本文系1923年12月10日胡适在上海商科大学佛学研究会的演讲。原载《东方杂志》第20卷第23期，1923年12月）

1902—1992

贺麟：观念与行动

本文所谓观念是就其最广义而言，包括思想、知识、感觉、意识形态在内。怀疑是观念，信仰是观念，就是喜怒爱恨欲望意志之中也包含有观念。

承认观念的力量是提倡学术文化的基本信念。否认观念的力量，只承认物质的力量、金钱的力量和武力的力量，是文化的堕落，社会趋于无理性的野化、俗化的显著现象。

无论你主观上承认观念的力量与否，而观念自会客观地在人类生活中、实际行为上，潜移默化，施展其威力，使得那主观上否认观念力量的人，实际上受了观念的支配奴役而不自觉。

观念在人的精神生活上所占的地位，就好像光在人的实际生活和行为上所占的地位一样。没有光，整个世界黑暗了。没有观念，整个人生盲目了。一个个的观念，就好像黑夜中一个个的星光和灯光一样。系统的理论、中心的思想、究竟的真理，就好像日光月光一样，随时随地照耀着、指导着人生和行为，使人的生活有意义，有目标，有指针。

大概讲来，孤立散漫、憧憧往来的观念力量比较小，系统的、一贯的、坚定不移的观念力量比较大。活泼生动的观念力量当下就可发挥出来，成为行动。抽象玄远的观念，比较不容易引起直接行动。再则于不知不觉中由习染熏陶而得的模糊不清的观念影响行为的力量大，而清楚明晰由讲诵得来的观念，影响行为的力量反而比较小。

一般人只知道征服土地、征服物质难，不知道征服观念、征服思想更难。一般人只知道山川险阻，足以使人与人相隔阂，殊不知观念思想的不相通、不相同，尤其足以使人与人相隔阂，因为山川险阻犹可渡越，而观念思想的阻隔，却颇难沟通。改变一个人或一个社会的物质环境，需要时间比较短，而且也容易见功效。要改变一个人或一个社会的意识形态或观念系统，需要时间比较长，且须于改变物质环境之外，另外改变其文化教育环境，事缓而难于见功效。有一些讲机械唯物论的人，总以为物质决定意识，客观的物质环境一经改变，思想信仰或意识形态，自可随之改变。这种看法把改变思想观念的动力归之于物质环境，是不啻认思想的力量，不过是物质力量的副产。这种看法不仅忽视了思想本身特有的力量，而且也太失之粗浅不符合事实了。因为假使人人的思想都随他外在的物质环境的改变而改变，那么人人的思想将会永远与他的物质环境相协和，那实在最理想不过，人人的生活上、思想上将不会有矛盾、不协调和悲剧了。因为一个人生活上最可悲痛和社会上最矛盾的事，就是人的意识形态往往与他的物质环境相刺谬相违反。我们常常看见有许多人，他们的物质条件已达到20世纪的水准，然而他们的意识形态仍然是中古的、封建的。我们又看见许多人，他们脑筋里充满了英美式的自由民主思想，或苏联式的社会革命思想，然而他们所处环境却既未具备英美的物质条件，也未具备苏联的社会条件，山河仍旧而意识全非，固属常有之事。石烂海枯而此志不移，亦属常有之事。总之，我们的意思是说，思想并不纯粹被动地随物质环境的改变而改变，要想做改变思想的工作，须更进一层从学术、思想、教育、文化本身去做努力改造的功夫。思想一方面有启发思想、改变思想之力，思想另一方面又有改造物质环境、改变社会生活，使之与自己的理想愿望相协调相谐和的力量。如果一个人的思想或意识形态与他的物质环境太不协调、太相矛盾，他精神上一定感觉痛苦、生活上一定感到悲哀，这痛苦和悲哀的原因，不在于物质条件的改变，而在于他的学术文化的陶养，思想的进步，不能适应环境，赶上时代。

人的观念，就其影响人的实际生活和行为的力量方面之不同而言，可分为三种：第一为引起直接行动的观念。这是由人的五官与外界事物接触，当下得到直接亲切的观念，立即引起人的动作。如眼睛看见老虎，有了老虎要吃人的观念，立即发生奔跑的行为。又如耳官听见警报的声音，得到敌机来袭的观念，亦立即发生奔跑的行为。鼻嗅着恶臭，而发生掩鼻而避的行为。口尝着美味，发生贪食的行为。这些都是感觉得到直接的观念，而当下引起的动作，可称为"动力观念"。大概军人、事业家或孙中山先生所谓知难行易的"行者"，这种动力观念特别多，他们最易由实际观察所得的观念而产生直接行动，他们的语言号令，亦最能引起别人的行动。

第二种为引起人的情绪的观念。这种观念不诉诸五官而诉诸人的感情，或者也可说这种观念，透过人的五官后还要进一步打动人的感情。这种观念是具体的、活泼的、富于意象与想象的。它使你哭，使你笑，使你恐惧，使你愤怒，它甚至要影响你的胃脏，感动你的血脉。它可使得你面赤耳热，它可使得你心悸胆寒，它可使得你胃肠消化不良，它可使得你血液奋张。就好的方面说，这种引起人情绪的观念，也可以使人心气和平，情感纯化，欲念升华。大概讲来，文艺、诗歌、音乐、美术中所包含的观念就有引起人感情的力量，这种观念可称之为"感人的观念"。传教士的说教、演说家鼓动群众的演说，大都富于感人的观念。就男子、女人的差别上说，女人亦比较富于这种感人的观念，同时女子亦最易受这种感人的观念的感动。这种感人的观念由打动人的感情而立即引起人的行动，其力量亦是很大的。恐怕决不亚于前面所说的那种"动力观念"。

第三种为引起人思考反省的观念。这种观念是纯理智的，没有具体的实物在面前，亦没有想象的意象在心目中；既不直接引起行动，亦不打动任何人的感情。这就是一般人所说的"抽象观念"。抽象观念有时又叫作"概念"，言其空洞概括不切实际。大概讲来，纯粹学术上的名词与理论，教授学者们在课堂上的讲词，学生们由书本上记诵得来的一些学说与思想。特别是数学上或逻辑上的推理与演绎，代表最典型的抽象思想。表面上看来，这种抽象思想是最薄弱无力，最迂阔无用，最不切实际，最不能产生行动了。然而这只是粗浅表面的看法，这也是最不能了解纯粹学术高深理论的真实价值的世俗看法。老实说，上面所说的动力观念和感人观念，虽足引起行动，但所引起的往往是最被动的缺乏深远意义的行动。而且这两种观念是人与禽兽同有的观念。因为禽兽也有许多观念足以引起行动，动人感情。唯有抽象的观念，乃作为理性动物的人之所独具，而为禽兽所无有，故抽象观念实为人之所以异于禽兽最可宝贵的精神力量。

希腊是西方科学与文化的发祥地。希腊人最善于作抽象思考。巴比伦人、埃及人所有的许多关于天文和几何学的实用知识和技能，均经过希腊加以抽象思考而成为纯学术。"理论为行为的动力"，"理论为行为成功的秘诀"，这是希腊人的共同信念，而近代灿烂的科学文明，及科学在生活与行为上所产生的伟绩，最足以证实这话的真实无妄。

中国人如欲进科学之门，入学术之宫，一改崇拜物质、崇拜武力的世俗实用的态度，而认识理论的真价值，首先就须认识观念的力量，特别认识抽象观念的力量与价值。

1943年写于昆明

（原载贺麟：《文化与人生》，商务印书馆1947年版）

后 记

西南联大作为近代以来扎根中国大地办教育的一个典范，其历史功绩已载入史册，她所蕴含的精神至今仍熠熠生辉。目前，社会各界关注西南联大者越来越多，有关西南联大的研究渐成"显学"。历史是时代前行最好的坐标，我们走得再远都不能忘记来时的路。多年来，西南联大博物馆坚定当好西南联大精神的守护者、传承者和实践者，持续不断地挖掘、整理和利用西南联大历史资料，在此基础上进行展览展示、宣传教育、研究阐释等诸多工作，传承和弘扬西南联大精神，讲好西南联大教育救国故事。

"西南联大名师课"丛书是西南联大博物馆与东方出版社共同策划、勠力打造的挖掘、整理西南联大历史资料的一项成果。在整套丛书的编纂过程中，西南联大博物馆的李红英、朱俊、铁发宪、祝牧、张沁、王欢、李娅、姚波、马艺萌等老师参加了各册的选编、审校工作，博物馆其他同志也为编纂提供了保障支持，这是本套丛书顺利面世的重要保障。

高山仰止，景行行止。西南联大名家荟萃，大师们的学识博大精深。编纂这套丛书，我们一方面深感意义重大，另一方面也感到责任重大。由于时间仓促、水平有限，本丛书难免存在遗漏或不当之处，尚望联大校友及其亲属、专家学者和读者朋友批评指正。还有少量作者的亲属未联系上,敬请见到本套丛书后发邮件至1071217111@qq.com,与我们取得联系,我们将按照国家相关规定支付稿酬、奉送样书。

编　者